Printed in the United States
By Bookmasters

تاريخ الفكر الاجتماعي

تاريخ الفكر الاجتماعي

الأستاذ الدكتور
نبيل عبد الحميد عبد الجبار

2009م

- **تاريخ الفكر الاجتماعي**
- **أ.د نبيل عبد الحميد عبد الجبار**

2009م

منشورات:

دار دجلة
ناشرون وموزعون

المملكة الأردنية الهاشمية

عمان- شارع الملك حسين- مجمع الفحيص التجاري

تلفاكس: 0096264647550

خلوي: 00962795265767

ص. ب: 712773 عمان 11171- الأردن

جمهورية العراق

بغداد- شارع السعدون- عمارة فاطمة

تلفاكس:0096418170792

خلوي: 009647705855603

E-mail: dardjlah@ yahoo.com

❖ رقم الإيداع لدى دائرة المكتبة الوطنية (2006/12/3273)

رقم الإجازة المتسلسل: (2006/11/3825)

الفهرس

الباب الأول

المقدمة: 7

الفصل الأول: التفكير في الشؤون الاجتماعية في ظل حضارة وادي الرافدين........................ 15

الفصل الثاني: التفكير في الشؤون الاجتماعية في ظل حضارة وادي النيل 27

الباب الثاني

الفكر الاجتماعي في المرحلة الفلسفية - المعيارية

الفصل الثالث: البداية الفعلية للفكر الاجتماعية - النظري في ظل الحضارة اليونانية............ 35

الفصل الرابع: الفكر الاجتماعي بعد أرسطو... 63

الفصل الخامس: الفكر الاجتماعي في ظل الحضارة الرومانية.. 71

الفصل السادس: الفكر الاجتماعي في إطار الديانة المسيحية.. 83

الفصل السابع: الفكر الاجتماعي في إطار الديانة الإسلامية 95

الباب الثالث

الفكر الاجتماعي في المرحلة الفلسفية - العلمية

الفصل الثامن: الاتجاه الفلسفي - الإصلاحي الخيالي... 137

الفصل التاسع: الاتجاه الفلسفي - العلمي - الواقعي... 145

5

الباب الرابع

الفكر الاجتماعي في المرحلة العلمية - الوضعية

الفصل العاشر: أوغست كونت.. 162

الفصل الحادي عشر: اميل دولر كايم.. 171

الفصل الثاني عشر: نشأة علم الاجتماع - الظروف والأسباب 185

الخاتمة... 193

مصادر ومراجع مختارة... 197

المقدمة

يعود اهتمامي بـ (الفكر الاجتماعي) إلى سنوات دراستي الجامعية الأولية، عندما كنت طالباً بقسم الفلسفة في كلية الآداب بجامعة بغداد، فمنذ ذلك الحين ترسخ لدى الاعتقاد بأن الفكر – أي فكر – إن لم يكن وثيق الصلة بواقع حياة الناس، وإن لم يكن ذا تأثير محفز على تغيير سلوكهم وعلاقاتهم ببعضهم، فإنه (أعني الفكر) يكون بلا جدوى، وإلا ما قيمة فكر لمجرد كونه فكراً، معزولاً عن البيئة الاجتماعية، لا يؤثر فيها ولا يتأثر منها. ولقد كان لهذه القناعة تأثير على قراءاتي وعلى فهمي للمتغيرات التي شهدتها البشرية، في الماضي والحاضر فكل ما جرى وكل ما يستجد قوامه قطبان – إذا جاز التعبير – فهناك ثمة (واقع)، وهناك أيضاً (فكر)، وهناك دائماً تفاعل بين هذين القطبين، وتأثير متبادل بينهما، فالواقع يُغني الفكر، والفكر يُطور الواقع، حتى إنّه يمكن القول: إن تاريخ البشرية، أو تطور المجتمع البشري بقدر ما ينطوي على تطور للواقع المادي، فإنه ينطوي في الوقت ذاته على تطور للوعي الإنساني – أي: الفكر.

و (الفكر الاجتماعي)، من ناحية أخرى، ليس مقطوع الصلة بمجمل الفكر الإنساني، فمنذ أن تفتق الوعي الإنساني عن بروز تفكير (نظري)، شمل هذا التفكير جوانب ونواحي متعددة: معرفية، وسياسية، واجتماعية، وغير ذلك. أي، بعبارة أخرى أن (الفكر الاجتماعي) قد نشأ وتنامى في إطار دائرة الفكر الإنساني الواسعة – الشاملة، التي اصطلح على تسميتها بـ (الفلسفة). ومعنى هذا إن الفلسفة، التي كثيراً ما يُشار إليها بوصفها (أم العلوم)، كانت هي الأم الرؤوم الحانية، التي نشأت في رحمها شتى أشكال المعرفة النظرية، وبضمنها بالطبع (الفكر الاجتماعي)، وأن هذه الأم الرؤوم - الفلسفة - ظلت تتعهد أبناءها، بالرعاية والعناية، وترفدهم بأسباب النمو والتطور، حتى وصل كل منها إلى مرحلة النضج

والاقتدار، بحيث لا يعود متكلاً على (أمّه)، وإنما صار معتمداً على ذاته في التعامل مع المعطيات والوقائع التي تحفل بها الحياة، عندها (انفصل) كل منهم (الأم) وأقام لنفسه كياناً خاصاً به، متخذاً صيغة (العلم).

وكما يصدق هذا (النهج) الذي اتبعته المعارف المختلفة في نشأتها في (رحم) الفلسفة، وتطورها في ظل رعاية (النهج) الذي اتبعته المعارف المختلفة في نشأتها في (رحم) الفلسفة، وتطورها في ظل رعاية (الفلسفة)، وبالتالي نضجها وانفصالها عن (الفلسفة)، فإنه يصدق، أيضاً على (الفكر الاجتماعي).

فهذا (الفكر) تعود بدايته ونشأته إلى الجهود الفكرية التي بذلها الفلاسفة الأوائل، كما أنه اغتنى وتنامى واتسعت آفاقه بفضل إسهامات الفلاسفة، على مر المراحل والعصور التي مرت بها الفلسفة في تطورها، وعندما بلغ هذا (الفكر) درجة من النضج والاكتمال بحيث صار في غنى، إلى حدٍ ما، عن توجيهات الفلاسفة، فإنه ما لبث أن استقل بكيانه، واستحال إلى علم يعرف باسم (علم الاجتماع).

والواقع، أن الدافع الأساسي الذي جعلني أعمل على إعداد هذا الكتاب هو تأكيد هذه (الرؤية) للفكر الاجتماعي، سواءً من حيث نشأته أو من حيث تطوره وتناميه، إذ إنه مما لفت انتابهي في الكتب التي تناولت (تاريخ الفكر الاجتماعي)، أنّ معظمها - إن لم نقل كلها - قد أغفلت إبراز هذه (الرؤية) أو تجاهلتها. ولعل مرّد ذلك، أن مؤلفي تلك الكتب هم عموماً من المتخصصين بـ (علم الاجتماع)، وإن معرفتهم بالفلسفة ونشأتها وتطورها، وإلمامهم بالأفكار والقضايا التي اهتم بها الفلاسفة على مرّ المراحل والعصور، لم تكن بالمستوى الذي يؤهلهم لإدراك هذه (الرؤية) وبالتالي العمل على إبرازها، وتبعاً لذلك يمكن القول، أن كتابي هذا إن لم يكن قد تضمن معطيات جديدة عن آراء الفلاسفة والمفكرين في الناحية الاجتماعية، وإذا قدرّ له أن يقنع القارئ بصواب هذه (الرؤية) فقط؛ فإنه يكون قد قدّم إضافة جديدة إلى طريقة فهم (الفكر الاجتماعي).

ويمكن القول، أن ثمة دافعاً آخر يكمن وراء إعداد هذا الكتاب وهو ما لاحظته من حاجة دارسي (علم الاجتماع) إلى التعرف على جذوره، وأصوله، وبدايات الأفكار الاجتماعية وتطورها، التي أفضت إلى تكوين ما صار يسمى (علم الاجتماع). وذلك بأسلوب بسيط، سلس، منظم يتيح لهم الربط بين الأفكار والطروحات الاجتماعية للفلاسفة والمفكرين من مرحلة إلى أخرى، ومن عصر- لآخر، وكذلك إدراك الصلة بين الأفكار الاجتماعية والبيئية التي تشكلت فيها، وأستطيع القول، أن كلى هذين الدافعين اللذين جعلاني أقبل على إعداد هذا الكتاب، ما كان لها من تأثير لو لم يكن ثمة دافع ثالث أقوى وأشد، ويتمثل في الدعوة المخلصة المتحمسة، التي لقيتها من لدن نخبة من طلابي الحريصين المتشوقين لاكتساب المزيد من المعرفة، دعوة لي للعمل على إعداد الكتاب، واستعداداً من جانبهم للتكفل بمتابعة خطوات وإجراءات طبعه، ولقد تمنيتُ أن يُنشر النص العربي بأكبر قدر من الدقة، فإلى جميع هؤلاء أقدم شكري وعرفاني بأفضالهم وجهودهم الخيرة، وآمل، في الختام، أن أكون قد وفقت في رفد المكتبة الكُردية والعربية بإضافة تسد فراغاً ما.

دكتور نبيل عبد الحميد عبد الجبار

الباب الأول

ما قبل الفكر الاجتماعي - النظري

الإرهاصات الأولى للتفكير في الشؤون الاجتماعية

تمهيد

ابتداءً أرى من الضروري أن أنبه إلى وجوب التمييز بين مفهومين أو تصورين هـما: علـم الاجتماع والفكر الاجتماعي.

فعلم الاجتماع: يُقصد به عموماً، ذلك العلم الذي يدرس الظواهر والحوادث الاجتماعية (أو المجتمعية)، دراسة موضوعية تحليلية، الهدف منها استخلاص القوانين التي تخضع لها تلك الظواهر والحوادث.

أما الفكر الاجتماعي، فيُقصد به، الأنشطة والفعاليات والممارسات، وأشكال التفكير البسيط التي عرفتها المجتمعات البشرية، منذ بداية نشأتها، والتي ما لبثت أن تطورت وتنامـت بالتـدريج، عبر المراحل التأريخية المتعاقبة، وشكلت في نهاية المطاف ما صار يسمى الآن بـ (علم الاجتماع).

فهنـاك، إذن، ثمـة فـرق واضـح بـين علـم الاجتماع – كمحصلـة نهائيـة، وبـين (الأسباب) و (العوامل) و (المؤثرات) و (الروافد) المختلفة التي ساهمت في تكوينه و جعله (علماً) مستقلاً قائماً بذاته. ولعل أبرز ما يتجلى فيه هذا الفرق هو أن الأول (علم)، في حين أن الثاني ليس علماً وإنما هـو مظاهر للنشاط الفكري البسيط، وممارسات أو انطباعات، تتخذ شكل الآراء والتشريعات والقوانين التي حاول من خلالها، ذوو الشأن، في المراحل الأولى من تطور المجتمع البشري، تنظيم حيـاة أفراد البشر وعلاقاتهم، سواء علاقاتهم ببعضهم البعض، أو بعوامل البيئة المحيطة بهم.

وغالباً ما كانت هذه المظاهر تفتقر إلى الشروط العلمية – من موضوعية وتجريد، وتـرابط منطقي دقيق، وتنظيم.

وتبعاً لذلك، فإن الموضوع حديثنا، في الفصول المقبلـة سـيكون التعـرف عـلى المظاهر الأولى للتفكير الإنساني حول المجتمع والإنسان، وعلاقاته بغيره من أفراد المجتمع، وطبيعة

الحياة الاجتماعية - تلك المظاهر التي بدأت مع أولى الحضارات الإنسانية، والتي تعد بمثابة إرهاصات، أو أسباب أو عوامل، أو مؤثرات، ساهمت مجتمعه، وعبر حقب تأريخية طويلة متعاقبة في تكوين ما نسميه الآن (علم الاجتماع).

وعلى الرغم من أن الكثير من الدارسين، يُرجع البدايات الأولى للتفكير الاجتماعي إلى فلاسفة اليونان، الذين حاولوا، ولأول مرة، التعبير، خلال فلسفاتهم، عن الصورة المنظمة للتفكير الإنساني، إلا أن هذا ينبغي أن لا يجعلنا نغض النظر عن التربة الخصبة التي هيأت بدورها الأسباب لتلك البدايات، وتلك التربة الخصبة تتمثل فيما شهدته (بلاد الشرق) من حضارات وبرزت في إطارها، وفي ازدهارها، مظاهر للتفكير الاجتماعي لابد من الوقوف، ولو قليلاً. عندها، لكي نعرف كيف فكر أبناء تلك الحضارات، أو بالأحرى، كيف نظروا إلى المجتمع، وإلى أسسه، وتكوينه، وعلاقات أفراده ببعضهم، وموقفهم تجاه العالم الذي يعيشون فيه وأبرز تلك الحضارات - التي تهمنا هنا - هي: حضارة وادي الرافدين وحضارة وادي النيل.

الفصل الأول
التفكير في الشؤون الاجتماعية في ظل حضارة وادي الرافدين

سنحاول، فيما يلي، التعرف على ما تخلل المجتمع القديم، الذي قام في ظل حضارة وادي الرافدين، من مظاهر اجتماعية، وهذه المظاهر الاجتماعية بقدر ما تعكس لنا الممارسات والطقوس والثقافة والتقاليد التي تعارف عليها، وعمد إلى إتباعها، أبناء المجتمع الرافديني، فإنها، بالقدر نفسه، تعكس، لنا، إلى حد ما، ما كان يجول في عقول أفراد ذلك المجتمع من تصورات، وميول، وأهواء، لا ترقى بالتأكيد إلى مستوى (الفكر) النظري، إلا أنها، على أية حال، قد مرت بأذهان القائمين بها قبل أن تستحيل إلى ممارسات وطقوس وفعاليات وأنشطة عملية.

وسنحاول التعرف على ذلك من خلال الوقوف عند أثر العقيدة الدينية في تكوين المجتمع الرافديني، وأثر نظام الحكم في إضفاء طابع التدرج على مكونات ذلك المجتمع، واستعراض بعض التصورات عن الأسرة وكيفية تكونها، وأخيراً التنويه ببعض التشريعات الاجتماعية السائدة في ذلك المجتمع.

تأثير العقيدة الدينية على تكوين المجتمع ونشاطات أفراده:

تميزت بلاد الرافدين بأنها كانت تشهد، على الدوام، إيقاعاً كونياً قاسياً، مضطرباً، وعنيفاً، فنهرا دجلة والفرات غالباً ما يفيضان على غير انتظام، فيحطمان السدود التي أقامها الإنسان لدرء أخطارهما، ويغرقان مساكنه ومزارعه. وعلاوة على ذلك، فإن هذه البلاد تشهد على الدوام هبوب رياح لاهبة تخنق المرء بغبارها. كما تشهد البلاد، بين آونة وأخرى، هطول أمطار غزيرة متواصلة تحوّل الصلب من الأرض إلى بحرٍ من الطين، تعرقل حركة الإنسان، وتعوق انتقاله.

إن عدم انتظام ظواهر الطبيعة هذه، واضطرابها، قد انعكس تأثيره على (وعي)

الإنسان الذي كان يعيش في بلاد الرافدين قديماً، فقد بدت (الطبيعة) بالنسبة إليه وكأنها تبطش به، وتتحكم بمشيئته وتتدخل في تحديد مصيره، الأمر الذي جعل الإنسان (الرافديني) يشعر بالتفاهة والضعف، وبالتالي بالخوف، إزاء قوى طبيعية هائلة تتلاعب به وبمصيره.

وكان رد الفعل الذي أبداه الإنسان الذي عاش في بلاد الرافدين، والتي باتت تعرف اليوم باسم (العراق) – وسأنعته، تبعاً لذلك، من الآن فصاعداً بـ (العراق القديم) – أقول: كان رد الفعل الذي أبداه العراق القديم إزاء ذلك هو اللجوء إلى (التدين).

والواقع، أن إيغال العراقي القديم في الاعتقاد الديني، يمكن النظر إليه على أنه نتيجة طبيعية جداً، وذلك لأن (الدين) كان يطرح نفسه، في حدود المستوى الذي كان عليه التطور المادي، في وادي الرافدين قديماً، كضرورة لازمة. إذ أن (الدين) كان قد مثّل آنذاك انعكاساً خيالياً، داخل الوعي الاجتماعي، لعلاقات أفراد البشر ـ مع الطبيعة. ففي البدايات الأولى لتأريخ المجتمعات البشرية، كانت قوى الطبيعة هي المتحكمة بأفراد البشر ـ ومصائرهم، وبقدر ما يتعلق الأمر بالمجتمع الرافديني، فإن عقيدته الدينية، في أطوارها الأولى المبكرة جداً قد قامت على عبادة قوى الطبيعة، التي ما لبث أن عمد، فيما بعد، إلى (تجسيدها) على هيئة (آلهة).

فلقد بدا للإنسان العراقي القديم أن كل ما يتخلل الطبيعة من ظواهر ومظاهر، إنما تسيطر عليها وتتحكم بها (قوى خفية هائلة)، وبما أن الظواهر الطبيعية لها انعكاساتها وتأثيراتها السلبية والإيجابية على حياة أفراد البشر، فإنه من الطبيعي أن يخشاها الإنسان، ويلتمس رضاها، فمصيره واستمرار وجوده مرتهن بإرادتها، فإن استمرار وجود الإنسان البدائي، الذي كان يعيش على جمع الثمار والصيد، متوقف على مدى (سخاء) الطبيعة وقواها أو (شحها). والمزارع البدائي كان يرى هو الآخر أن ثمار عمله خاضعة للعوامل المناخية، مثل المطر والجفاف، والحرارة، والبرودة.

عندما عمد الإنسان البدائي، في وقت لاحق، إلى (تجسيد) تلك (القوى الطبيعية الخفية الهائلة) على هيئة (آلهة)، فإنه تصورها على شكل البشر، بل إنه اعتقد أنها، شأنها

شأن البشر، تتشكل من جنسين: ذكر وأنثى. ومن ثم فقد كان منطقياً أن يغزو كل مظاهر الخصب والتكاثر في الطبيعة، بما في ذلك تكاثر الإنسان والحيوان والنبات، إلى قوى الخصب الإلهية المتمثلة بالآلهة - الأم (عشتار)، وبإله الخصب (تموزي).

ولقد ظل العراقي القديم شاعراً بهذه العلاقة الوثيقة بالطبيعة، حتى بعد أن قامت المدن بشكلها العامر لتحتضن حشوداً كبيرة من أفراد البشر، إذ أن سكان المدن لم تنقطع صلتهم بالأرض، بحكم كونهم يعتاشون من الحقول التي تحيط بهم. وبالتالي، فقد ظل العراقي القديم يجهد من أجل ضمان استمرار هذا الترابط بينه وبين الطبيعة، وكانت الاحتفالات الدينية الأداة المؤدية إلى ذلك.

فقد كانت حياة أفراد المجتمع في بلاد الرافدين قديماً منظمة حسب تقويم يلائم بين تطور المجتمع خلال السنة، وحركة الطبيعة عبر تتابع فصولها، وكانت تكرس بضعة أيام الشهر للاحتفال بأحداث الطبيعة عبر حركتها هذه. غير أن الحدث النوعي الأعظم في كل مدينة، الذي كان يستمر نحو اثني عشر يوماً، كان الاحتفال بـ (رأس السنة الجديدة) في وقت تكون (حيوية) الطبيعة فيه قد هبطت إلى مستواها (الأدنى) وحيث يتوقف كل شيء عن الخروج من فترة الركود هذه إلى الحيوية الجديدة.

إن أفراد المجتمع الرافديني يستحضرون في أذهانهم في هذا الوقت، ما ترسخ في أعماقهم عن طغيان الطبيعة وجبروت ظواهرها واضطرابها، فيتوجهون إلى السماء ملتمسين الرحمة من خلال (سخاء) الطبيعة معهم، وتجاوب ظواهرها مع آمالهم وتطلعاتهم (بدلاً من (شح) الطبيعة وعنف ظواهرها).

إن المجتمع المرتبك إلى الحد الأقصى من حياته، لا يستطيع أن يبقى سلبياً بانتظار الصراع بين قوى (الموت) و (الحياة) في الطبيعة، فكان يُسهم بحساسية عاطفية عنيفة، من خلال الطقوس والمراسيم، في صراع الطبيعة هذا. لأنه على نتيجة هذا الصراع تتوقف حياته، ومصيره.

وكما تختفي قوى الموت وأسبابه مع انتهاء فصل الشتاء وتنتصر قوى الحياة والانبعاث

والتجدد مع بدء فصل الربيع، فإن الإنسان العراقي القديم كان يودع أخطاءه وإخفاقاته ويأسه، متطلعاً إلى آمال ونجاحات جديدة يتطلع إلى أن تغمره مع حلول السنة الجديدة، لقد جعل الإنسان العراقي القديم من طقوس (رأس السنة) مناسبة للاحتفال بتجديد الحياة بكل تفاصيلها ومظاهرها، وكأن كل سنة تشهد عملية خلق جديد للكون.

والواقع، أن الطقوس لم تكن تقتصر على ذلك فقط، وإنما كانت تشمل، أيضاً طقوساً رمزية تجري على مستوى السلطة التي تدير المجتمع. إذ كانت هذه السلطة، ممثلة في شخص الملك، تخضع هي الأخرى لعملية (تجديد) كل سنة، ففي بداية فصل الشتاء، كان يُقام احتفال ديني خاص في المعبد، يحضره رجال الدين وعامة الناس، أو من ينوب عنهم، لكي يسمعوا اعترافات الملك، بعدما يتم تجريده من سلطاته من قبل رئيس الكهنة، فتجري عملية مراجعة للأعمال التي قام بها الملك، لمعرفة أخطائه وقراراته الخاطئة، وأفعاله السيئة، واعترافه بها، أمام رئيس الكهنة وأمام رعيته، ثم بعد ذلك، (بعد أن يتطهر الملك من آثامه وخطاياه)، يُعيد رئيس الكهنة إلى الملك سلطاته مجدداً، وتبعاً لذلك، يمكن القول، أن عملية (التجديد) التي كان يشهدها المجتمع الرافديني القديم، كانت تحدث على مستويين هما: تجديد على مستوى السلطة السياسية العليا، وتجديد على مستوى الحياة اليومية لمجتمع إنساني، حسب تبدلات مناخية وأحداث كونية.

نظام الحكم وانعكاس تأثيره على التركيب الاجتماعي:

لقد بات من الثابت، إن الإنسان منذ وجوده، كإنسان، لم يعش بمعزل عن غيره من أفراد من نوعه من البشر. فهو قد عرف الحياة (الجماعية) بشكل متدرج، بدءاً بالأسرة، ثم العائلة الكبيرة الموسعة، ثم القبيلة، ثم (المشتركات) بأشكالها المختلفة. وفيما يتعلق بالمجتمع الرافديني العراقي القديم، يمكن القول، إنه قد تركب من طبقتين أساسيتين هما: الطبقة الحاكمة، والطبقة المحكومة.

أولاً: الطبقة الحاكمة: وقد ضمت الطبقة الحاكمة في المجتمع الرافديني- العراقي القديم ثلاث فئات اجتماعية هي: الفئة الدينية، والفئة البيروقراطية، والفئة العسكرية.

أ. الفئة الدينية: وأهم ما يميزها، بوجه خاص، إن مركزها الاجتماعي يتحدد من خلال الوظيفة والممارسات الدينية التي تضطلع بها. وتشمل هذه الفئة، بوجه عام، هيئة الكهنة بكل أصنافهم ومراتبهم. وكان على رأسها (الكاهن الأعظم). وكانت له مكانة عالية، حتى أن منصبه ما لبث أن صار مطمح أنظار العائلة المالكة، فالملك كان يقوم بتعين أبنائه وبناته، أو أحد أعضاء عائلته الآخرين لإشغال هذا المنصب.

وتتجلى أهمية (الكاهن الأعظم) إذا ما علمنا أن تعيينه في هذا المنصب كان يتم بقرار من الملك، بعد استشارته (الإله) وظهور إرادة هذا الأخير، بهذا الخصوص، جلية من خلال (نبوءة واضحة). لكن هذه الأهمية تتجلى أكثر إذا ما تعرفنا على اختصاصاته الدنيوية، التي كان يمارسها، علاوة على اختصاصاته الدينية. ذلك أنه كان يحظى، في الوقت نفسه، بمنصب (الحاكم - إيشاكو)، الذي من مهامه السيطرة على مخازن الغلال، والإشراف على تثبيت الحدود الخاصة بالحقول، ومراقبة توزيع حصص الأرض على مستحقيها من عامة الناس، وتعيين المهام التي تتطلبها أعمال السخرة، سواءً في الأرض الخاصة بالمعبد أو في قنوات الري. وإلى جانب (الكاهن الأعظم)، كانت توجد أصناف أخرى من الكهنة، مثل (المنبئون) و (المعوذون)... وغيرهم.

تستفيد من إمتيازات عديدة، فبالإضافة إلى المرتبات العينية التي تتلقاها، كانت هذه الفئة تهيمن على القرابين المقدمة إلى الآلهة، كما إن الكهنة، من ذوي المراتب العليا، كانوا يمتلكون العقارات.

والواقع، أن الهيمنة التي كانت تمارسها هذه الفئة على الملك كان يصاحبها، في الغالب، تعزيز مكانتها الاقتصادية، الأمر الذي كان يفتح الباب أمام الصراع بين هذه الفئة والفئات الأخرى.

ب. الفئة البيروقراطية: وكانت هذه الفئة تتميز بأن مركزها الاجتماعي يتحدد من خلال الوظيفة والممارسات الحكومية التي تضطلع بها. والواقع أن هذه الفئة كانت تصنّف

ج. وفق المركز الذي يحتله أعضاؤها على درجات سلّم السلطة، إلى صنفين أساسيين: الأول عمودي، والآخر أفقي.

فعلى المستوى العمودي تتمثل هذه الفئة من كبار رجالات الدولة: كالملك، والموظفين المسؤولين، والموظفين التابعين. أما المستوى الأفقي فيتمثل في امتدادات الشبكة البيروقراطية إلى الأقاليم الأخرى التابعة للسلطة المركزية - (أي الحكام المحليين ومن هم أدنى منهم من الموظفين الذين يتم تعيينهم من قبل السلطة المركزية).

وعلى رأس هذه الفئة البيروقراطية كان يأتي (الملك). وكان الملك يتمتع بموارده الخاصة التي كانت تأتيه عن طريق الإرث، أو ما يحصل عليه عن طريق الغنيمة التي تقترن بها الفتوحات العسكرية، وهذه الموارد كانت تتخذ شكل الهبة التي تمنّ بها الآلهة عليه.

ولقد أتاح هذا المستوى المادي المتميز للملوك، أن يدّعوا بأنهم ينحدرون من أصلٍ اجتماعي متميز، باعتبارهم سليلي عرق فريد كانت (الآلهة) قد باركته.

وإلى جانب الملك كانت توجد حاشيته، التي كانت تستمد مركزها الاجتماعي من علاقتها به. وكانت تشمل عادة نساءه وخليلاته وأعضاء عائلته وبطانته وخدمه.

وبعد الملك وحاشيته، يأتي الموظفون الأساسيون. وهؤلاء يتمثلون بـ (هيئة الكتبة) التي يشرف عليها كاتب أعظم.

ويمكن أن نميز من بين هؤلاء الموظفين، السياسيون. وهذه الجماعة كان يتم إعدادها بطريقة متميزة، فقد كان يتم إعدادها في الهياكل لممارسة الوظائف المقدسة، قبل انتقالها إلى ممارسة العمل في الوظائف الحكومية.

وبعد كبار الموظفين، أو الموظفين الأساسيين هؤلاء، يأتي الموظفون التابعون. وهؤلاء كانوا يتكونون، أساساً، من الكتبة والمستخدمين التابعين، الذين كانوا يضطلعون بمهام سكرتيريي البلاط والحكومة المركزية والمكاتب الإقليمية والمحلية.

وبعد هؤلاء يأتي المستخدمون التابعون، الذين يتمثلون، أساساً بالسقاة العاديين، والعاملين في الحدائق الملكية، وحراس السجن ورجال الشرطة.

وعلى الرغم من أن الفئة البيروقراطية كانت تتمتع، بصورة عامة، بدخلها الخاص بها، إلا أنه يبدو أن أفراد هذه الفئة كثيراً ما كانوا يستغلون مناصبهم للحصول على ثروة تفوق مرتباتهم.

د. الفئة العسكرية: لقد افتقدت بلاد وادي الرافدين قديماً إلى بعض المواد الأساسية التي يحتاجها سكانها في حياتهم اليومية مثل الأخشاب والأحجار والمعادن، ونظراً لصعوبة الحصول على هذه المواد من المناطق المجاورة الجنوبي - حيث تمتد الأهوار أو المستنقعات لغاية سواحل الخليج، فقد عمد سكان وادي الرافدين إلى الحصول على احتياجاتهم من خلال التجارة مع آسيا الصغرى ولبنان والبحر المتوسط. ونظراً لما تتطلبه التجارة من أجل استمرارها من حماية، فقد كان من الضروري وجود جيش يقوم بحماية القوافل ويصون التجارة، ومن ناحية أخرى فأن جهود الملوك من أجل بسط السلطة المركزية على سائر أقاليم البلاد وضمان وحدتها قد اصطدمت بحقيقة تناثر مدن الأقاليم وتباعدها عن بعضها، الأمر الذي حتم جعل الحرب الوسيلة الوحيدة للوصول إلى مبتغاهم.

وتبعاً لذلك، فقد توافر أكثر من مبرر لقيام الجيش، وأدى، بالتالي، إلى تشكل فئة اجتماعية متميزة، هي فئة العسكريين.

وما لبث دور هذه الفئة الاجتماعية أن تنامى في الشؤون السياسية، من خلال المركز الذي إحتلته داخل المجالس العامة، كما كانت تساهم في تسيير شؤون الحكم. بل إن الملوك أنفسهم ما لبثوا أن زادوا من اعتمادهم في تصريفهم للشؤون العامة على هذه الفئة العسكرية.

وفي الوقت الذي كانت تتمتع فيه هذه الفئة بالمركز الاجتماعي العالي، فقد تسنى لها أن تعزز هذا المركز من خلال الامتيازات المالية التي كانت تحصل عليها،

سواءً على شكل عقارات أو منح مالية، الأمر الذي جعل لها مكانة متميزة مؤثرة في المجتمع.

ثانياً: الطبقة المحكومة: نقصد بالطبقة المحكومة مجموعة الناس التي تكون بعيدة عن المساهمة في اتخاذ القرارات المتعلقة بممارسة السلطة السياسية، والتي تجد نفسها على العكس من ذلك أمام واجب الإذعان للقرارات من قبل السلطة، وكانت الطبقة المحكومة، في مجتمع وادي الرافدين قديماً، تنقسم إلى فئتين أساسيتين، هما فئة الأحرار، وفئة العبيد.

٥. فئة الأحرار: يُقصد بفئة الأحرار، تلك الفئة التي كان أعضاؤها لا يخضعون لأي شكل من أشكال التبعية للغير والتي من شأنها أن تعدم أن تنتقص من حريتهم الإنسانية، ولكنهم، مع ذلك، يظلون خاضعين لما يمكن أن نسميه بـ (العبودية المعممة). بحكم كونهم يجدون أنفسهم دوماً ملزمين بالخضوع إلى نظام السخرة، ودفع الجزية.

ويستفاد من القوانين البابلية القديمة التي وصلتنا، أن فئة الأحرار هذه، كانت تشتمل على صنفين من الناس: (الأميلوم) و (الموشكينوم).

أما (الأميلوم) فيقصد بهم أفراد الصنف الأعلى من الناس، سواءً كان مركز الفرد هذا ضمن العائلة أو ضمن المجتمع. وأما (الموشكينوم) فيقصد بهم أفراد الصنف الأدنى من الأحرار.

ويبدو أن التمايز بين صنفي (الأميلوم) و (الموشكينوم) كان يقوم في الأصل على أساس التمايز في الحقوق. فإذا كان (الموشكينوم) يجد نفسه ما بين العبيد و (الأميلوم)، فإنه كان باستطاعته أن يقتني العبيد، وهو بهذا يشبه (الأميلوم) تماماً، إنما يتميز عن هذا الأخير فيما يتعلق ببعض الحقوق المدنية، حيث أن مضمونها لم يكن واحداً بالنسبة للمجموعتين. فـ (الموشكينوم) كان يملك الحق في أن يطلق امرأته على أن يعطيها (ثلث مين) من الفضة، بينما (الأميلوم) كان إذا طلق امرأته، فعليه أن يعطيها

(ميناً) كاملاً من الفضة. كما أنه إذا ما فقئت عين (الموشكينوم)، أو كسرت ذراعه، فإن على المعتدي أن يدفع له (ميناً) من الفضة. أما في حالة وقوع الاعتداء على (الأميلوم) فإن هذا الأخير يملك الحق في أن يُنزل بالمعتدي عقاباً مماثلاً.

وهكذا نجد أن (الموشكينوم) كان يحتل مرتبة واطئة في سلّم التدرج الاجتماعي بالقياس إلى (الأميلوم)، مما يؤكد وجود التمايز الاجتماعي في العهد البابلي. ويبدو أن مثل هذا التمايز كان موجوداً في العهد الآشوري أيضاً.

هـ. فئة العبيد: عرف المجتمع الرافديني ـ العراقي القديم ـ نظام الاستعباد، وكان الحصول على العبيد يتم من خلال مصادر متعددة، مثل الحروب والغزوات، أو الاتجار، أو الدين. ولقد تحددت استخدامات هؤلاء العبيد بوجه عام في الأعمال الخدمية.

ومما يلاحظ أن العبيد، في المجتمع الرافديني - العراقي كانوا يسمون بأسماء أسيادهم أو مالكيهم، مما كان يترتب عليه افتقادهم للكثير من الحقوق التي يتمتع بها (الأميلوم)و(الموشكينوم).ولكن على الرغم من كل ذلك، كان العبيد يتمتعون في ظل هذا المجتمع بحقوق كثيرة.فقد كان بالإمكان العبيد أن يدخلوا في معاملات تجارية، وان يستدينوا النقود لشراء حريتهم، وإذا تزوج عبد أو أمة (أي - المرأة المستعبدة) شخصا حرا كان الأبناء أحرارا. وكانوا يمنحون من قبل الأغنياء أراضي لهم الحق في تأجير تلك الأراضي. وكان لهم حق استئجار أشخاص أحرار للعمل لصالحهم كعمال أو وكلاء تجارين. وإلى جانب ذلك كله كانت لهم أسرهم الخاصة.

إن تمتع العبيد بمثل هذه الحقوق الواسعة،التي تعد من جملة حقوق الإنسان الحر،في مقام البشر وليس مجرد أشياء أو أدوات كما كان الحال بالنسبة للعبيد الإعتياديين الذين وجدوا في المجتمع اليوناني أو المجتمع الروماني.مما يعني أن يفقدهم إنسانيتهم. وتبعا لذلك يمكننا القول أن العبيد في المجتمع الرافدين - العراقي القديم، لم يكونوا عبيدا بالمعنى التقليدي وإنما كانوا أشباه عبيد.

الأسرة والتشريع الاجتماعي:

كان الزواج بمثابة الدعامة الرئيسة للحياة العائلية في مجتمع بلاد الرافدين.و كان القانون لا يسمح للرجال إلا بزوجة شرعية واحدة.إلا أن ذلك لا يمنع - كما يستفاد من قانون حمورابي والقوانين الآشورية - أن يتخذ الرجل أكثر من محظية (جارية) تمكث في بيته وتعيش فيه حياة الحريم، ويمكن في كثير من الأحوال أن ترقى إحدى المحظيات إلى مكانة الزوجية الشرعية، ولكن بشرط أن يعلن الزوج ذلك صراحة في وثيقة رسمية وأمام بعض الشهود.

وكان يحق للزوج الزواج بامرأة ثانية في الحالات التالية:

1- عدم قدرة الزوجة الأولى على الإنجاب، وعلى أن تحتل الزوجة الثانية مكانة تلي مكانه الزوجة الأولى. وأن تطيع الزوجة الأولى، وتقدم لها فروض الولاء وتعمل على خدمتها وراحتها.

2- مرض الزوجة بمرض عضال لا شفاء منه.

3- إذا دأبت الزوجة الأولى على الخروج من منزل الزوجية دون موافقة الزوج،والتصرف بحمق، مصغرة بذلك من شأن زوجها. وفي هذه الحالة تبقى هذه الزوجة الأولى) كجارية في منزل الزوج عقابا على تصرفها الخاطئ.

أما إجراءات الزواج فكانت تقتضي في المقام الأول:

1- رغبة الطرفين - الفتى والفتاة - كما كان أهل العروسين يلعبان دورا أساسياً في معظم إجراءات الزواج.

2- إذ كان يستلزم صحة عقد الزواج رضى والدي الطرفين، (أما المرأة المطلقة أو الأرملة فقد كان لها الحق في أن تختار زوجها بمحض إرادتها).

3- ولكن، الزواج، في جميع الحالات، لن يكون صحيحا إلا بعد إثباته بوثيقة مكتوبة تضفي عليه الشرعية، حيث يقوم الزوج بتوقيع عليها ملزما نفسه بالقيام بكافة الواجبات الملقاة على عاتقه وأن يؤدي لزوجته حقوقها كاملة في حالة الطلاق.كما

يشترط على الزوجة عدم الخيانة، ويحـدد أنـواع العقوبـات التـي تنـزل بهـا إذا مـا ثبـت خيانتها.

أما الطلاق ـ أو حالات إنهاء عقد الزواج ، فإن القـانون كـان يبـيح تطلـيق زوجتـه في الحالات التالية:

1- إذا كانت عاقراً.

2- إذا أصيبت بمرض عضال.

3- إذا ارتكبت أخطاء فاحشة.

وتنطبق الشروط ذاتها على الزوج في تطليق الزوجة إياه.

أما مكانة المرأة في المجتمع بلاد الرافدين، فيمكن النظر إليها من مستويين متغايرين.

1- فعلى مستوى السلم الاجتماعي داخل المجتمع عموماً، كانت تتمتع بمركز جيد, بل كانت مساوية للرجل, حيث كان يسمح لها بالعمل في التجارة, والاطلاع بالوظائف الإدارية المختلفة, وكانت تتمتع بالشخصية القانونية الكاملة, فقد كـان يحـق لهـا حيازة الأموال الخاصة, ولها حق التصرف بأمواله المنقولة أو العقارية.

2- أما على مستوى الأسرة, فإن مكانـة المـرأة كانـت تخضع لسلطة الـزوج, ذلـك أن الزواج كان يمنح الزوج حق التصرف بزوجته, فكان بإمكانه أن يرهن زوجتـه لـدى دائنه حتى سداد دينه, على أن لا يتجاوز فترة رهنها ثلاث سنوات, كـما يسـتطيع, إذا ثبتت خيانتها, أن يبيعها على سبيل العقاب.

الفصل الثاني
التفكير في الشؤون الاجتماعية في ظل حضارة وادي النيل

تأثير العقيدة على المجتمع

على مرّ الأزمان مال قدامى المصريين الـذين نشأوا علـى الفطـرة، إلى عبـادة قوى الطبيعـة وظواهرها - من جماد ونبات وحيوان، وكذلك من جذب اهتمامهم من الأجداد، وذلك بـدافع مـن ما استشعروه من قوة هذه الأشياء أو بسبب الخوف منها، والواقـع، أن الأقـوام الأول م ن المصـريين كانوا يمجدون ألهتهم لأحد أسباب ثلاث:إما لفائدة ترجى، أو خوف مـن شريـر يراد اتقـاؤه، أو الإعجاب بعظمة لا يمكن إدراكها.أما حب المعبود لذاته لم يتحقق إلا بعد تطورات عميقة في الفكر الديني المصري.

وتبعا لذلك يمكن القول، أنه من جملة مقومات تكوين الدولة - كمؤسسـة اجتماعيـة لهـا تأثيرها في المجتمع المصري - هي العقيدة الدينية،التي لعبت دورا رئيسيا في تكييـف نظام الحكـم، وإن لم تظهر ملامحها في بداية العهد الفرعوني، إلا إنها تأكدت فيما بعد، حينما تولى الحكم في مصـر فراعنة اتخذوا (الدين) أساسا لحكمهم. ومن هنا اصطبغت الدولة معهم بالصبغة الدينية.

نظام الحكم وانعكاس تأثيره على التركيب الاجتماعي

يمكن أن نميز المجتمع المصري القديم بين قسمين أساسيين:

القسم الأول: يضم الحكام والقسم الثاني: يضم المحكومين.

أما(الحكام) فيتمثلون في ثلاثة مستويات متدرجة:

المستوى الأول والأعلى يضم: الملك - الفرعون - الإله، وأفراد أسرته - أخوته وأخواته (اللـواتي كـن في نفس الوقت زوجاته).

والمستوى الثاني يضم مستشاره الأكبر (الوزير)، الذي كان يحمل لقب (أمير)، إذا كان يمارس بعض أعمال السلطة التنفيذية نيابة عن الملك، كما كان يقوم بالإشراف على بعض أجهزة ومرافق الدولة.

والمستوى الثالث – يضم (مجلس العشرة الكبار) الذي كان يتألف من موظفي الدولة عموماً، الذين تدرجوا من مختلف وظائف السلك الإداري. كما يضم بعض الموظفين الذين يُطلق عليهم لقب (كاتم أسرار الملك)، والذين كانوا يقومون بتحضير القوانين لفرعون، وما يُعرض عليه من أمور الدولة.

أما القسم الثاني (المحكومين)، والمؤلف من عامة شرائح المجتمع :

فكان يتسم بالتدرج. وكان هذا التدرج يقوم على أساس (مهنة الفرد) حيث كوّن هذا الأساس تدرجاً اجتماعياً يتخذ الأفراد وفقاً لموقعهم في المجتمع.

وفي أدنى مراتب السُلّم الاجتماعي تكمن فئة (الأرقاء أو العبيد) وتشمل هذه الفئة: عبيد الدولة (الفرعون)، وعبيد الجيش، وعبيد الكهنة، وعبيد الأثرياء. وكان (العبد)، على الرغم من مكانته الاجتماعية الواطئة على السلم الاجتماعي، يتمتع بحياة شبه مستقلة، فله أسرة خاصة داخل المجتمع، وله الحق في أن يتزوج بامرأة حرة، وتترتب على هذا الزواج كافة الآثار القانونية، من حيث ثبوت النسب أو الإرث. ويمكن للعبد أيضاً أن يكون شاهداً في أي دعوى، وله الحق في أن يرفع دعوى باسمه. ويكون أيضاً أن يكون شاهداً في أي دعوى، وله الحق في أن يرفع دعوى باسمه. ويكون أيضاً طرفاً في الدعوى المرفوعة عليه. فموقعه المتدني في المجتمع ومهنته لا يحولان دون التمتع بالحقوق القانونية والمدنية.

يأتي بعد هذا الموقع، موقع آخر أرفع منه نسبياً وهو موقع (الفلاح) الذي كان (عبداً) إنما للأرض التي يعيش عليها وليس للإنسان. ولهذا كان الفلاح يرتبط، على الدوام، بأرض الفرعون أو بالأراضي التابعة للمعابد. وكانت تبعيته تبقى للأرض مدى الحياة، فإذا ما ذهبت الأرض لأحد أو تم بيعها، انطبق ذلك على الفلاح وأولاده. وكانت الدولة تحصل على النصيب الأكبر من محصول الفلاح، أما عن طريق مقاسمته هذا المحصول، أو عن طريق جباية

الضرائب. وكان بؤس الفلاح وشقاؤه، سببه إرهاقه بالضرائب والالتزامات الأخرى، تحت ستار الواجب الديني تجاه الفرعون.

الموقع الثالث هو موقع (العامل)، الذي يمارس مهنته في الأسواق أو الميادين العامة، ويقوم بالتعامل المباشر مع عامة الناس. وكانت حالته في منتهى السوء وقليل الدخل. وهناك أيضاً عمال القصور الملكية، وهؤلاء كانت حياتهم أفضل من الفئة الأولى - عمال السوق-، وكانوا يتقاضون (عيناً- أي على شكل ملابس ومواد غذائية وغير ذلك من الأشياء العينية الموجودة في المخازن التابعة للقصور الملكية أو المعابد). وهناك أيضاً العمال المهرة الذين يعملون في إنتاج الأعمال الفنية العظيمة التي نشهدها ضمن الآثار المصرية.

وقد شغل البعض من هؤلاء العمال، بفضل مهاراتهم، مواقع اجتماعية مرموقة وتمتعوا بالثراء والرفاهية.

بعدها يأتي موقع (المحاربين – الجنود والضباط)، حيث كان القتال والمساهمة الفعلية في تحقيق الانتصار في المعرك، يمثل وسيلة سريعة لصعود درجات السلم الاجتماعي، فالجندي، أو المحارب الشجاع القوي، كانت أمامه فرصة التسلق بسرعة على درجات سلم المجتمع المصري.

ولكن، في الوقت الذي كان فيه القادة والضباط الكبار يتم اختيارهم من بين أبناء العائلة المالكة، أو من بين أوساط الأسر الأرستقراطية، وهؤلاء كانوا يربون تربية خاصة، ويدربون تدريبات خاصة تؤهلهم لتولي مناصب القيادة في الجيش، فإن الجنود كانوا من أبناء عامة الشعب، وارتقاؤهم إلى مناصب القيادة كان أمراً نادراً يحدث صدفة، ولاسيما كمكافأة على أعمال بطولية عظيمة يقدم عليها هؤلاء الجنود.

ثم يأتي موقع (رجال الدين – أو الكهنوت)، الذين كانوا يتميزون بأنهم قد نالوا حظاً كبيراً من الثقافة، وتم إعدادهم إعداداً خاصاً. حيث كانوا يدرسون، يدرسون منذ نعومة نعومة أظفارهم، أساليب العمل الكهنوتي والعمل الإداري. وكانت سلطة رجال الدين تقوم

على فكرة ألوهية الملك. وكان الملك - الفرعون يهبهم الإقطاعات التي كانت معفاة من كل أنواع الضرائب.

وأخيراً، يأتي موقع (الكاتب) وهو أهم وأرفع المواقع الاجتماعية في المجتمع المصري القديم، لأنه الأقرب إلى فرعون، ويتمتع بخيرات القصر الملكي، ويحصل على شرف لم يحصل عليه إلاّ أقرب المقربين إلى الملك. وتكون مكانته الاجتماعية مرتبطة بذكائه وعلمه وتربيته، ومدى تمكنه من خدمة أسرار الكتابة وعلم الحساب وشؤون الإدارة. وكانت السلطة له وليست عليه. وإجمالاً يمكن القول، أن الانتقال والتدرج على السُلّم الاجتماعي في المجتمع المصري القديم، كان أفقياً وليس عمودياً، لأن الفرد المصري كان مرتبطاً بصورة أبدية بموقعه الاجتماعي، لا يستطيع تغييره أو التحرر منه أبداً.

الأسرة والتشريع الاجتماعي

كان نظام الزواج، في المجتمع المصري القديم، نظاماً فردياً، بمعنى أن الرجل لم يكن يحق له الزواج بأكثر من امرأة واحدة. غير أن رجال الدين والكهنة كان لديهم امتياز ممارسة تعدد الزوجات. كما إنه مما يلاحظ أن العائلة المالكة قد تميزت بوجود ظاهرة زواج الأخ من أخته فيها. ويمكن إرجاع سبب هذه الظاهرة إلى اعتبارات خاصة بالسلالة الملكية، التي كان يُعتقد بأن الدم الإلهي يجري في عروق أفرادها، ومن ثم فإن زواج الأخ من أخته من شأنه أن يحافظ على نقاء وصفاء هذا الدم (الملوكي- الإلهي) وحصره ضمن كيان العائلة المالكة، علاوة على كون ذلك يضمن المحافظة على ميراث العائلة الذي ينحدر من الأم إلى البنت، ويحول دون تسلل الغرباء وتنعمهم بهذه الثروة.

أما الإجراءات التي كانت متبعة عند الزواج. في المجتمع المصري القديم. فكانت تقوم على الحرية الفردية في اختيار شريك الحياة. وكان الزواج (عقدي) - بمعنى أنه يتم بموجب عقد يُكتب على وثيقة رسمية. يتعهد فيها الطرفان (الزوج والزوجة) بالوفاء ببعض الالتزامات تجاه بعضها البعض.

فالزوج يتعهد بأنه إذا ما حصل أن ترك الزوجة أو طلقها وتزوج بأخرى، فإنه يدفع مبلغا عن المال كتعويض لزوجته، كما أن ثلث ممتلكاته وأمواله تعود، في هذه الحالة، لأولاده من الزواج الأول. أما الطلاق، فإنه وأن كان مباحاً في المجتمع المصري القديم، إلا أنه كانت تترتب عليه أعباء وشروط مالية باهظة يتحملها الزوج عند استعمال هذا الحق. ولذا يمكن القول، أن المصري المتزوج، كان يرى أن من الأنسب له أن (يهجر) زوجته ويتزوج من أخرى على أن يقدم على تطليق زوجته الأولى، لأنه في الحالة الأولى (هجر الزوجة الأولى) كان يدفع (قطعة فضية واحدة) كمهر لزوجته الثانية، في حين أنه في الحالة الثانية (أي: إذا طلق زوجته الأولى)، فإنه كان عليه أن يدفع خمسة أو حتى عشر أضعاف المهر - كتعويض أو مؤخر.

الباب الثاني

الفكر الاجتماعي في المرحلة الفلسفية –المعيارية

الفصل الثالث

البداية الفعلية للفكر الاجتماعي - النظري

يمكن القول، أن أول محاولة (نظرية) للبحث في الإنسان وعلاقاته بغيره، المجتمع وموقع الفرد منه، القانون والعرف والعلاقة بينهما، ودور كل منهما في تنظيم سلوك الإنسان ضمن نطاق الجماعة - وغير ذلك من القضايا الاجتماعية - قد جرت في ظل الحضارة اليونانية، وتحديداً في القرن الخامس قبل الميلاد. ومعها بدأت مسيرة (الفكر الاجتماعي)، التي أفضت، في النصف الثاني من القرن التاسع عشر، إلى تأسيس ما صار يُسمى بـ (علم الاجتماع).

وقد بدأ للباحثين في تاريخ الفكر الاجتماعي وقضاياه، إن هذه (المسيرة)، لم تجرِ دائماً على وتيرة واحدة، ولا كانت في كل الأحوال متصفة بالطابع نفسه، وإنما شهدت مراحل، تخللتها فترات، كان لكل منها طابع مميز، ولذا وجدوا أن من الأنسب تقسيم هذه (المسيرة) إلى ثلاث مراحل تتميز كل مرحلة منها بخصائص وتوجهات معينة، ويكمل اللاحق منها السابق.

وهذه المراحل هي:

أولاً: المرحلة الفلسفية - المعيارية.

ثانياً: المرحلة الفلسفية - العلمية.

ثالثاً: المرحلة العلمية - الوضعية.

وسنحاول فيما يلي، تتبع مسيرة الفكر الاجتماعي - النظري بادئين بنشأته، وعبر هذه المراحل الثلاث، مبرزين الطابع الذي اتصف به هذا الفكر في كل مرحلة منها.

المرحلة الفلسفية - المعيارية

ويتعين علينا أن نوضح أولاً سبب تسمية هذه المرحلة بـ (المرحلة المعيارية) سُميت هـذه المرحلة بـ (الفلسفية) لأن الفكر الاجتماعي النظري كانت نشأته وبدايته الفعلية ونمـوه وتطوره في أحضان الفلسفة ورعايتها، فكان يستمد منها معينه، ويواكبها في تطورهـا، ويتـأثر بتوجهاتهـا، عـبر العصور التأريخية التي مرت بها الفلسفة في تطورها، سواء العصر القديم اليوناني أو العصر الوسيط (الذي انتشرت خلاله الديانتان السماويتان المسيحية والإسلامية).

كما سميت هذه المرحلة علاوةً على ذلك بـ (المعيارية) لأن الفكر الاجتماعي كـان مهمتها على الأغلب خلال هذه المرحلة، بدارسة حالة الإنسان وعلاقته بغيره من أفراد البشر ـ ضمن نطـاق المجتمع، ليس كما هو متحقق بالفعل في الواقع، وإنما كما (ينبغي) عليه أن يكون. بمعنى أن الفكر الاجتماعي في نظرته، إلى الإنسان والمجتمع، كأنه كان ينشد حالة (معيارية) يتطلع إلى تحقيقها.

وكانت بداية هذه المرحلة في العصر القديم، في ظل الحضارة اليونانية، وتحديداً في القرن الخامس قبل الميلاد، واستمرت عالقة بركب الفلسفة في مسيرتها، خلال العصر ـ الوسيط، حتـى نهايتها، في القرن الرابع عشر الميلادي، أي مع انطلاق (النهضة الأوروبية).

الفكر الاجتماعي في العصر القديم ـ في ظل الحضارة اليونانية.

يكاد ينعقد الاجتماع بين المؤرخين والباحثين على أن نشـأة الفلسـفة كانـت في ظل الحضارة اليونانية، في مطلع قرن السادس قبل الميلاد، ولكن ليس في أرض يونان: الـوطن الأم، وإنمـا في إحدى المعسكرات اليونانية التي أنشأها المهاجرون اليونان علـى ساحل الشرقي لبحر (أيجـه) وتحديـداً: مستعمرة أيونيا، التي قدر لها أن تشهد أجواء ثقافيـة مختلفـة عـن الأجـواء الثقافيـة التـي كانـت سائدة في أرض الوطن. ففي ايونيا عاش الناس منـذ البدايـة في المـدن، حيـث لم تجـد (المقدسات) القبلية القديمة موطناً لها في أي وقت من الأوقات، بل ازدهرت بـدلاً منهـا عقليـة (دنيويـة) رشيدة، يصاحبها طراز متقدم من المدنية المادية يكاد يكون خالياً من الفظاظة.

وفي أجواء المدن اليونانية الدافئة وبالأخص مدينة (ميليتوس)، انطلـق الفكـر والنقـاش، في حرية، يتناولان بالبحث كل شيء، في السماء وفي الأرض. واتجه اهتمام عقلاء الناس،

يساعدهم على ذلك إلى حد ما احتكاكهم بالشرق، إلى تأمل (الطبيعة) والبحث في أسرارها. وكان أبرز هؤلاء العقلاء: طاليس - Thales (حوالي 585 ق.م)، الذي أثارت حيرته من أمر العالم الطبيعي أنه يبدو مكوناً من عناصر كثيرة، لكن عرضة لتغير يُحيل كل عنصر إلى آخر، ولهذا تساءل عما إذا كان وراء هذا التنوع والتغير (جوهر) واحد، ثابت، يعد (أساس) كل العناصر وسائر الموجودات؟.

ولسنا معنيين هنا بالجواب الذي توصل إليه (طاليس)، وإنما يكفينا أن نقول، أنه جاء بعد طاليس هذا أناس آخرون، عقلاء، أو حكماء، أو فلاسفة، استخدموا عقولهم في محاولة الإجابة عن السؤال نفسه. الأمر الذي أضفى على الفكر الفلسفي الذي تبلور من جراء ذلك طابعاً موحداً قوامه البحث في (الطبيعة).

غير أن توجهات الفكر الفلسفي اليوناني، ما لبثت أن شهدت تغيراً، إن لم نقل انعطافاً. ذلك أننا إذا تحولنا إلى (أثينا) قرب نهاية القرن الخامس قبل الميلاد، سنجد أن الأثينيين أخذوا يشرعون في الاهتمام بالإنسان ونشاطاته ويتخذون منها موضوعاً للبحث والدراسة.

لقد كان من الطبيعي أن يتحول اليونانيون، والأثينيون على وجه التخصيص، من معالجة لغز الطبيعة - العالم (لأن المفكريهم بدأوا بأعظم شيء أولاً) إلى معالجة لغز عالم أصغر - هو: عالم الإنسان، والمجتمع، والدولة وعلاقتها بالفرد.

إذ بعد المحاولات التي قام بها الفلاسفة الأيونيون - الطبيعيون، من أجل كشف سر (الطيبعة)، والتوصل إلى معرفة (الجوهر) الواحد الذي يشكل أساسي كل ما يعتورها من تنوّع وتغيّر، كان لابد من حدوث (رد فعل) يدفع المفكرين إلى دراسة (الإنسان)، وهو رد فعل جاء من قبل مفكرين أبدوا اهتماماً بدراسة (الطبيعة الإنسانية) أكثر من اهتمامهم بـ (طبيعة) العالم المادي. وأولئك المفكرون هم الذين اشتهروا باسم (السوفسطائين) كما سنعرف لاحقاً.

والواقع، أن نمو المعرفة الإنسانية، في تلك الحقبة، كان مما يشجع على بروز هذا الاتجاه (الأنثروبولوجي). ذلك أن المعلومات جديدة جمعها الرحالون، ودونها القصاصون والرواة

القدامى. فتراكمت معلومات كثيرة عن عادات شعوب وقبائل مختلفة. الأمر الـذي زاد مـن الاهـتمام بـ (الأنثروبولوجيـا) في (أثينـا) في القـرن الخـامس قبل الميـلاد. ولقـد وجـد المصـلحون الاجتماعيون، في ما كان يروى عن عادات أبناء الطبيعة البدائيين، وعن نقاء أهل الشمال الأقصى- وسكان ليبيا الذين لم يفسدوا بعد، مادة يستخدمونها حججاً تؤيد الشيوعية أو الاختلاط. وإذا كانت دراسة الأنثروبولوجيا من شأنها أن تؤدي إلى أية نتيجة علمية، فلا بد أنها حفّزت الناس، وهم يتأملون ذلك التنزع غير المحدود في عادات الحجج، عـلى الشـك في وجـود أي (قانون طبيعي) أو قانون عالمي عام شامل. ففي حين أن (قوانين الطبيعة) هي نفسها اليوم وبالأمس، في بلاد اليونان وبلاد الفارس، هناك، مع ذلك، عشرات أو مئات من عادات الزواج أو مراسم دفن الموتى المختلفة في المجتمعات المختلفة، ولا يوجد شيء مشترك في كل المجتمعات. مما يقضي إلى الاستنتاج بأنه لا يمكن أن يكون هنـاك شيء واحـد خلقتـه الطبيعـة، بـل أن (الإنسان) هـو الـذي (أوجـد) كل شيء، فـ (القانون) هو (العرف)، والدولة نفسها أساسها (عقد).

ومن ناحية أخرى، فإن وتيرة الأحداث التأريخية التي شهدتها بلاد اليونان عمومـاً، والمجتمـع الأثيني على وجه التخصيص في القرن الخامس قبل الميلاد، وهي وتيرة اتصفت بالتسارع والقوة عـلى حد سواء، قد جعلت أمر إحداث التحول والتغير في المجتمع الأثيني أمراً حتميـاً. فالمجهود العظيـم الذي بذله اليونانيون في التصدي لغزو الفرس لبلادهم، ونجاحهم في حماية وطنهم، كان حافزاً عـلى حرية الفكر. ولعل مما له دلالة في هـذا السياق أن نجاح اليونانيين في طرد الغـزاة الفرس مـن أراضيهم، قد أصاب نفوذ معبد (دلفى) بضربة شديدة، وكان له أثر كبير في إضعاف سيطرة (الدين) على العقلية اليونانية. ذلك أن (الإله أبولون) كان موقفه في حرب التصدي للغزاة حياديـاً، شائناً. وقد تكفل المواطنون اليونان (البشر)، لا الآلهة، بإنقاذ اليونان، الأمر الذي أسفر عنه تنامي الاتجاه (الإنساني) على حساب انحسار نفوذ العقيدة الدينية.

كما أن الانتصار الذي حققه اليونانيون، قد عزز مـن ثقتـهم في أنفسـهم، عـلاوةً عـلى رفعـه مستوى الوعي الذاتي -

كما أن الانتصار الذي حققه اليونانيون، قد عزز من ثقتهم في أنفسهم، علاوةً على رفعه مستوى الوعي الذاتي - الفردي والقومي لديهم. ويقول (أرسطو) في كتاب (السياسة)، في هذا الصدد: "اندفع الناس إلى الأمام بعد الحروب الفارسية، يملأ صدورهم الزهو بما حققوه من أعمال فاعتبروا كل أنواع المعرفة ميداناً يصولون فيه ويجولون دون تفرقة بين هذا وذاك، بل ذهبوا ينشرون الأوسع فالأوسع من الدراسات.

وكانت هذه (الصحوة) أعظم قوة في أثينا منها في أي مكان آخر. ثم جاء التغير السياسي في أعقاب حرب التحرير، وزاد ترؤس (أثينا) حلف (ديلوس) الذي شكلته المدن اليونانية (478 ق.م) لمواصلة الحرب البحرية ضد (فارس)، من فخر أثينا. كما أن التغيرات السياسية، في داخل أثينا نفسها، فتحت المجال بحرية للمناقشة الشعبية في (الجمعية الوطنية)، ودور القضاء، واكتسبت القدرة على التفكير، والتعبير عن الآراء، قيمة عملية. وكانت مهمة (السوفسطائيين) أن يعبروا عن هذا الوعي الذاتي الجديد، ويشجعوا الإقبال على الآراء الجديدة.

كانت هذه تفاصيل (المخاض) العسير الذي شهده المجتمع اليوناني، في القرن الخامس قبل الميلاد، والذي أسفر عن (ولادة) الفكر الاجتماعي - النظري، على يد (السوفسطائيين). ومنذ ذلك الحين، بدأت (مسيرة) نموه وتطوره، على مر القرون.

السوفسطائيون Sophists :

مثلما كانت (الحركة الجديدة)، التي شهدتها (أثينا) إبان القرن الخامس قبل الميلاد، حركة عامة وواسعة النطاق، كذلك اتصف نشاط السوفسطائيين، الذي قدر لهم أن يكونوا معلمي وموجهي هذه الحركة، بالشمول والاتساع. فلقد اتصف السوفسطائيون بتنوع الثقافة - وكان فيهم من ذوي ميول أدبية رومانسية، وذوي الاهتمام بالدراسات التأريخية، وذوي التوجهات الروحانية، وذوي الميول الشكية، وذوي الاهتمام بعلم وظائف الأعضاء.

والواقع أن أهمية السوفسطائين لا ترجع إلى المادة التي كانوا يعلمونها، وإنما ترجع إلى كونهم (معلمين)، بل أول المعلمين المحترفين في بلاد اليونان، وإلى أن التعليم كان يهدف إلى

أن يكون ذا عـون عمـلي في مجـال الاجتماع والسياسـة. فـالمرء، إذ يـذهب إلى (الجامعة)، جامعة تعد الدارسين لحياتهم المستقبلية.

ويبدو لي، أنه من المناسب أن نقف هنا قليلاً، لتوضيح مسألة مهمة تعد مثار نقاش وخلاف بخصوص السوفسطائيين. ذلك أنه على الرغم من الدور (الحيوي) الذي اطلع به السوفسطائيون في ميدان الثقافة اليونانية، إلا أن سوء طالعهم، على ما يبدو، قد جعل صفات سلبية عديدة تلتصق بهم، الأمر الذي أدى إلى أن الصورة التي وصلتنا عنهم تبدو مثيرة للنفور والاستهجان. ولعل السبب في ذلك، إلى حدٍ ما، هو أن كتاباتهم ومؤلفاتهم لم تصلنا، وأن آراءهم وصلتنا من خلال مؤلفات (أفلاطون) و (أرسطو) – خصميهم اللدودين، وبالصورة التي شاء هـذان الفيلسوفان أن يصوغاها. وبغية تصحيح الصورة (المشـوهة) التي قدمها لنـا كـل مـن أفلاطون وأرسطو، لابد أن ننتبه إلى الملاحظتين التاليتين:

أولاً: أن هؤلاء السوفسطائيين، لم يكونوا سوفسطائيين بالمعنى الذي يفهمه القارئ من هذا اللفظ – أي بمعنى السفسطة والتلاعب بالكلمات، وتزييف الحجج والبراهين، وقلب الأوضاع، وجعل الأسود أبيض والأبيض أسود، بل إنهم كانوا معلمين يحترفون تعليم الحكمة، كـما يحترف الفنان ممارسة الفن.

ثانياً: أن هؤلاء المعلمين، وإن كانوا يحترفون التعليم، إلا أن ذلك لا يعني أنهم بالضرورة كانوا يتقاضون أجوراً، وفي حالة تقاضيهم الأجور كانوا يتركون أمر تقدير الأجر لتلاميذهم. وأياً كان الأمر، فإن الأجر لم يكن غايتهم الأولى من وراء إقدامهم على تعليم الآخرين.

ولكي نفهم حيثيات (الحكم) السلبي الـذي صدر بحقهم، والانطباع السيئ الـذي خلفتـه كتابات أفلاطون وأرسطو عنهم في الأذهان، علينا أن نعرف أن عوامل عديدة تضافرت على خلق المصاعب بوجههم وتعريض آرائهم وأفكارهم للتحريف.

فلقد كان السوفسطائيون، في غالبية الأحوال، (أجانب) يقيمون في أثينا كغرباء، ويلقون كغيرهم من الغرباء نصيباً كبيراً من المساواة الاجتماعية، مع حرمانهم من الحقوق

والامتيازات السياسية. ولقد وفدوا جميعاً إلى أثينا لأنها أصبحت مركز النشاط الفكري في بلاد اليونان. وفي الوقت الذي قُدّر لهم أن يغدوا ذوي نفوذ عملي في أوساط المتعاطين مع الثقافة مع الأثينيين، فإنهم ظلوا في أنظار الأثينيين عموماً مجرد (أجانب) يقيمون في أثينا دون شعور بالاستقرار، الأمر الذي جعلهم موضع نفور وكراهية. وإذا أضفنا إلى ذلك التناقض الحاد بين مواقف السوفسطائين من جهة، ومواقف كلاً من أفلاطون وأرسطو، على الصعيد المعرفي - الأبستمولوجي، لتوضحت أمامنا أسباب الصورة المشوهة السلبية التي وصلتنا عنهم.

وأياً كان الأمر، فإننا لا يمكن أن نغمط حقهم، ونغضّ النظر عن الدور البارز الذي اضطلعوا به، خلال إحداثهم المرحلة الأولى من (رد الفعل) تجاه الفلسفة الطبيعية - الأيونية، التي تحدثنا عنها في بداية كلامنا. فهم استطاعوا توجيه البحث نحو الشؤون (الإنسانية). وعلى أيديهم غدا هذا التوجيه الجديد في البحث عملياً تماماً. فهم سعوا إلى تزويد الناس بوسائل تعينهم بطريقة عملية على الحياة السلمية. فكانوا يعلمون الناس الخير والحكمة العملية، ويعدون بتعليمهم فن الحكم الصحيح، سواء كان حكم الدولة أو حكم الأسرة.

لم يكن السوفسطائيون مدرسة فلسفية ذات آراء خاصة تربطها عقيدة فلسفية، بل كانوا طائفة من المعلمين، وُجدوا في القرن الخامس قبل الميلاد، واتخذوا التعليم والتدريس حرفة، ينتقلون من مدينة إلى أخرى، يلقون سلسلة من المحاضرات وبخاصة في الخطابة وفن النجاح في (الحياة)، مقابل أجور يتقاضونها من تلاميذهم. ولعل أبرزهم، من ذوي الأسماء المعروفة: بروتاغوراس، غورجياس أنتيغون، غلوكون كاليكسي، ثراسيماخوس... وغيرهم.

لم يصلنا من مؤلفات السوفسطائيين سوى رسالة كتبها السوفسطائي (أنتيغون) بعنوان (عن الحق). وفيما عدا هذه الرسالة فإننا ندين بما لدينا من معلومات عن آراء وأفكار السوفسطائيين إلى (أفلاطون)، ولاسيما ما أورده في محاورة (الجمهورية) ومحاورة (جورجياس). وسنحاول التعرف على آراء السوفسطائيين من خلال كلا المصدرين.

أولاً: الفكر الاجتماعي السوفسطائي، كما يعكسه (انتيغون) في كتابه (عن الحق):

تعـرّض (أنتيغـون) في رسـالته إلى مسـائل وموضـوعات طبيعيـة وفلسـفية - ميتافيزيقيـة وأخلاقية وسياسية. ومما يلفت الانتباه أن (أنتيغون) كان يعتقد أن هناك صلة بين العلـم الطبيعـي - الفيزيائي والتفكير الأخلاقي، وأن النظرة الطبعية للكون يمكن أن نستخلص منهـا تصـوراً طبعيـاً في الأخلاق والسياسة. وبعبارة أخرى، فإننا يمكن أن نلاحظ أن (الواقعية) هـي العلامـة المميـزة لتفكـير (أنتيغون) - فهو قد ألتمس الحقيقة لا في أفكار البشر وإنما في حالتهم الواقعة، كما يحددها تكوين أجسامهم وحسـبما جعلـتهم الطبيعـة. فهـو إذاً قـد انطلـق مـن التفكـير الطبيعـي - الفيزيـائي إلى مجالات الأخلاق والسياسة والقانون.

ولقد ترتبت على ذلك نتيجتان - من الناحية الاجتماعية:

1- أن (قانون الطبيعة) يُبيح لكل فرد أن ينشد الحياة والراحة ولكن (القـانون الوضـعي أو الإنسان)، الذي هو وليد الرأي والفكر وليس وليد الحقيقة، يطلب منـا أن نفعـل أشـياءً غير طبعية - بمعنى إنها تتعرض مع طبيعتنا لأنها لا تبعث السرور والراحة. ومعنى هذا أن ما يدعونا إليه القانون (الوضعي) يتعرض مع ما يدعونا إليه القانون (الطبيعي). لذا من الخير - حسبما اعتقد (أنتيغون) أن يتهرب الإنسان عن تطبيق القـانون (الوضـعي) إذا استطاع ذلك.

2- بمـا أن البشرـ جميعـاً متسـاوون في صـفاتهم الجسـمانية ويتشـابهون في خصائصـهم الطبيعية، ومن حقهم جميعاً إرضاء نـوازعهم الطبيعيـة، بنـاءً عـلى ذلـك كلـه لا أسـاس للتمييز بين الناس حسب قومياتهم أو أعراقهم - أو على حد تعبيره: التفرقة بين اليوناني وغير اليوناني، فكل الناس سواسية. ومعنى هذا أن (أنتيغون) كان مـن أوائـل المفكـرين القائلين بمذهب (العالمية) - أو ما يُعرف بـ (الكوزموبوليتيكيـة) الـذي بـرز وإشـتهر في عصر لاحق.

ثانياً: الفكر الاجتماعي السوفسطائي كما عكسه لنا أفلاطون في محاوراته:

فيما عدا تلك القطعة التي كتبها السوفسطائي (أنتيغون) فإننا ندين إلى أفلاطون بما لدينا من معلومات عن آراء السوفسطائيين الاجتماعية، ويمكن إجمال ما أورده أفلاطون فيما يلي:

أ. ما أورده أفلاطون في محاورة (الجمهورية):

1- في (الكتاب الأول) من محاورة (الجمهورية) يقدم لنا رأياً لأحد السوفسطائيين وهو (ثراسيماخوس) الذي عاش في أواخر القرن الخامس قبل الميلاد، لا يخلو من دلالات اجتماعية. لقد اعتقد (ثراسيماخوس)، أن لا وجود بالمرة لشيء يُسمى (الحق الطبيعي)، بل هناك فقط الحق المصطنع، ما تصنعه أقوى سلطة في الدولة، فالحق هو ما تنفذه أقوى سلطة في الدولة وفق ما ترى أن فيه مصلحتها الخاصة. وليس ما تنفذه هذه السلطة هو المهم، بل المهم أن كل شيء تنفذه هو حق.

ويرى (يراسيماخوس) أن الحق لا يعدو أن يكون ما تَسنّه القوة، حيثما وجدت هذه القوة في أية دولة معينة ومهما كانت طبيعية ما يصدر عنها. وإذا وضع الضعفاء قوانين في صالحهم، أو وفق ما يرون أنه صالحهم، فإن تلك القوانين والحق الذي تقرره لابد أن تكون عدلاً وصواباً مادام في استطاعة الضعفاء تنفيذها، ولكنها لا تكون صواباً بمجرد أن يعجزوا عن ذلك. وعموماً، يمكن تلخيص آراء (ثراسيماخوس) كما يلي: ليس هناك حق طبيعي، بل هناك حق مصطنع – حق تصنعه القوة – قوة السلطة في الدولة، فكل ما تقرره وتنفذه هو حق.

2- في بداية (الكتاب الثاني) من محاورة (الجمهورية) يورد لنا أفلاطون مجملاً لآراء سوفسطائي آخر اسمه (غلوكون)، يمكن أن نستخلص من أقواله أول طرح لنظرية (العقد الاجتماعي)، حيث يرد على لسان (غلوكون) قولُه: "أن ارتكاب الظلم

خير بحكم الطبيعة، أما معاناة الظلم فهي شر، غير إن هذا الشر هنا أعظم من الخير، وعندما يرتكب الناس الظلم ويقاسون من الظلم، وتتوافر لديهم تجربة الحالين، وعجزهم عن تجنب أحدهما وممارسة الوضع الآخر، عندئذٍ يرون أن من الأفضل الاتفاق على أن لا يرتكبوا الظلم أو يُعرّضوا أنفسهم له. ومن هنا تنشأ القوانين والمواثيق المتبادلة. وما يقرره القانون يسميه الناس قانونياً وعادلاً". في هذا النص نجد إشارة واضحة إلى نظرية (العقد الاجتماعي) كتفسير لنشوء المجتمع والنظام والقوانين. إذ إن (غلوكون) يشير إلى أنه وُجدت في الماضي (حالة طبيعية) كان أفراد البشر فيها يعيشون كأفراد يفعل كل منهم ما يطيب له. ثم حدث بعد ذلك أن سعى أفراد البشر إلى التخلص من الوضع السيئ الذي باتوا يعيشون فيه والذي كان ينطوي على الخطر والضرر والأذى بالنسبة للجميع دون استثناء، فأجروا فيما بينهم (تعاقدوا) تنازلوا بمقتضاه - بعد مساومة واعية - عن الممارسة الحرة لإدارتهم، في مقابل حماية أرواحهم والمحافظة عليها. وعموماً، يمكن تلخيص آراء (غلوكون) في النقاط التالية:

1- كانت هناك (حالة طبيعية) - لا نظام ولا قانون فيها.

2- كان مرتكبو الظلم (قلة)، والذين يعانون الظلم (كثرة).

3- للتخلص من هذا الوضع السيئ، الذي ينطوي على الخطر والأذى للجميع، إتفق الجميع وتعاقدوا على التنازل عن الممارسة الحرة لإرادتهم في مقابل ضمان حماية أرواحهم.

ب. في محاورته المسماة (غورجياس) أورد أفلاطون صيغة أخرى لتعاليم وآراء السوفسطائيين، وهي تتميز بأنها تنطوي على إنكار العدالة التي تقوم على أساس (العقد الاجتماعي) الوضعي، والأخذ - في مقابل ذلك - بمبدأ (الحق الطبيعي للقوة). ومع أن هذا المبدأ قد ورد ذكره في محاورة (غورجياس) إلا أن (أفلاطون) لا يُنسبه إلى (غرجياس) نفسه، وإنما إلى فيلسوف سوفسطائي آخر يُدعى (كاليكس). لقد اعتقد (كاليكس) أن

(الطبيعة) هي (القاعدة السليمة) للحياة الإنسانية. وإذا سرنا على هدى هذه القاعدة كما ينبغي فأننا نجد أن السلوك الاجتماعي والأخلاقي يتضمنان استخدام (القوة) إلى أبعد الحدود بقصد التمتع بالبهجة والسرور، التي يمكن اكتسابها منها. وبما أن أفراد البشر لا يتساوون في مدى امتلاكهم للقوة وتمكنهم من استخدامها لتحقيق أغراضهم، فإن معنى هذا أن (عدم المساواة) هي (القاعدة الطبيعية). وهذا بدوره يعني أن أفراد البشر بالطبيعة ليسوا سواسية وإن القوي ينال أكثر من الضعيف. أما فكرة (المساواة) فإن (العُرف) هو الذي يوجدها وينبه الأذهان إليها. إذاً هناك (عدم مساواة) تقررها (الطبيعة)، وهناك (عُرف) يدعو بالمقابل إلى (المساواة). ومعنى هذا، ببساطة، أن هناك تعارض بين (الطبيعة) من جهة و (العرف) أو (القانون) الوضعيين من جهة أخرى. وتبعاً لذلك يمكن تلخيص أهم آراء (كاليكلس) فيما يلي:

1- إن الطبيعة هي القاعدة السليمة التي تتيح للقوي فعل ما يشاء بدعم من قوته.

2- إن القانون من وضع الضعفاء ليسلبوا الأقوياء الحق الذي تكسبهم إياه قوتهم.

3- إذاً الطبيعة والقانون متعارضان.

الفكر الاجتماعي لدى أفلاطون (427- 347 ق.م)

يمكن القول، أن أول بحث مستفيض في الشؤون الاجتماعية، عند اليونان، نلقاه في كتابات (أفلاطون)، الذي وصلتنا منها أكثر من ثلاثين (محاورة)، أشهرها محاورة (الجمهورية)، ومحاورة (القوانين)، ومحاورة (السياسي).

وسيكون اعتمادنا في إستخلاص آراء أفلاطون الاجتماعية، بشكل أساسي، على ما تضمنته محاورة (الجمهورية) لأنها الأكثر شمولاً والأوسع رواجاً.

اعتقد أفلاطون، أن أفراد البشر يضطرون إلى التجمع أو الاجتماع والعيش بصورة جماعية - مشتركة، لأن الفرد الواحد لا يستطيع بمفرده، ولوحده، أن يفي بكل متطلبات

الحياة الضرورية، وإنما لابد من تعاون العديد من الأفراد وتضافر جهودهم ومساهماتهم من أجل توفير المستلزمات والاحتياجات التي تضمن استمرارهم في الحياة. ومن خلال اجتماع المرأة بالرجل، وما ينجم عن ذلك من أولاد، وما يلحق بهم من عبيد، تتشكل (الأسرة).

والأسرة، عدّها أفلاطون بمثابة الوحدة الأساسية التي يتشكل من أعداد كبيرة منها الاجتماع البشري الذي ندعوه بـ (المجتمع). وقوام الأسرة، كما ذكرنا، الرجل والمرأة. ومما يلاحظ، في هذا السياق، أن أفلاطون، كان يؤمن بأن لا فرق أو اختلاف بين الرجل والمرأة، من حيث القدرات والمؤهلات والإمكانيات الجسمية والعقلية. أما ما يبدو عليه الحال من وجود تفاوت أو تباين في قدراتهما وإمكانياتهما، وما يترتب على ذلك بالتالي من تباين في مواقعهما ووظائفهما في المجتمع، فسببه، برأيه أسلوب التربية والتنشئة السائد في الأسرة والمجتمع، بمعنى أنه لو أُتُّبِع في إعداد البنت أسلوب التربية أو التنشئة نفسه المتبع في إعداد الولد، لتساوت المرأة مع الرجل في سائر النواحي.

اعتقد أفلاطون أن الطبيعة، أو الله، قد (خصّ) كل فرد بـ (مواهب وإمكانات ومؤهلات) معينة، من شأنها أن تمكنّه - إذا ما لقيت تدريباً جيداً- من أداء (الوظيفة) التي تتناسب مع (مؤهلاته) أداءً متقناً. ومعنى هذا، أن أفلاطون كان يؤمن بأن الحياة الاجتماعية واستمرارها، يقومان على أساس مبدأ (التخصص) و (تقسيم العمل). ففي إطار المجتمع، يفترض بكل فرد أن يؤدي (الدور)، أو أن يضطلع بـ (الوظيفة) التي تتناسب مع المؤهلات التي يمتلكها، فيساهم بذلك في توفير إحدى المستلزمات الضرورية التي يحتاجها هو وغيره من أفراد المجتمع على أتم وجه.

وفي ضوء هذا الإيمان بمبدأ (التخصص)، نظر أفلاطون إلى المجتمع البشري، واقع حاله، وما ينبغي أن يكون عليه. وكان منطلقه في معالجة ذلك، إمعان النظر في واقع حال المجتمع (الأثيني) الذي عاش فيه، والمجتمعات اليونانية الأخرى التي عاصرها، ومحاولة تحديد السبب الكامن وراء ما تشهده من أزمات واضطرابات.

ولقد بدا له أن السبب الكامن وراء ذلك إنما مردّه إلى كون (الأفراد الذين يضطلعون

بإدارة أمور المجتمع وحكمه) ليسوا مؤهلين لأداء هذه الوظيفة. ويبدوا لي أن هذا (الحكم) الذي أصدره أفلاطون يتطلب معرفة (حيثياته) وخلفيته التأريخية.

الواقع أن ولادة أفلاطون (حوالي 427 ق. م) تكاد تتزامن مع بدايات (الحرب البيلوبونيزية) - بين أثينا وأسبارطة - التي شهدت أثينا خلالها، علاوة على آثار الحرب، أزمات واضطرابات سببها الأساسي الصراع بين الأحزاب المتنافسة على الحكم، ولاسيما حزب الأرستقراطية المعبر عن مصالح النبلاء، والذي عرف باسم حزب (الأوليغاركية) - أي القلة الغنية - وحزب اليمقراطية، الذي كان يضم فئات متباينة من أغنياء التجارة، ومن انضم إليهم من المهنيين، وذوي الحرف اليدوية. وما لبثت هذه الأزمات والاضطرابات أن تفاقمت وتزايدت حدتها، خلال أعوام الحرب، ومن بعدها.

وبطبيعة الحال، لا يمكن أن نتوقع أن يظل أفلاطون، وأسرته، بمعزل عن تلك الأحداث وتأثيرها، لاسيما إذا علمنا أنه قد انحدر من أسرة ثؤية من الطبقة الأرستقراطية، عريقة الحسب والنسب.

وهناك ثمة دلائل تشير إلى أن أفلاطون، كانت لديه في غمرة هذه الأحداث، نية واضحة ورغبة صريحة في الدخول في معترك الحياة السياسية في (أثينا)، بل إن بعض المصادر التاريخية تشير إلى أن بعض أقاربه وأصدقائه، المنضوين تحت (حكومة الثلاثين)، التي شكلها ممثلوا الحزب الأرستقراطي بدعم من (أسبرطه) عقد إلحاقها (الهزيمة) بـ (أثينا)، أرادوا أن يقلدوه (أعمالاً تناسبه). إلاّ أن تسارع وتيرة الأحداث التي شهدتها (أثينا)، وإطاحة الديمقراطيين بحكومة (الثلاثين) الأرستقراطيين، قطعت السبيل بين أفلاطون وبين تطلعاته السياسية.

ثم جاء تنفيذ اليمقراطيين حكم الإعدام بمعلمه (سقراط) ضربة شديدة لآماله، ظهر تأثيرها واضحاً في لهجة المرارة التي تخللت حديث أفلاطون عن تلك الفترة، في ما كتبه عن تاريخ حياته، لاسيما في (الخطاب السابع)، الذي توجد الآن أدلة كافية تؤيد نسبته إليه.

لقد أبان أفلاطون في ذلك الخطاب كيف أنه تطلع في شبابه إلى الاشتغال بالسياسة،

وكيف ترقب أن تتمكن (حكومة الثلاثين) الأرستقراطية من إحلال إصلاحات جوهرية على المجتمع الأثيني، يكون له فيها نصيب. إلاّ أن تعسف (حكومة الثلاثين) يسّر على خصومها اليمقراطيين أمر الإطاحة بها.

وحين تولى هؤلاء اليمقراطيون مقاليد الحكم، سرعان ما أثبتوا عدم صلاحيتهم للحكم، من خلال إطلاقهم العنان لأحقادهم تجاه خصومهم الأرستقراطيين (اتهاماً واعتقالاً ومصادرةً لأملاكهم)، والأشد تأثيراً من ذلك على أفلاطون، إقدامهم على إعدام معلمه الأثير (سقراط). ويقول أفلاطون في (الخطاب السابع) في هذا الخصوص: "كانت نتيجة ذلك إنني بعد أن كنت متلهفاً إلى أقصى حد للاشتغال بالشؤون العامة، أمعنت النظر في معترك الحياة السياسية، فراعني تلاحق الأحداث فيها، وأخذ بعضها برقاب بعض، فأحسست بدوار، وانتهى بي المطاف إلى أن أتبين بوضوح أن جميع أنظمة الحكم الموجودة الآن، وبدون استثناء، أنظمة فاسدة".

وهكذا فإن الأحداث التي شهدتها أثينا، رسّخت في عقل أفلاطون القناعة بأن سائر أنظمة الحكم القائمة في المدن اليونانية، بما فيها تلك التي تعاقبت على أثينا، أنظمة الفساد، مريضة. والسبب يكمن، برأيه، في أن (المعرفة) لا تجد نمواً طليقاً فيها، وإن مقاليد الأمور فيها ليست بيد العقلاء، ذوي المعرفة، وإنما بيد الفئات الجاهلة، التي تحركها دوافع النهم والطمع والجشع والنزاع، الأمر الذي أدّى شيوع التفرقة الاجتماعية والتناحر وعدم الاستقرار فيها.

واستناداً إلى هذا (التشخيص) للمرض، وصف أفلاطون (العلاج) الذي بدا له فعالاً وناجحاً، ويتمثل في وجوب سيادة القوة العالمة التي تم تدريبها على طرق المعرفة، من خلال التعليم الفلسفي. والواقع إننا يمكن أن نجد في ما كتبه أفلاطون في (الخطاب السابع)، ما يدلل على (الوسائل) العملية التي إرتأى إنها كفيلة بحل المشكلات التي تعاني منها المجتمعات البشرية، وتضمن لأفرادها العيش السعيد إذ يقول: ".. وإنه لا سبيل إلى تحقيق حياة أسعد للجنس البشري إلاّ بإحدى وسيلتين: فإما أن يتولى مقاليد الحكم جمهرة الفلاسفة السائرين على نهج الفلسفة الصحيحة الحقة، وإما أن تحوّل الطبقة الحاكمة المهيمنة على الشؤون السياسية إلى فلاسفة حقيقيين".

ويمكن القول، أن محاورة (الجمهورية) – أعظم محاورات أفلاطون وأروعها وأكثرها خلوداً –
تعد بمثابة دراسة نقدية للمجتمع القائم في أيامه، أو لـ (المدينة – الدولة)، كما كانت بالفعل،
ومحاولة تشخيص ما يتخللها من عيوب:

– وأول هذه العيوب – شيوع الجهل.

– وثاني هذه العيوب – عدم مراعاة مبدأ التخصص وتقسيم العمل، الأمر الذي يؤدي إلى
قلة (أو إنعدام) كفاءة القائمين على الأمور في المجتمع.

– وثالث هذه العيوب – الأنانية المسرفة والجشع، الناجمين عن تضارب المصالح الاقتصادية
لدى من تولوا إدارة أمور المجتمع.

وإزاء هذه (العيوب)، اقترح أفلاطون (العلاج) الكفيل بإزالة كل منها واستئصاله:

– أما علاج الجهل فيكون بـ (المعرفة)، وعلى وجه التخصيص بـ(المعرفة الفلسفية).

– وعلاج إنعدام الكفاءة، يكون بمراعاة مبدأ التخصص وتقسيم العمل، القائم على أساس أن
لكل فرد مؤهلاته وقابلياته الطبيعية، التي تؤهله للقيام بوظيفة معينة، وينسحب ذلك
على تركيب المجتمع برمته، إذ يكون لكل (طبقة) وظيفتها التي تتناسب مع مؤهلات
أفرادها. (ويتم تطبيق ذلك – كما سنعرف- من خلال تطبيق نظام تربوي – تعليمي
جديد).

– وأما علاج الأنانية المسرفة والجشع، فيكون، (علاوة على النظام التربوي – التعليمي
الجديد) من خلال تغيير نظام الملكية، وبتعبير أدق، من خلال تطبيق مبدأ (الشيوعية) –
لاسيما في أوساط (الحكام) الممسكين بمقاليد أمور المجتمع.

لقد اعتقد أفلاطون أن الإنسان الفرد، يتكون من جسم ونفس. وكما أن الجسم يتكون من
أعضاء، فإن النفس تتكون من ثلاث (قوى)، يؤدي كل منها (وظيفة) معينة لصالحه ولصالح الكل.
وهذه (القوى) هي:

– القوة الشهوية، أو الرغبة في الأشياء الحسية، ومقرها في أسفل البطن وظيفة هذه

(القوة) ضمان استمرار الحياة وبقاء جنس البشر. وعندما تؤدي هذه وظيفتها على أفضل صورة، فإنها تحقق (فضيلتها). وفضيلتها تتمثل في (الاعتدال والعفة).

- القوة الغضبية، ومقرها القلب، ووظيفتها تمكين الإنسان من الدفاع عن نفسه وحمايتها من الأخطار. وعندما تؤدي هذه القوة وظيفتها على أحسن وجه فإنها تحقق (فضيلتها) وفضيلة هذه القوة تتمثل في (الشجاعة).

- القوة الناطقة أو العاقلة، ومقرها الرأس، وظيفتها التفكير والتدبير. وعندما تؤدي وظيفتها على أحسن وجه، فإنها تحقق فضيلتها. وتتمثل فضيلة القوة العاقلة في (الحكمة).

واعتقد أفلاطون إن أداء كل (قوة) من هذه القوى لوظيفتها الطبيعية على أحسن وجه، وتحقيقها لـ(فضيلتها) من شأنه أن يؤدي إلى تحقيق (فضيلة) رابعة هي محصلة الفضائل الثلاث (أي العفة، والشجاعة، والحكمة). وهذه الفضيلة الرابعة - المحصلة هي: فضيلة (العدالة). وتحقق هذه الفضيلة لدى الإنسان تجعله سعيداً. فالإنسان الذي يستجيب لرغباته الحسية (باعتدال وعفة)، ويواجه المخاطر التي تهدده (بشجاعة)، ويتخذ قراراته (بحكمة)، هو الإنسان الذي تتصف (قواه) بـ(الانسجام والعدالة)، فيعيش سعيداً.

ولقد بدا لأفلاطون أن (النفس) الإنسانية ما هي إلاّ صورة (مصغرة) لما ينبغي أن يكون عليه (المجتمع). فكما إن الإنسان لا يمكن أن يستمر على قيد الحياة ما لم تشبع احتياجاته المادية الحسية، وما لم يتمكن منه صون حياته والدفاع عن نفسه، وما لم يحَكم عقله في أفعاله وتصرفاته، كذلك المجتمع، لا يمكن أن يوجد ويستمر، ما لم تتوافر لأفراده جميعاً متطلبات الحياة المادية والضرورية (من غذاء وأدوات وخدمات..)، وما لم تتوافر لأفراده أسباب الأمان في داخل المجتمع، وسائل الحماية والدفاع ضد الأخطار الخارجية التي يمكن أن تتهددهم، وما لم تتوافر لأفراده جميعاً سلطة حاكمة تدير أمورهم وتعمل على استمرار تماسكهم وتعاونهم فيما بينهم.

وتبعاً لذلك، فقد ذهب أفلاطون إلى أن (المجتمع)، ولكي يوجد ويستمر وجوده،

لابد من أن يتألف - على غرار النفس - من ثلاث (طبقات):

- طبقة المنتجين: وظيفة أفرادها توفير أو إنتاج المستلزمات المادية الأساسية الضرورية التي يحتاجها سائر أفراد المجتمع في حياتهم اليومية، من طعام وكساء وأدوات وخدمات، وتشمل هذه الطبقة على الزراع، والصناع، والتجار، وعمال الخدمات. وعندما يؤدي أفراد هذه الطبقة وظائفهم على أحسن وجه - أي يكونوا مجدين في أعمالهم، مخلصين صادقين في أدائها، فيوفرون لأنفسهم ولأفراد الطبقتين الأخريين كل ما يحتاجونه من مستلزمات ويؤدون الضرائب على ما يملكون لإعاشة الطبقتين الأخريين، ويلتزمون بالقوانين والتشريعات - فإنهم بذلك يحققون (فضيلتهم)، التي تتمثل في (الاعتدال والعفة).
- طبقة الجند: ووظيفة أفرادها توفير الأمان لسائر أفراد المجتمع في الداخل، والدفاع عنهم ضد الأخطار الخارجية التي يمكن أن تتهددهم. وعندما يؤدي أفراد هذه الطبقة وظيفتهم هذه على أحسن وجه، فإنهم يحققون (فضيلتهم) التي تتمثل في (الشجاعة).
- طبقة الحكام (أو الحراس): ووظيفة أفرادها إدارة أمور المجتمع وتدبير مصالح أعضائه، ووضع التشريعات والقوانين و الإشراف على تنفيذها، بما يعود على المجتمع بأكمله بالخير والرفاه. وعندما يؤدي أفراد هذه الطبقة وظيفتهم على أحسن وجه وأكمل صورة، فإنهم يحققون (فضيلتهم) التي تتمثل في (الحكمة).

وعندما تحقق كل طبقة فضيلتها، ويتصف المجتمع من جراء ذلك بالاعتدال والشجاعة والحكمة، فإن ذلك من شأنه أن يؤدي إلى تحقيق (فضيلة) رابعة تشمل المجتمع بأكمله هي: فضيلة (العدالة)، والمجتمع العادل، الذي تتكافل طبقاته، ويكمّل كل منها احتياجات الطبقتين الأخريين، يغدو مجتمعاً سعيداً، يهنأ سائر أفراده بالخير.

وإذا ما انتقلنا إلى تطبيق (وصفة العلاج)، التي اقترحها أفلاطون لتخليص المجتمع القائم في أيامه، من عيوبه ونواقصه، واضطراباته، وأزماته، فإننا نجد أن تحقيق (الوصفة) يتم

من خلال تطبيق نظام تربوي - تعليمي جديد. ذلك أن المجتمع، برأي أفلاطون، من صنع عقل الإنسان، ولابد لعلاجه أو إصلاح حاله من إصلاح عقل الإنسان، وإصلاح العقل يتم من خلال التربية والتعليم. لذا، فقد ارتأى أفلاطون، أنه يتعين على السلطة الحاكمة (أو الحكومة) أن تتولى تربية الأطفال وتنشئتهم، حتى تجعل منهم، مستقبلاً، مواطنين جديرين بأن يكونوا أعضاء في المجتمع النموذجي - الفاضل المنشود.

لذا أكد أفلاطون على وجوب أن يتم إيداع الأطفال، بعد ولادتهم، في مؤسسات رسمية تابعة للحكومة، يقوم برعايتهم فيها مربون أُحسِن اختيارهم. وليس من الضروري أن يعرف الأطفال من هم آباؤهم وأمهاتهم، فهم جميعاً أبناء المجتمع. وفي إطار تلك المؤسسات، يتلقى الأطفال، ذكوراً وإناث، تربية واحدة أو موحدة. وعندما يصلون إلى سن بدء التعليم، فإنهم يتلقون معارف ومعلومات نظرية، إلى جانب تدريبات رياضية، تتصاعد شدتها وعنفها مع تزايد أعمارهم حتى تستحيل إلى تدريبات عسكرية. حتى إذا ما بلغوا سن الرشد، يجري لهم اختبار عام شامل. فالذين يفشلون في اجتيازه، يتم توجيههم نحو الأعمال والحرف التي لا تتطلب سوى مهارات يدوية، ومنهم تتشكل (طبقة المنتجين - الزراع والصناع والعاملين في التجارة والحرف والخدمات).

أما الذين يجتازون الاختبار بنجاح، فإنهم يتابعون الدراسة النظرية المقرونة بتدريبات جسمانية أشد عنفاً، حيث يُجرى لهم، بعد فترة، اختبار عام شامل أيضاً. والذين يفشلون في اجتياز هذا الاختبار، يوجهون إلى مسلك الجيش، لتتشكل منهم (طبقة الجنود). أما الذين ينجحون في اجتياز الاختبار، فإنهم يثبتون كونهم من ذوي القابلية والاستعداد لمواصلة التعلم، فيوجهون لدراسة الفلسفة، التي ستمكنهم، فيما بعد، من تولي مناصب الحكم، ومنهم تتشكل (طبقة الحكام أو الحراس).

والواقع، أن النظام التربوي- التعليمي الجديد، الذي اقترحه أفلاطون، يتضمن التدريب الخاص، الذي يتناسب مع المؤهلات والاستعدادات الطبيعية للإنسان - الفرد، ويغرس فيه ما تتطلبه العدالة من مواظبة على أداء العمل بروح منزهة من الأنانية. ويمكن النظر إلى هذا النظام (التربوي - التعليمي) الجديد، أيضاً، على أنه محاولة للوصول إلى جذور

الشر، ولإصلاح أساليب الحياة الخاطئة، التي اعتاد عليها البشر بسبب الجهل، وذلك من خلال تغيير النظرة، عموماً، إلى الحياة. فهو محاولة لعلاج مرض عقلي بدواء عقلي. ولذا يمكن القول، أن (روسو) كان على حق، عندما وصف محاورة (الجمهورية) بأنها "أروع كتاب أُلّف عن التعليم".

والأهمية التي يعلقها أفلاطون على التربية والتعليم، هي النتيجة الطبيعية المنطقية التي تنجم عن فكرته عن (العدالة). فإذا كانت العدالة هي المبدأ الأخلاق الاجتماعية، وهي التي تكسب المجتمع تماسكه، وإذا كان قوامها أن يؤدي كل عضو في المجتمع وظيفته الخاصة، التي تتناسب مع مؤهلاته، أداءً صحيحاً، فإن من واجب المجتمع أن يغرس مبدأه في أذهان أعضائه، حتى يحقق بذلك تماسكه، ومن واجبه، أيضاً، في سبيل الوصول إلى المستوى الأفضل، أن يدرب أعضاءه على بلوغ أفضل مستوى في أداء وظائفهم.

وكما هو واضح، فإن أفلاطون كان يعتقد أنه بإمكانه العثور على (الحكام) الصالحين الذين يريدهم، من خلال تطبيق النظام التربوي - التعليمي الذي اقترحه. بل هو كان يعتقد أن (المجتمع) ذاته - وينسحب ذلك بالطبع على الدولة ذاتها - ما هي إلاّ نظام تربوي- تعليمي. ولأنها نظام تربوي - تعليمي فمن الواجب أن تهتدي بالمعرفة، وبما أن المعرفة الحقيقية الوحيدة هي الفلسفة، فإن الهداية ينبغي أن تكون، والحالة هذه، في يد الفلاسفة - فهم الحكماء وهم الحكام.

وإمعاناً في حرصه، ارتأى أفلاطون وجوب وضع بعض الضمانات التي تحول دون انجراف هؤلاء (الحكام - الحكماء) وراء أهوائهم، منها أن لا يوكل أمر الحكم لفرد واحد، لأنه مهما كان هذا الفرد متشعباً بالحكمة والفضيلة، فإنه معرض، بشكل أو آخر، للإسراف في استعمال القوة والطغيان في ممارسة الحكم. اعتقد أفلاطون، أن من الأنسب أن يتولى الفلاسفة الحكم بالتناوب. كما أكّد على وجوب تطبيق (الشيوعية) على حياة أفراد طبقة الحكام، فلا يحق لهم تكوين أسرة، ولا أن يكون لهم أبناء، كما لا يحق لهم تملك أية عقارات أو تكوين ثروة. وبذلك لن يكون بوسعهم استغلال مناصبهم من أجل زيادة ثرواتهم أو ممتلكاتهم، ولا التفكير في توريثها لأعقابهم، فيكون ذلك ادعى إلى مراعاتهم الصالح العام

عند إقرار التشريعات أو اتخاذ القرارات.

الفكر الاجتماعي لدى أرسطو (384 - 322 ق.م)

يمكن القول، ابتداءً، أن الفكر الاجتماعي لدى أرسطو يتسم، بسبب اعتماد فلسفته على نباهة العقل السليم والحكمة المتوارثة على مر العصور - والأهم من ذلك بسبب ركونه إلى الواقع المعاش- يتسم بكونه أقرب إلى النهج الإصلاحي المعتدل منه إلى النهج الرديكالي الداعي إلى التغيير الجذري، على نحو ما كان عليه فكر أفلاطون الاجتماعي، لاسيما كما تجلى في محاورة (الجمهورية).

ولقد أورد أرسطو آراءه السياسية والاجتماعية، بشكل مستفيض في كتابه الشهير (السياسة)، وبالتالي فإن اعتمادنا سيكون عليه في استخلاص آرائه الاجتماعية.

انطلق أرسطو، في تفكيره الاجتماعي، من الإنسان الفرد، بوصفه "حيوان سياسي واجتماعي". ومعنى هذه العبارة، التي شاعت عن أرسطو وتداولها وكررها من بعده العديد من الفلاسفة والمفكرين، أن هناك لدى الإنسان (شأنه شأن الحيوان والنبات) نزعة طبيعية أن يترك أو يخلّف من بعده كائناً على شاكلته أو من نوعه. ولا يمكن أن يتحقق ذلك إلاّ من خلال (اجتماع) كائنين لا غنى لأحدهما عن الآخر، وهما: الرجل والمرأة.

وعلاوة على هذا التنوع الطبيعي الذي يدفع الإنسان إلى الاجتماع بغيره، فإن احتياج الإنسان إلى الكثير من الحاجات الضرورية لاستمرار حياته يشكل دافعاً آخر يدفعه إلى الاجتماع. وتبعاً لذلك فالإنسان حيوان اجتماعي بالطبع، لأنه - كما يقول أرسطو - "الذي لا يستطيع أن يعيش في جماعة أو ليست له حاجات اجتماعية لأنه يكفي نفسه بنفسه، هو إما بهيمة أو إله".

ومن خلال اجتماع الرجل بالمرأة، تتكون أولى أشكال الاجتماع البشري ممثلة بـ (الأسرة) التي الغرض منها إشباع الحاجات الضرورية اليومية. والأسرة مع غيرها من الأسر المجاورة تكوّن (القرية). فالقرية، إذن، هي اجتماع عدة أسر لتوفير شيء أكثر من الحاجات الضرورية اليومية، ولا يذكر أرسطو هذا الشيء. ويسمح تكوين القرية أكثر من الأسرة

بتقسيم العمل وبإشباع حاجات أكثر تنوعاً، وبحماية اكبر من عدوان الإنسان والحيوان. ومن هذه القرية والقرى المجاورة تتكون (المدينة)، التي عدّها أرسطو أكمل أشكال الاجتماع البشري، لأنها تتوافر فيها إمكانية الإكتفاء الذاتي، بمعنى أن سكانها يمكن أن يجدوا ضمن نطاقها سائر احتياجاتهم. وتبعاً لذلك، فالمدينة تضمن للأفراد ليس فقط استمرار الحياة بل أيضاً العيش الرغيد. فالعيش الرغيد يشمل شيئين: السلوك الأخلاقي والنشاط العقلي.

من الوجهة الأولى تساعد المدينة أفراد البشر على اكتساب الفضائل الأخلاقية وتقدم لهم فرصة أكثر لممارسة هذه الفضائل في علاقاتهم ببعضهم بعض. ومن الوجهة الثانية تتيح المدينة لسكانها إمكانية زيادة النشاط العقلي بما تسمح به من تقسيم أكثر للأعمال والأنشطة واتصال العقول بعضها ببعض. والحالة التي يزدهر فيها كل من السلوك الأخلاقي والنشاط العقلي هي حالة السلم والرخاء والفراغ، وبذلك يتسنى لسكان المدينة بلوغ (السعادة) - التي هي غايتهم المنشودة.

وتعد (الأسرة)، برأي أرسطو، الوحدة الأساسية التي يتشكل من أمثالها (المجتمع). وهي تتألف من الرجل (الزوج) والمرأة (الزوجة) والأبناء والعبيد. ومما يلاحظ أن أرسطو قد ميّز بين مكانة الرجل ومكانة المرأة، سواء ضمن نطاق الأسرة أو ضمن نطاق المجتمع عموماً. فالأسرة تكون، برأيه، برئاسة الرجل - الزوج لأن الطبيعة حبته العقل الكامل، ولذا فإن تدبير أمور البيت من اختصاصه وحده. أما المرأة، فقد كان أرسطو يعتقد إنها أضعف من الرجل جسماً وأقلُ عقلاً، وإن وظيفتها لا تتعدى العناية بتربية الأطفال، والانصراف إلى تلبية متطلبات الحياة في البيت، تحت إشراف وتوجيه الرجل.

واعتقد أرسطو أنه ليس صحيحاً أن الطبيعة قد هيأت المرأة لمشاركة الرجل في سلك الجندية والنشاطات العسكرية وفي شؤون الإدارة والحكم. ومفهوم أن أرسطو إنما يعترض بذلك على رأي أُستاذه أفلاطون، ويخالفه في ما ذهب إليه الأخير من وجوب تطبيق أو إتباع أسلوب واحد في التربية للذكور والإناث، لتأكيد المساواة (الطبيعية) بين الرجل والمرأة، فإن هذه المساواة، برأي أرسطو، غير واقعية، لأن المرأة، بتكوينها الطبيعي - الجسماني والعقلي، أضعف من الرجل، ولا يمكنها وفقاً لذلك، أن تتساوى مع الرجل.

وقد صنّف أرسطو أفراد المجتمع البشري، عموماً إلى صنفين: الأحرار، والعبيد. وكان يعتقد أن (الطبيعة) هي التي توجد أسباب التمييز بين أفراد هذين الصنفين، بأن تجعل أفراد صنف قليلي الذكاء ولكن أقوياء البنية شجعان، وأفراد الصنف الثاني أذكياء ولكن يفتقرون إلى الجرأة والشجاعة. وتبعاً لذلك، يكون صنف من الناس أحرار بطبيعتهم، والصنف الآخر عبيداً بطبيعتهم. يقول أرسطو في كتاب (السياسة) بهذا الخصوص (ك4، ب6، فق1):

"أن الشعوب التي تقطن الأقطار الباردة حتى في أوروبا، هم على العموم ملؤهم الشجاعة لكنهم على التحقيق منحطون في الذكاء وفي الصناعة، من أجل ذلك هم يحتفظون بحريتهم لكنهم من الجهة السياسية غير قابلين للنظام ولم يستطيعوا أن يفتتحوا الأقطار المجاورة. وفي آسيا، الأمر على الضد من ذلك شعوبها أشد ذكاء وقابلية للفنون، ولكن يعوزهم القلب ويبقون تحت نير استعباد مؤبد. أما العنصر- الإغريقي الذي هو بحكم الجغرافي وسط، فإنه يجمع بين كيوف الفريقين: فيه الذكاء والشجاعة معاً: إنه يعرف أن يحتفظ باستقلاله، وفي الوقت نفسه يعرف أن يؤلف حكومات حسنة جداً، وهو جدير، إذا اجتمع في دولة واحدة، بأن يفتح العالم".

وتبعاً لذلك، فقد أعتبر أرسطو الرق، أو الاستبعاد، نظاماً طبيعياً. وهو يعرّف (العبد) بأنه "آلة حيّة" و "آلة للحياة" ضرورية لإنجاز الأعمال الآلية الشاقة، التي لا يصح أن يقوم بأدائها الإنسان الحر. وما دام العبد مجرد جسم قوي، بدون عقل أو ذكاء، فهو - برأي أرسطو - أشبه بالحيوان، ويعامل معاملة الحيوان (مثل الثور أو الحمار) يُسخّر للاستفادة من قوته الجسمية في أداء الأعمال والمهام الشاقة التي يتطلبها تدبير الحياة في المنزل.

وقد سار أرسطو على خطى أستاذه أفلاطون في الاهتمام بالمجتمع الأفضل الذي تتطلع البشرية إلى العيش في كنفه، وتسعى جاهدة من أجل تحقيقه على أرض الواقع. إلاّ أنه مما يلاحظ، أنه على الرغم من كونه قد تتلمذ على يد أفلاطون قرابة عشرين عاماً، فإن الأخير لم يُقدّر له أن يوقد في عقله (أقصد- عقل أرسطو) شعلة الحماس لفكرة السعي من أجل إقامة مجتمع فاضل - نموذجي - مثالي، وفقاً للصورة التي رسمها لهذا المجتمع أفلاطون، في محاورة (الجمهورية)، بل إن موقف أرسطو من تلك الصورة، بدا على شكل نقد شديد

وجّهه، في الكتاب الثاني من مؤلفه (السياسة) نحو ما أورده أفلاطون بهذا الخصوص في محاورة (الجمهورية)، ولاسيما ما ارتآه أفلاطون بشأن تطبيق (الشيوعية) بين أفراد (طبقة الحكام - أو الحراس).

فقد اعترض أرسطو على إلغاء (الأسرة) و (الملكية)، في أوساط طبقة الحكام، كوسيلة لضمان نزاهة أفرادها في قيامهم بمهام الحكم. لأن الأسرة والملكية (برأي أرسطو) صادرتان عن (الطبيعة) لا عن (الوضع) و (العرف)ن فإلغاؤهما معارض لميل الطبيعة ومناف لخير المجتمع على حد سواء، ومستحيل التنفيذ. ذلك أن شيوعية النساء، تؤدي إلى شيوعية الأولاد، وهذه تؤدي إلى تزاوج الأقارب، وإلى انتفاء المحبة والاحترام، لأن الولد الذي هو ولد الجميع ليس ولد أحد، ولن يجد أحداً يشعر نحوه بعواطف الأب أو الأم، ولن يشعر هو بعواطف الابن.

أما (الملكية الخاصة)، فعلى الرغم من أن أرسطو لا ينكر ما لها من مساوئ، إلاّ أنه يرى، في الوقت نفسه، أن الملكية المشتركة والمعيشة المشتركة يمكن أن تكونا مثار خلافات كثيرة أيضاً. لأنهما تقضيان على الحافز الذاتي لدى الإنسان، وتضعفان الرغبة في العمل والإنتاج، لأن الإنسان، بطبيعته، لا يهتم سوى بذاته وبأهله ويتواكل ويتكاسل فيما بالصالح العام. ومن ناحية أخرى، فإن الشعور بالملكية يمكن أن يكون مصدر لذة لأنه نوع من حب الذات. كما أن استخدام الملكية لمساعدة الأصدقاء والمعرف، وللضيافة، يمكن أن يكون مصدر آخر للذة، وفرصة لممارسة بعض الفضائل (كالسخاء والعفة)، فإن المُعدم لا يستطيع أن يسخر ولا يسمي حرمنه القسري عفة.

وعلاوة على ذلك, اعتقد أرسطو، أن الخلافات بين أفراد البشر لا تنشب من الملكية الخاصة لأنها خاصة، وإنما تنشب بسبب فسادهم وسوء تصرفاتهم، وهم لو تصرفوا بإنصاف، لأشرك بعضهم بعضاً في نتاجها فعوّض من عنده أكثر على مَن عنده أقل، فتتقابل حسنات الملكية مع حسنات الشيوعية، وتظل (المدينة)، تبعاً لذلك، متمتعة بمستوى العيش الرغيد ينعم به سائر مواطنيها.

ويمكن القول، أنه مما يلاحظ في كتابات أرسطو، أن فكرة إقامة مجتمع فاضل نموذجي مثالي لم تلق حماساً لديه، كما كان الحال لدى أفلاطون. ولعله يمكن تفسير ذلك بالقول، أن التطلع إلى إقامة مجتمع مثالي، كان مذهباً في الفلسفة الاجتماعية والسياسة ورثه أرسطو عن أفلاطون، إلاّ أن هذا المذهب لم يتجانس مع مزاج أرسطو وعبقريته، وإنه كلما شق أرسطو لنفسه طريقاً مستقلاً في التفكير والبحث، صار أكثر ميلاً، بحكم مزاجه، إلى الواقعية وإلتماس الحقيقة كما هي متجسدة على الأرض.

والواقع، أن الدلائل تشير إلى أن أرسطو قد أمضى الاثني عشرة سنة التي كان فيها على رأس (اللوكيون)، في توجيه عدد من مشروعات البحث الواسعة، التي ساهم معه فيها تلاميذه. مثال ذلك: البحث المشهور عن التاريخ الدستوري لمائة وثمان وخمسين (158) مدينة يونانية، من بينها دستور (أثينا) – الذي تم إكتشافه عام 1891، وهو الدستور الوحيد الباقي من بينها.

ويلاحظ، أن هذه البحوث (ولم يكن بحث التاريخ الدستوري المذكور إلاّ واحداً منها) كانت دراسات تاريخية أكثر منها فلسفية. وكانت بحوثاً تجريبية أصيلة. وفي ضوء هذه البحوث كان أرسطو يُجري تعديلات، بين الفينة والفينة، على كتاباته الاجتماعية والسياسية.

ومن خلال ذلك كله، خلص أرسطو إلى أن المجتمعات تتنوع أشكالها تبعاً لتنوع أشكال الحكومات التي تدير شؤونها. وإن الحكومات، بدورها، تختلف أشكالها باختلاف الغاية التي تسعى إليها وعدد الحكام. وتبعاً لذلك، فقد صنَّف الحكومات إلى صنفين أساسيين:

أ. الحكومات الصالحة: وهي التي تكون غايتها تحقيق خير المجموع، وتندرج تحتها:

1- الحكومة الملكية – حكومة الفرد الفاضل العادل.

2- الحكومة الأرستقراطية – حكومة الأقلية الفاضلة العادلة.

3- الحكومة الديمقراطية – حكومة الأغلبية الفقيرة، التي تمتاز بالحرية والمساواة وإتباع دستور.

ب. الحكومة الفاسدة: وهي التي يتوخى الحكام فيها مصالحهم الخاصة. وتندرج تحتها:

1- حكومة الطغيان - حكومة الفرد الظالم.

2- الحكومة الأولغاركية - وهي حكومة الأغنياء والأعيان.

3- الحكومة الديماغوغية - وهي حكومة العامة تتبع أهواءها المتقلبة.

واعتقد أرسطو، أن الحكومة الملكية تبدو لأول وهلة أنها الحكم الأمثل، ولكن الملك الفرد العادل الفاضل لا يوجد إلاّ نادراً، وقد لا يوجد أبداً. والنظام الملكي نظام وراثي، وليس هناك ما يضمن أن يكون الذين يخلفوه على العرض مؤهلين تماماً للحكم. أما نظام الحكم الديمقراطي غير أن أرسطو ذهب إلى أن هذا النظام لا يصلح إلاّ إذا اقتصرت سلطة الشعب على انتخاب ممثليه الذين يتولون الحكم، فزوال هؤلاء الحكام بإشراف الشعب، ولكن كثيراً من المخاطر تظل تتهدد هذا النظام، وهنا يتفق أرسطو مع أفلاطون في تشخيصه لعيوب وسلبيات النظام الديمقراطي ويشاركه في نقده له.

وإزاء ذلك، فقد بدا لأرسطو أن الحكومة الصالحة النموذجية لا يمكن أن تتحقق إلاّ من خلال الاسترشاد بمبدأ (خير الأمور الوسط). وتطبيق ذلك يكون بأن تتولى إدارة أمور المجتمع نخبة من أفراد تلك الطبقة من طبقات المجتمع التي تكون (وسطاً) بين طرفين. وهذه الطبقة هي (الطبقة الوسطى) المؤلفة من أصحاب الثروات العقارية المتوسطة، الذين يعيشون من عملهم ولا يملكون فراغاً في الوقت، فلا يعقدون إلاّ الجلسات الضرورية للتداول في شؤون الحكم، ويخضعون في قراراتهم لأحكام الدستور. فهذه الحكومة تجمع بين أفضل خصائص الحكومة الأوليغاركية والحكومة الديمقراطية على حدٍ سواء. وكلما كثر عدد أفرادها، استطاعوا التصدي للأحزاب المتطرفة وصياغة الدستور.

ومع ذلك، فإن أرسطو لا يتردد هنا في الإعراب عن قناعته بأن تقرير الحكومة الصالحة لمجتمع ما ينبغي أن يقوم على مراعاة طبيعة هذا المجتمع، وبحسب ما يكون عليه غالبية أفراده- زراعاً (وهم أميَل إلى الاعتدال) أو صناعاً (وهم أميل إلى التطرف)، أو تجاراً.

ولم يكتف أرسطو بالحديث عن مواصفات الحكومة الصالحة - النموذجية، التي

اعتقد أن توليها مقاليد أمور المجتمع يتكفل بتحقيق العيش الرغيد لأفراده، وإنما تطرق في كتاباته، أيضاً، إلى المواصفات والشروط الكفيلة بجعل (المدينة) التي يعيش فيها أفراد ذلك المجتمع، مدينة صالحة نموذجية. وهذه الشروط هي:

أولاً: عدد مواطني المدينة: لقد ساير أرسطو أستاذه أفلاطون في الاعتقاد بأن الكيانات الاجتماعية - السياسية الكبيرة، التي تضم قبائل وأمم وأعراق متعددة، وتشغل مساحات واسعة من الأرض (مثل الإمبراطورية الفارسية، أو المقدونية)، تشكل مركبات غير متجانسة، يستحيل عليها تحقيق الغاية من الاجتماع البشري.

وفي مقابل ذلك، فإن (المدينة) تمثل أرقى وأفضل أشكال الحياة الاجتماعي - السياسية، والتي يستطيع كل مواطن أن يجد فيها الأمن والسعادة. وقد أولى أرسطو عدد مواطني المدينة اهتماماً، إلاّ أنه مما يلفت الانتباه هو أنه لم يحدد العدد برقم معين، وإنما جعله تناسبياً - بمعنى أنه أكّد على وجوب أن يتناسب عدد مواطني المدينة مع كفايتها بحيث "تستطيع أن تقوم بمهمتها على خير وجه"، وأن يتوافر لجميع المواطنين كل احتياجاتهم التي تضمن لهم العيش الرغيد.

وقد قال أرسطو في هذا الخصوص: "أن الجميل ينتج عادة من توافق العدد والسعة، والكمال للدولة يكون بالضرورة بأن يجتمع في رقعة كافية عدد مناسب لها من المواطنين". ولقد حاول بعض الباحثين حصر العدد المناسب لمواطني المدينة، وذلك قياساً إلى ما كانت عليه المدن اليونانية في زمن أرسطو، بين حدّين: فيجب أن لا ينقص العدد عن الحد الأدنى الضروري لكفاية المدينة نفسها، وأن لا يعدو حداً أقصى يمكن تقديره بـ(100.000) مائة ألف مواطن. ولحصر العدد بين هذين الحدّين علاقة - ليس فقط بتوفير احتياجات المدينة، وإنما بتهيئة متطلبات الحكم الصالح، ذلك أنه - فيما يقول أرسطو - "توزيع الوظائف حسب الأهلية، ينبغي أن يعرف المواطنون بعضهم بعضاً ويقدر بعضهم قدر بعض. وحيثما لا توجد هذه القيود، فالانتخابات والأحكام القضائية سيئة بالضرورة. وفي وجهتي النظر هاتين، كل حكم يُتخذ عفواً وبلا تدبّر، سيئ العاقبة. ولا يمكن بالبديهية أن لا يكون كذلك في جيل لا يُحصى عدداً".

وللحيلولة دون تجاوز عدد مواطني المدينة الحدّ الأقصى، لا يرى أرسطو ضيراً مـن اللجوء إلى (الإجهاض)، وإعدام الأطفال الذين يولدون مشوهين.

ثانياً: مساحة المدينة: اعتقد أرسطو أن سعة المدينة يجب أن تتناسب مـع عـدد مواطنيهـا بحيث تقوم باحتياجاتهم وتوفر لهم حياة سهلة دون أن يتجاوز ذلك إلى الترف. وأن تكون المدينـة محاطة بموانع طبيعية تسهّل الـدفاع عنهـا، وأن تتخللهـا شـبكة مـن الطـرق تسهل نقل الحاصلات بين أرجائها، وأن يكون دخول الأعداء إليها عسيراً، وخروج المـواطنين منهـا يسيـراً. وأن يكون موقعها صالحاً من جهة البر ومن جهة البحر، ومـن الأفضـل أن يكون لهـا موقـع بحري، أو مرفأ على البحر، يتيح لمواطنيها، في حالة الحرب والتعرّض، لعدوان أو حصار، تلقّـى الدعم والأمدادات الحلفاء، ولأهمية المرفأ الاقتصادية في حالة السلم، حيث يمكن مـن خلالـه أن تستورد المدينة ما لا تنتجه، وتصدر الحاصلات التي تزيد عن حاجة مواطنيها.

وقد أكّد أرسطو على وجوب أن يتم تقسيم أراضي المدينة – الدولة بـين مواطنيها بصورة عادلة، بحيث يكون لكل منهم حصتان، حصة قريبة من المدينـة، وأخـرى قريبـة مـن الحدود، لأن ذلك من شأنه أن يجعل لجميع المواطنين مصلحة في الدفاع عن المدينة كلها.

ثالثاً: الفئات والطبقات، التي تتكون منها بنية المجتمع: اعتقد أرسطو أن "الاجتمـاع الـذي يؤلف المدينة ليس اجتماعاً كيفما اتفق، إنما هو اجتماع أناس قادرين على القيام بجميع حاجات معيشتهم". وتبعاً لذلك فقد اعتقد أرسطو أن توفير جميع حاجات أفراد المجتمع يقتضي- أن يتألف المجتمع من (6) ست فئات أو طبقات، يطلع كل منهـا بوظيفة معينـة، تهـدف إلى توفير حاجة معينة، وهذه الطبقات هي:

أ. طبقة الزراع (أو الفلاحين)، الذين تكون وظيفتهم توفير ما يحتاجه المواطنون مـن مـواد غذائية.

ب. طبقة الصناع، والذين تكون وظيفتهم توفير ما يحتاجه المواطنون من الأدوات.

ج. طبقة الجند: الـذين تكـون وظيفتهم تأييـد السـلطة العامـة للمجتمع في داخلـه ضـد العصاة، ودفع الأعداء الآتين من الخارج.

د. طبقة الأغنياء ورجال الأعمال، الـذين تكـون وظيفتهم تقديم المـال لتوفير متطلبـات المجتمع من المشاريع والخدمات في وقت السـلم، وتجهيـز الجنـد بمستلزمات القتـال وقت الحرب.

هـ. طبقة الكهنوت، الذين تكون وظيفتهم تولي الأمور الدينية والإشراف على أماكن العبادة.

و. طبقة القضاة والحكام، الذين تكون وظيفتهم متابعة مصالح المـواطنين وإدارة المرافق العامة، ورسم سياسة (المدينة – الدولة) وتنفيذها.

وليس أفراد جميع هذه الطبقات (مواطنين)، لأن المواطن هو الرجل المتميز من بين الرجـال الأحرار، المشترك في السياسة (المدينة – الدولة) مشاركة فعالة. فهو (جندي) في شبابه، و (حـاكم) في كهولته، و (كاهن) في شيخوخته، فهو متفرع طوال حياته لخدمة (المدينة – الدولة)، ولا يزاول عملاً يدوياً أبداً، لأن العمل اليدوي، فضلاً عن أنه تصرف يشوه هيئة الجسم، ويجعل صاحبه خاضعاً لـه، ولما يعود عليه من أجر أو منفعة، فيحط من قدر النـفس، ويسلبها الكفايـة لإتيان أفعـال فاضلـة جميلة مستنيرة.

وإجمالاً، فإن المواطنين هم طبقة مختارة، تحاول أن تحقق المثل الأعلى للإنسان، وهم عـماد (المدينة – الدولة)، وعلى الدولة أن تعني بهم عناية خاصة، فلا تترك أمرهم للوالدين، بل تتعداهم بتربية واحدة تعدهم للوظائف التي سيضطلعون بها في المستقبل. فكأن أرسطو يعـود إلى فكره (الحراس ـــ الحكام) التي تحدّث عنها أفلاطون، ولكن بعد أن أجرى عليها بعض التنقيح والتعـديل، وجعلها أقرب إلى التطبيق العملي.

الفصل الرابع
الفكر الاجتماعي بعد أرسطو

يمكن القول أن الفكر الاجتماعي اليوناني قد بلغ ذروة تطوره عـلى يـد أرسطو، إذا لم يتسـنَّ لمن جاء بعده من الفلاسفة والمفكرين إضافة شيء جديـد إلى مـا سـبق أن قاله أرسطو، في إطار الأوضاع والظروف التي كانت سائدة في بلاد اليونان أثنـاء حياتـه. غيـر أن هـذا لا يعنـي أن الفكـر الاجتماعي قد تجمّد على حاله وكفّ عـن النمـو والتطور تمامـاً، لأن الأوضاع والظروف في بلاد اليونان، ما لبثت أن شهدت تغيرات كبيرة، على الصعيد السياسي والاجتماعي، الأمـر الـذي انعكـس على الصعيد الفكري، وتحديداً على الفكر الاجتماعي.

والواقع، أنه يمكن عدّ وفاة أرسطو (عام 322ق.م)، مـن هـذه الناحيـة، خاتمـة عهـد في تاريخ الفكر الاجتماعي، كما يعد استلام تلميذه الشهير (الاسكندر الكبير) مقاليد الحكم، فاتحـة عهـد جديد. ذلك أنه مع بدء غزوات الإسكندرية لبلاد الشرق (عام 331ق. م)، أخذت الأقاليم التي ضـمّها إلى إمبراطوريته الواسعة، والتي امتدت عبر القارات الثلاث- أوروبا، واسيا، وأفريقيا- تشهد تغيرات جمة في أوضاعها وظروفها السياسية والاجتماعية والثقافية، إذ ما لبثت فكرة أو صيغة (المدينة- الدولة) أو (دولة المدينة)، التي كانت قد احتلت مكانة مركزية في الفكر الاجتماعي لـدى أفلاطون وأرسطو على حدٍ سواء، بوصفها الكيان الاجتماعي الأفضل والأمثل الذي يمكن أن يعيش أفراد البشر ضمن نطاقه- أقول: ما لبثت هذه الفكرة أن أخذت تشهد أفولاً وتراجعاً، لتحل محلها فكرة كيان سياسي واجتماعي أوسع يضم أمماً وشعوباً وأعراقاً ومدناً عديدة. وبالتـالي فإنه مـا أن حلت بدايـة القرن الأول قبل الميلاد، حتى كانت التغيرات السياسية والاجتماعية، التي بـدأت بغـزوات الإسكندر للشرق، قد اكتملت إلى حدٍ كبير، وتجلت في بعض مظاهرها، لأي انصهار عـالم البحـر المتوسط واستحالته إلى جماعة واحدة كبيرة، فيما فقـدت (المدينـة- الدولة) مـا كـان لهـا مـن أهميـة، علـى الصعيدين السياسي والاجتماعي.

وقد انطوت هذه التغيرات الجمة على دلالات عميقة, فيما يخص الفكر الاجتماعي, لعل أبرزها, أنه انتهت مع وفاة (أرسطو) مرحلة تصوير الإنسان كحيوان سياسي- اجتماعي, وكـ (لبنة) صغيرة في بناء (المدينة) القائمة, أو (دولة المدينة) ذات الحكم الذاتي, وبدأت مع (الإسكندر) مرحلة تصوير الإنسان كفرد له ذاتيته التي يُعنى معها, في آن واحد, بتنظيم حياته الخاصة, وبتنظيم علاقاته بغيره من الأفراد الذين يكونون معه "هذا العالم".

وفي حين أن تنظيم حياته الخاصة ومواجهة متطلبات حياته (كفرد), قد اقتضت نشوء مذاهب فلسفية ذات منحى أخلاقي, فإن تنظيم علاقاته (بغيره من) الأفراد ومواجهة متطلبات حياته (كعضو في جماعة) اقتضت ظهور أفكار جديدة عن "الأخوة الإنسانية". وكانت نشأة هذه الأفكار تشكل بداية عهد جديد في تاريخ البشر, وذلك عندما دعا (الاسكندر) في خطبة ألقاها في مأدبة أقيمت في (أبيس), إلى "إتحاد القلوب" وإقامة رابطة (كومنولث) بين المقدونيين والفرس.

وتبعاً لذلك, يمكن القول إجمالاً, أنه كان على أفراد البشر أن يتعلموا, مع بداية هذا العهد الجديد, (كيف يعيشون معاً مجتمعين), في نمط جديد من الحياة المشتركة, وفي وحدة اجتماعية تفوق كثيراً مجتمع دولة المدينة سعة وبُعداً عن الطابع الشخصيـ ولعل أفضل معيار لتقدير ما انطوى عليه أول هذين الواجبين من صعوبة, ملاحظة النمو المطرد في العالم القديم لأنماط من (الدين) كانت تغذي في الإنسان - الفرد, الأمل في الخلود الشخصيـ وتهيئ له طقوساً ترمي إلى إيجاد نوع من الاتصال الروحي بآلهته, هو في الغالب اتصال غير معصوم من الألم والفناء, يكون وسيلته لـ(الخلاص) في الدنيا والآخرة.

ومن ناحية أخرى, فإنه يلاحظ أن سائر المدارس الفلسفية التي قامت, بعد وفاة أرسطو, قد تحولت إلى منابر لبث التعاليم الأخلاقية وإدخال العزاء والمواساة إلى نفوس أفراد البشرـ ولم تلبث هذه التعاليم أن اتخذت مع الزمن خصائص (الديانات). بل كثيراً ما كانت (الفلسفة)- بما تتضمنه من عقائد ومشاعر - تغدو بمثابة (الدين) الوحيد الذي يعتنقه الإنسان المتعلم.

وعموماً, يمكن القول, أنه لم يوجد , إبان تلك الفترة, اتجاه أكثر وضوحاً من ذلك الـدور المطرد الذي لعبته (الديانة) في مصالح البشرـ أو من الهمية المتزايدة للمؤسسات الدينية, وهو اتجاه بلغ ذروته بظهور (المسيحية) وإنشاء (الكنيسة). وأنه لمن المتعذر إنكار ما أفاده هذا (الوعي الديني) من عون شعوري على الإنسان جنّبُه ما كان يخالجه سابقاً من إحساس بقسوة (العزلة) في مواجهة الحياة, وبقصور قواه الذاتية المحدودة عن معالجة أعبائها. وقد نتج عن هذا التطور ظهور إحساس جديد بذاتية الفرد, وبإنفراده بالنواحي الخاصة في حياته الداخلية, مما لم يكن لليونان في العصر القديم عهد به.

وهكذا بدأ الناس حثيثاً يوجدون (كياناً روحياً) لأنفسهم. وتكشف جهود الفلسفة السياسية والأخلاقية, من أجل تفسير العلاقات الاجتماعية على نحو مغاير لما كان متعارفاً عليه في (دولة المدينة), عن مدى الصعوبات التي واجهها أفراد البشر في محاولة ترويض أنفسهم على العيش معاً في ظلال هذا النوع الجديد من (الأخوة الإنسانية). فشعور الإنسان بـ(العزلة) و(الاستقلال بالجانب الشخصي من حياته) كان يقابله, في الوقت نفسه, شعور مضاد, هو شعور الإنسان بأنه: كائن بشري (عضو في جنس له طبيعة بشرية تتطابق, ولو بقدر متفاوت, لدى الجميع) ذلك لأن انهيار وشائج الألفة التي كانت تربط بين (المواطنين) من شأنه أن يجعل الفرد مجرد كائن إنساني. فلم يكن في العالم القديم وعي (عرقي) أو (قومي) كذلك الوعي الـذي يجعل (الفرنسيـ) أو (الألمـاني), مثلاً في العصر الحاضر (في تقديره هو على الأقل) نوعاً متميزاً بخائصه بين الناس, حتى لو كان يعيش في بلد أجنبي. وقد كان في وسع الناطق بلغة (أتيكا) اليونانية, في العصرـ اليوناني القديم, أن ينتقل دون عناء, وبخاصة في المدن, من (مرسيليا) إلى بلاد فارس مثلاً.

وبمرور الزمن تطورت صفة (المواطن) ذاتها, فبعد أن كانت لا تُكسب إلّا بـ (الميلاد), أصبح من الممكن اكتسابها في عدة مدن في وقت واحد, بل أصبح من المستطاع أن تمنح مدينة (عضويتها) لسكان مدينة أخرى بأسرهم, فلم يكن هناك ما يقتضيـ خلـق شعور متميـز بالانتماء القومي أو العرقي, يفرّق البشر إلى جماعات وطوائف. ولم يكن الإنسان بموجب ذلك الفهـم, (فرداً متميزاً), وإنما كان (مجرد شخص كسائر "الأشخاص" ضمن جماعة من

الكائنات البشرية)، لاسيما وأن الأواصر القديمة كانت قد أخذت في التفكك بالتدريج، حتى أن الفروق التقليدية بين (اليونانيين) و (البرابرة) كانت قد أخذت في التلاشي بسبب امتزاجهم المستمر في مصر وسوريا.

وهكذا صار لزاماً على الفكر الاجتماعي والسياسي أن يعمل على توضيح ناحيتين بعد مزجهما، لتظهرا في مجال مشترك موحد للقيم، فكان عليه من ناحية أن يوضح فكرة (الفرد) باعتباره عنصراً أساسياً متميزاً في نطاق (حياته الفردية الشخصية البحتة)، ومن ناحية أخرى كان عليه أن يوضح فكرة (العالمية – Universality) باعتبارها (مجتمعاً إنسانياً شاملاً ينعم فيه الأفراد جميعاً بطبيعة مشتركة). كان على الفكر الاجتماعي والسياسي توضيح هاتين الفكرتين والوصول منها إلى مزيج مشترك من القيم الأخلاقية.

وكان قوام معالجة الفكرة الأولى هو توضيح مفهومها الأخلاقي، على أساس افتراض أن الإنسان كـ(فرد) له (قدر ذاتي) يتعين على الآخرين احترامه. وهذا الافتراض لم يكن له نصيب كبير في (دولة المدينة)، إذ كان (الفرد) يتعامل فيها كـ(مواطن)، وكان (قدره) يقوّم بـ(المركز) الذي يشغله، أوبـ (الدور) الذي يقوم به في حياة الجماعة. أما في (المجتمع العالمي) الكبير، فلا يسهل على (الفرد)، كائناً من كان، أن يزعم أن له دوراً أساسياً في مجريات الأمور، إلاّ أن يكون ذلك في (إطار ديني)، حين يتمكن من أن يضفي على أحد فضائله شأناً كبيراً، يُحيل ضآلة شأنه هذه في المجتمع الكبير، إلى منقبة من المناقب فقد يستطيع أن يطالب بـ (حقه) في القيم الإنسانية. وبعبارة أخرى، يستطيع أن يدّعي لنفسه (حقاً ذاتياً في أن تُحتَرم شخصيته). ولكن، يقتضي هذا (الحق) في ذاته (إضافة مقابلة) – ذات معنى أخلاقي – إلى فكرة (العالمية)، بحيث تُضاف إلى مجرد (التشابه في الجنس أو العرق) فكرة (التشابه في الفكر)، فتنجم عن ذلك (وحدة في القلوب) تجعل من الجنس البشري أُسرة مشتركة، أو أخوّة إنسانية.

وفي حين أن (أرسطو) كان يرى أن الصفتين الأساسيتين لـ (المواطنة) هما: (1) أن تكون العلاقة بين أنداد متكافئين، وإن (2) يكون ولاؤهم تلقائياً لحكومة تقوم على أساس من السلطة الشرعية، لا من الاستبداد، غير أنه ذهب، مع ذلك، إلى أن هذه (المساواة) يمكن أن لا تتحقق إلاّ لـ (فئة قليلة مختارة من المواطنين)، نجد أن الفكر الاجتماعي والسياسي

الجديد يقوم على أساس افتراض (المساواة)، ويوسّع مداها لتشمل (سائر الناس دون تميز، بما فيهم العبيد والأجانب والبرابرة).

وتبعاً لذلك صار لزاماً، في هذه الفكرة الجديدة، التخفيف من غلواء الذات الفردية، إما بنوع من (المساواة) الغامضة لكل الأنفس أمام (الله)، وإما بـ (مساواة) كل إنسان مع غيره من الناس أمام (القانون)، بغض النظر عن التفاوت في الذكاء، والسمات والخصائص والثروة.

المدرسة الرواقية

وكان على الفلاسفة، الذي جاءوا بعد (أرسطو)، وبعد انهيار (دولة المدينة)، العمل على إعادة ضبط الأفكار وتكيف المثل العليا على هذا النحو. ولعل نجاحهم في الاطلاع بهذه المهمة يقدّم دليلاً واضحاً على الحيوية الفكرية للفلسفة اليونانية. والواقع أن عملية إعادة التفسير والتكييف هذه قد استغرقت زمناً طويلاً نسبياً، وساهمت فيها جهات عديدة. ولكن من الناحية الفلسفية، يمكن القول أن الجهة التي اطلعت بهذه المهمة على أوسع مدى هـي: (المدرسـة الرواقيـة)، وهي المدرسة الرابعة والأخيرة من المدارس الفلسفية العظيمة التي شهدتها (أثينا). وقد أسسها (زينو الاكتيومي - Zeno of Citium) قبيل سنة (300ق.م).

ولعل مما له دلالة في هذا السياق، أنه حتى الكتّاب القدامى قد أعربوا عن اعتقادهم بوجود علاقة بين توجهات هذه المدرسة الفلسفية وبين السياسة اليونانية. وأوضح دليل على ذلك ما قاله (بلوتارك – Plutarqe) (50-125) من أن (الاسكندر) قد أسس نوع الدولة الذي اقترحه (زينو). ومما له أهمية خاصة في هذا الصدد، أيضاً أن طروحات هذه المدرسة الفلسفية قد لقيت قبولاً قوياً لدى المثقفين الرومان في القرن الثاني، وبهذا كانت هذه المدرسة هي الواسطة التي أثّرت بها الفلسفة اليونانية في التشريع الروماني وهو في مرحلة التكوين.

لقد كان الهدف الأخلاقي للفلسفة الرواقية، بل لجميع الفلسفات التي ظهرت بعد وفاة أرسطو، هو توفير (الاكتفاء الذاتي) وتحقيق السعادة للفرد. فالمعتنق للفكر (الرواقي) كان

يؤمن إيماناً شديداً بقدرة (مدبر الكون)، ويشعر أن حياته (رسالة) كلّفه بأدائها (الإله)، كما يُسند القائد مهمة، أو عملاً إلى جنوده. وكثيراً ما استعمل إتباع هذه (المدرسة)، في هذا المعنى، استعارة شبّهوا فيها (الحياة) بـ (مسرح) يؤدي عليه أفراد البشر دور المثلين، وواجب كل (إنسان) هو أن يؤدي، بمهارة، (الدور) الذي كُتبَ له، سواء أكان هذا الدور عظيماً أم تافهاً، سعيداً أم تعيساً.

كان المبدأ الأساسي في تعاليم (الرواقين) يقوم على إيمان ديني بوحدة الطبيعة وكمالها، أو بنظام أخلاقي حقيقي. وكانت الحياة (الطبيعية) في نظرهم تعني (التسليم بإرادة الله)، والتعاون مع كل قوى الخير، والشعور بالاعتماد على (قوة عادلة فوق قوة البشر)، والطمأنينة المنبعثة عن الإيمان بخير الدنيا ومعقوليتها.

فهناك إذن، حسب رأي (الرواقيين)، توافق أخلاقي أساسي بين (الطبيعة الإنسانية) و(الطبيعة) بمعناها الواسع. وقد عبّر (الرواقيون) عن ذلك بقولهم أن الإنسان عاقل وإن الإله عاقل، فالنور الإلهي الذي يبعث الحياة في الدنيا قد أودع قبساً منه في روح الإنسان، وهذا يجعل للإنسان (مكانة خاصة) بين المخلوقات. لقد أعطى (الله) الحيوانات الأخرى غرائز وبواعث وقوى لازمة لحياتها حسب أنواعها المختلفة. أما الإنسان، فقد وهبه (العقل) و (الكلام) و(القدرة على التمييز بين الخطأ والصواب). فالإنسان، تبعاً لذلك، يصلح، دون سائر الكائنات الحية الأخرى، للحياة الاجتماعية، التي هي بالنسبة له من الضروريات. والبشر، في نظر الرواقيين، هم (أبناء الله)، وهم بذلك (أخوة) بعضهم لبعض. فالإيمان بـ (الله)، برأي الرواقيين، هو إيمان بقيمة الأهداف الاجتماعية وبمسؤولية الإنسان الصالح في جمل نصيبه منها.

وعلى هذا الأساس نشأت دولة عالمية، الآلهة فيها والبشر (مواطنون)، ولها دستور هو (العقل المنزّه عن الخطأ)، يهدي البشر إلى ما يجب أن يفعلوه وما يجب أن يتجنبوه. فـ (العقل المنزّه عن الخطأ) هو (القانون الطبيعي)، هو (المقياس) في كل مكان لما هو حق وعدل، لا تتغير مبادئه، وهو ملزم لكل البشر، حكاماً ومحكومين على السواء، وهو (قانون

الله). أما الفوارق الاجتماعية التقليدية السائدة في أماكن معينة، فليس لها دلالة في (الدولة العالمية).

وقد ظل الرواقيون الأوائل يؤمنون بأن اليونانيين والبرابرة، والإشراف والعامة، والأرقاء والأحرار، والأغنياء والفقراء، كلهم سواء و (الفرق) الوحيد الأصيل بين البشر هو الفرق بين (الإنسان العاقل) و (الإنسان الذي يفتقر إلى العقل)، وبين الإنسان الذي يمكن أن يهديه الله إلى الخير، والإنسان الذي يجب أن يُدفع إلى ذلك قسراً.

وما من شك في أن (الرواقيين) قد استعملوا نظرية (المساواة) هذه منذ البداية كأساس لرفع المستوى الأخلاقي، بالرغم من أنهم كانوا دائماً يولون مسألة الإصلاح الاجتماعي اعتباراً ثانوياً. ويقول (كريسيبوس) – أحد أقطاب المدرسة الرواقية – أنه لا يوجد إنسان عبد (بالطبيعة)، وإن العبد يجب أن يُعامل بوصفه (عاملاً مستأجراً مدى الحياة). وواضح أن هذه نغمة تختلف عن تعريف (أرسطو) للعبد بأنه (آلة حية). ومن ناحية المضمون، على الأقل، صار الانتماء على عضوية (الدولة العالمية) مفتوحاً أمام الجميع، ما دامت تلك (الدولة) تقوم على (العقل) الذي لا يختص به إنسان دون آخر.

وإذا كانت (الرواقية) قد قللت من قيمة الفوارق الاجتماعية بين البشر، فإنها – بالمقابل – سعت إلى زيادة الارتباط والانسجام بين (الدول)، فكان لكل إنسان قانونان: (1) قانون (مدينته)، و (2) قانون (المدينة العالمية)، أو بمعنى آخر، قانون (العادات) وقانون (العقل). ومن بين هذين القانونين يجب أن يكون للقانون (الثاني) اليد العليا، ويجب أن يهيئ معياراً تلتزمه شرائع المدن وعاداتها، فالعادات مختلفة، ولكن العقل واحد. ووراء هذا الاختلاف في التقاليد، ينبغي أن يكون هناك قدر من الوحدة في الغرض.

والواقع، إن الفلسفة الرواقية قد ذهبت إلى افتراض وجود نظام وجود نظام قانوني عالمي له فروع محلية لا حصر لها. فالأماكن قد تختلف،تبعاً لظروفها،دون أن يعد ذلك أمراً غير معقول. غير أن معقولية النظام العالمي من شأنها أن تمنع تحول هذه الاختلافات إلى مشاحنات ومخاصمات.

وهذا الرأي، في جوهره، يتمشى مع مبدأ (اتحاد القلوب) الذي نادى به (الاسكندر) في سياق خطابه الذي ألقاه في (ابيس)، كما مر ذكره. ففي كل مكان في العالم اليوناني، تمتّع عدد كبير من المدن والسلطات المحلية بنوع من الحكم الذاتي، وكان القانون العام يربط هذه المدن والأقاليم بعضها ببعض، وأصبح مبدأ التحكيم بين المدن نظاماً عاماً معترفاً به في الفصل في الخصومات. وفي داخل المدن، حلّ نظام الفصل في الخصومات الخاصة، بوساطة لجان قضائية يتم استدعاءها من مدن أخرى، محل نظام المحلّفين القديم. وتضمّن كلا الاجرائين مقارنة العادات والرجوع إلى قواعد العدالة، ثم في النهاية نشوء قانون مشترك، ما لبث أن اصطلح على تسميته بـ (القانون الطبيعي).

وإجمالاً، يمكن القول أن ما أضافه (الرواقيون) في هذا الصدد كان إقرار قاعدة وجود قانونين: (1) القانون العادي للمدينة، و(2) القانون الطبيعي للدولة العالمية، وهو القانون الأكثر كمالاً.

ولكي نتمكن من تقدير ما حققه (الفكر الاجتماعي الرواقي) من إنجازات علينا أن نمعن النظر في الطريق الطويل الذي اجتازه المجتمع، خلال القرنين اللذين تعاقبا بعد وفاة (أرسطو). فإذا قارنّا (اثينا) وما كان عليه حالها في سنة 322 ق.م بعالم البحر المتوسط.

كما أصبحت بعد ذلك بقرنين، لكان الثاني أقرب إلى حال العصر الحديث، إذ كان يتكون من مجتمع يشمل الدنيا المعروفة في ذلك الزمان، وكان الاتصال الواسع بين سكانه اعتيادياً، ولم يكن للفروق المحلية سوى أهمية قليلة ومتضائلة.

ثم إننا إذا سلمنا بالأمر الواقع، وهو فشل (دولة المدينة) واستحالة بقائها منطوية على نفسها، وعلى التمييز الصارم بين (المواطنين) الاقحاح و (الأجانب) الغرباء، وحصرها صفة (المواطن) في أولئك الذين يتمكنون، فعلاً، من الإسهام في إدارة المدينة وحكمها، إذا سلمنا بذلك كله - وهو ما وقع فعلاً - لرأينا أن (الفلسفة الرواقية) قد أخذت على عاتقها، وبجرأة، أن تفسر المثل العليا على نحو يتناسب مع مقتضيات (الدولة العالمية) وذلك من خلال رسم الخطوط العريضة لفكرة أخوّة إنسانية عالمية متحدة، في ظل عدل يتسع ليشملهم جميعاً. ثم إنها قدّمت إلينا النظرة التي تقول: أن البشر متساوون بالطبيعة، رغم اختلافهم في الجنس والمرتبة والثروة.

الفصل الخامس
الفكر الاجتماعي في ظل الحضارة الرومانية

ظهرت (روما) في بداية أمرها (دولة مدنية) ذات نظام يقوم على حكم ملكي تتركز السلطة في يد فئة قليلة من الأسرار الأرستقراطية. وتطور هذا النظام الملكي الأرستقراطي فأتاح الفرصة لاشتراك عامة الشعب من غير الأرستقراطي في الحكم جنباً إلى جنب مع الأرستقراطيين. وفي حوالي سنة (500) قبل الميلاد, قامت (الجمهورية), بعد طرد آخر ملك منها. وبعد تنافس طويل استمر لمدة قرنين بين الطبقة الأرستقراطي, وغيرها من طبقات عامة الناس, من اجل الهيمنة على الشؤون السياسية, انصهرت هذه الطبقات في طبقة واحدة هي طبقة (المواطنين الرومانيين) الذين لهم الحقوق السياسية والمدينة. وكان من الطبيعي أن ينعكس ذلك التطور الهام على النظام السياسي والاجتماعي الروماني, فاندمجت الهيئات السياسية والاجتماعية التي كانت تمثل الطبقة الأرستقراطي في الهيئات السياسية والاجتماعية التي مثلت غيرها من الطبقات العامة.

وبعد استتباب الأمر لـ(الجمهورية) في الداخل, أخذت (روما) في التوسع الخارجي, وبدأت في ضم جيرانها من المدن الإيطالية, ومارست عملياً, في سياستها الخارجية مع غيرها من المدن, نظرية ميزان القوى, مما مكنها من التوسع وإقامة (الإمبراطورية). ومن ثم أوجدت نظاماً سياسياً مركزياً لتحافظ على إمبراطوريتها وقوتها, فقسمت (الإمبراطورية) إلى إمارات, وأقامت على كل إمارة حاكماً رومانياً له سلطات واسعة في الشؤون السياسية والمدنية.

وتبدو مساهمة العصر الروماني في تطور الفكر الاجتماعي أضعف من مساهمة غيره من العصور. فلم يرتفع أحد من المفكري الرومان إلى المرتبة التي وصل إليها (أفلاطون) و(أرسطو). غير أن ذلك لم يحل دون أن يضطلع المفكرون والكتاب الرومان, لقرون طويلة,

بمهمة استيعاب الفكر الاجتماعي اليوناني, وتفسيره, ونشره في أرجاء العالم, ولاسيما من خلال النظام القانوني الروماني المتطور, الذي ترك أثراً ملموساً في تطور الفكر الاجتماعي.

والواقع, أن المحاولات الأولى لوضع نظام قانوني روماني, منسق وشامل, قام بها مثقفون رومان تأثروا تأثيراً عميقاً بالفلسفة الرواقية. ويمكن القول إن الطريق الذي سلكه القانون الروماني في تطوره قد يسر للمثقفين والقانونيين الرومان, أمر الانفتاح على تعاليم الفلسفة الرواقية والأخذ عنها. فقد كان قانون روما, في البداية, كسائر الأنظمة القانونية القديمة, قانوناً, موضوعاً لـ(مدينة), أو بعبارة أدق, لفئة محدودة جداً من (المواطنين) ولدوا في ظله كجزء من تراثهم المدني. وكان القانون يجمع بين الطقوس واحتفالات دينية وممارسات سابقة موروثة عن السلف، جعلته غير صالح للتطبيق على أي إنسان روماني المولد.

ومع تنامي ثروة الرومان وتزايد نفوذهم السياسي، تكونت فئات متزايدة من الأجانب المقيمين في (روما)، كان عليهم أن يتعاملوا فيما بينهم وأن يتعاملوا مع الرومان. ولذا نشأت حاجة ماسّة لفرض رقابة قانونية على تصرفاتهم بطريقة أو بأخرى. وقد عالج الرومان هذه المشكلة، حوالي منتصف القرن الثالث قبل الميلاد، بأن عيّنوا قاضياً خاصاً (Proctor Peregeines) ليفصل في المنازعات التي من هذا القبيل. وبما أنه لم يكن هناك قانون متعارف عليه يمكن تطبيقه، فقد سمح بكل أنواع الإجراءات غير الرسمية. وأخذ القانون الرسمي، لنفس السبب يتفتت بسبب اعتبارات العدالة ونزاهة المعملة. وقد أثمر ذلك كله في نهاية المطاف تكون قانون نافذ, خال من الإجراءات الشكلية, ولكنه يتماشى بصورة عامة, مع ما كان سائداً من الآراء بشأن المعملة النزيهة والمصلحة العامة.

وقد أطلق المحامون عليه اسم (Ius gentium)- أي (القانون المشترك بين كل الشعوب).

والواقع أن (قانون الشعوب) هذا كان مشابها جدا لـ(القانون الطبيعي- Ius natural) الذي ترجم من الاصطلاحات اليونانية إلى اللغة اللاتينية. ومن ثم فقد أمكن للنظريتين اللتين بني عليهما القانونان أن تتفعلا بنجاح.وظهر أن تقبلهما واستمرار الأخذ بهما

كفيلان بتوفير عدل محسوس للناس،يفوق على الأقل ما كان متبعا من قبل الاقتصار على التقاليد المحلية، كما أنهما بدورهما سهلا لحكم العقل أن يخرج إلى حيز التنفيذ.

لقد كانت (الفلسفة الرواقية) قد نشرت، قبيل القرن الأول بعد الميلاد، مبادئ العدالة الطبعية وصفة المواطن العالمية. غير أن هذه التعابير كانت تحمل دلالات (أخلاقية) أكثر منها (قانونية). وكانت تحتاج إلى تطوير لكي تتناسب مع الأوضاع والظروف المستجدة التي شهدها العالم. ومع المعتقدات التي أخذت تنتشر في أوساط الناس على نطاق واسع.

وقد اشتملت تلك المعتقدات على الاعتقاد بأن العالم يخضع إلى (حكم مقدس) من قبل (الإله) الذي يتسم بالمعقولية والخيرية إله تشبه علاقته بأفراد البشر- علاقة (الأب) بأبنائه. كما اشتملت أيضاً على الاعتقاد بأن أفراد البشر (إخوة)، وأنهم (أعضاء في أسرة إنسانية مشتركة)، حيث يتيح لهم ما يتصفون به كجنس من مقدرة عقلية، الاقتراب إلى الإله، كما أنهم رغم تباين لغاتهم وعاداتهم، (متشابهون) في بعض النواحي الأساسية.

واستناداً إلى ذلك، فإن هناك بعض (قواعد) الأخلاق والعدالة والحكمة في التصرف، تكون مُلزمة لكل أفراد البشر، طالما كانوا متساوين متشابهين. إن هذه (القواعد) تكون ملزمة لكل الناس لأنها (صحيحة بطبيعتها) وتستدعي كل احترام، ومن ناحية أخرى، فإن الإنسان (العاقل) حينما يلتزم بهذه (القواعد) إنما يؤكد حقيقة طبيعته العاقلة.

وقد اتبع تطور هذه الأفكار خطين رئيسيين، خلال القرن الأول قبل الميلاد والقرنين أو الثلاثة التالية:

- أولهما استمر في الاتجاه الذي سبق أن أتضح نتيجة تأثير (الرواقيين) على (القانون الروماني) في بدايته، وأدّى إلى إثبات وجود (القانون الطبيعي) حول الإطار الفلسفي للقانون الروماني.

- أما ثانيهما فيتعلق بالنتائج (الدينية) لفكرة إرجاع القانون ونشأة الحكومة إلى توجيه مقدس يستهدف إرشاد البشر إلى السلوك الصحيح في حياتهم.
  وسنحاول، في هذا البحث، الوقوف عند كل واحد من هذين الاتجاهين- الاتجاه

القانوني،والاتجاه الديني- لتسليط الضوء على كل منهما.

وفي حين تقتضي معالجة الاتجاه الأول(القانوني)، الوقوف عند (شيشرون)، باعتبار أن أفكاره قريبة من أفكار رجال القانون،وذات صبغة (دنيوية)، فإن معالجتنا للاتجاه الثاني(الديني) تقتدي الوقوف عند قطب أخر من أقطاب الفكر الروماني- وهو:(سينيكا)، الذي تميزت طروحاته بصبغة(دينية)واضحة.

شيشرون CICERO (107-43ق.م):

ترجع أهمية (شيشرون)، على صعيد الفكر الاجتماعي، إلى ما فيه من أصالة، إذ أن مؤلفاته (وأبرزها: "الجمهورية" و "القوانين") لم تكن في الواقع، وكما يعترف هو نفسه بذلك، إلا تجميعا واضحا لآراء. ومع ذلك، فقد كان لهذه المؤلفات فضل لا يمكن إنكاره، وهو إقبال الناس على قراءتها و الإحاطة بما تضمنته.

ولعل أعضم ما أسهم به (شيشرون) بالفعل، في تطور الفكر الاجتماعي والسياسي، هو ما ألقاه من أضواء على نظرية (الرواقيين) في (القانون الطبيعي)، فصاغه صياغة انحدرت عنه إلى الفكر الغربي الأوروبي، فانطبع بها منذ عهده حتى لقرن التاسع عشر. وقد انتقلت منه، أول الأمر، إلى رجال القانون الرومان، ثم إلى (آباء) الكنيسة. فكانت الفقرات الهامة من شرحه مرجعاً يُستشَهد به خلال القرون الوسطى دائماً.

لقد اعتقد (شيشرون) أن أول ما يوجد هو (قانون طبيعي عام) ينبثق من واقع (حكم العناية الإلهية للعالم كله)، كما ينبثق من (الطبيعة العقلية والاجتماعية) للبشر، تلك الطبيعة التي تجعل الجنس البشري أقرب إلى الله. وفي هذه النظرة تكمن فكرة (دستور دولة العالم)، أي دستور واحد في كل مكان، لا يتغير ولا يتبدل في إلزام سائر أفراد البشر- وجميع الأمم بأحكامه، وإن أي تشريع صدر مخالفاً لأحكام هذا الدستور لا يستحق أن يُسمى قانوناً، وذلك لأنه ما من حاكم أو رعية يستطيعون أن يجعلوا من الصواب خطأ. ويقول (شيشرون) في كتابه (الجمهورية) في هذا الصدد:

"هناك في الواقع قانون حق هو قانون البداهة والتفكير السليم، وهو قانون يماشي

الطبيعة وينطبق على كل الناس، وهو قانون خالد لا يتغيّر، ينبغي للناس،بمقتضى أحكامه، أن يؤدوا ما عليهم من إلتزامات بما فيه من أحكام ناهية، كما يحد من جنوح الناس إلى ارتكاب ما هو خطأ.وتؤثر أوامر هذا القانون في خيار الناس دون اشرارهم.

"وهذا القانون الطبيعي هو مما لا يجوز أخلاقيا تعطيل أحكامه بتشريعاتها من صنع البشر،كما لا يجوز الحد من نطاق تطبيقية أو إلغاء نفاذ أحكامه، بل ولا يستطيع مجلس الشيوخ ولا الشعب أن يحملونا على التنحي عن واجبنا في إطاعة هذا القانون. وهذا القانون من البساطة بحيث لا يحتاج إلى فقه الفقهاء لتوضيحه وتفسيره.

" وهذا القانون لا يمكن أن يفرض حكماً على روما وآخر على أثينا, ولا يمكن أن يجد حكماً لليوم وأخر للغد, إذ ليس هناك إلا قانون واحد خالد لا يتبدل, ملزم لكل الناس في كل وقت, ولن يكون للبشر أبداً إلا سيد وحاكم واحد هو الله مشرع هذا القانون ومفسره وراعيه, وإن الذي يعصي من البشر حكم هذا القانون فاقد حتماً خير ما في نفسه بإنكار خير ما هو كائن في الإنسان من الطبيعة الحقة, وهو بذلك جدير بأن يقاسى شر العقوبات ولو نأى بنفسه عن عواقب مخالفة التشريعات الوضعية."

وإن أفراد البشر سواسية في ضوء هذا القانون, كما يفسره (شيشرون). فهو يؤكد خصوصية (المساواة) في إصرار وتصميم, إذ يذهب إلى التسليم بأن أفراد البشر ليسوا متساويين في المعرفة والعلم, وإنه لا يطلب من الدولة أن تساوي بينهم في الملكية, ومع ذلك فهي مطالبة بالمساواة بينهم في الملكات والملكيات العقلية, وفي مقومات شخصياتهم النفسية, وفي اتجاهاتهم العامة المتصلة بمعداتهم فيما ينبغي أن تكون عليه القيم النبيلة, وفي ذلك كله يتساوى جميع أفراد البشر.

بل أن (شيشرون) يذهب إلى أبعد من ذلك, فيقرر أن الأمر الذي يحول بين أفراد البشر وبين التساوي مع غيرهم, ليس إلا مزيجاً من الخطأ والعادات السيئة والآراء المزيفة, وإن لأفراد البشر جميعاً, أياً كان عرقهم, نفس القدرة على اكتساب الخبرات التي يكتسبها غيرهم, وإنهم جميعاً متساوون في القدرة على التمييز بين ما هو صواب وما هو خطأ. يقول

(شيشرون), في كتابه (القوانين) في هذا الخصوص:

" ليس في كل الوسائل التي تمخضت عنها مناقشات الفلاسفة شيء أعظم قيمة من تسليمهم المطلق بأننا إنما خلقنا للعدالة, وإن الحق لا ينبني على آراء أفراد البشر, وإنما على أحكام الطبيعة.

وليس أسهل من تبيّن هذا الواقع إذا أنت تخيّلت بوضوح زمالة الإنسان في المجتمع الشاسع الذي يضمه مع أقرانه من أفراد البشر، فما من شيء عدا الإنسان، هو أكثر شبهاً بأمثاله، بينما هو في الوقت ذاته يخالفه ويقابله. ولو لم تكن العادات السيئة والمعتقدات الزائفة قد انحرفت بالعقول الضعيفة، فسارت بها على غير هدى إلى أية اتجاهات أرادها الهوى، لما تسنّى لأحد ما أن ينفرد بذاتية خاصة، ولكان كل البشر متشابهين.

والواقع، أننا يمكن أن نلاحظ هنا اختلافاً بين (فكر أرسطو) وبين الفكر الجديد الذي تمثله أقوال (شيشرون) هذه. فالنتائج التي تترتب على ما قاله (شيشرون) هي، في واقع الأمر، مناقضة للتفكير الذي توصل به (أرسطو) إلى آرائه. فعلاقة الزمالة الحرة بين (المواطنين)، عند (أرسطو)، لا يمكن أن تقوم إلاّ بين أكفاء متساوين. ولكن لما كان أفراد البشر غير متساوين، فقد ذهب (أرسطو) إلى أنه ينبغي أن تكون هذه الزمالة بين (المواطنين) مقصورة على مجموعة صغيرة منهم تراعي الدقة في اختيارها. (أما شيشرون)، فهو على العكس يستنتج من خضوع أفراد البشر جميعاً لقانون واحد، ومن اشتراكهم في صفة (المواطنة)، أنهم ينبغي أن يكونوا متساوين. فالمساواة، عند (شيشرون)، هي حاجة معنوية أكثر من كونها حقيقية. والمعنى الذي يقصده بها هو: أن لكل فرد بوصفه إنساناً، لا خارجها. وحتى لو كان (عبداً)، فهو ليس، كما قال (أرسطو)، مجرد (آلة حية)، وإنما هو أقرب إلى أن يكون عاملاً استؤجرت خدماته مدى الحياة. أي بعبارة أخرى، أن الإنسان ينبغي أن يُعامل على أنه (غاية) في ذاته لا مجرد وسيلة.

سينيكا: Seneca (2- 66م):

إذا قارنّا (شيشرون) بـ(سينيكا)، فإننا نلاحظ ضآلة الفوارق الأساسية بين معتقدات

الرجلين الفلسفية. فكلاهما متأثر بفلسفة رواقية كهنوتية تلتمس في الطبيعة أسس تقويم مستويات الخير والحكمة. وكلاهما مؤمن بأن عصر الجمهورية الأعظم هو المرحلة التي بلغت فيها (روما) أوج نضجها ثم بدأت بعدها بالانحدار. ولكن على الرغم من وجود هذا التماثل بين الرجلين، فإن هناك، مع ذلك، فارقاً هاماً بينهما. فقد خُيّل إلى (شيشرون) أن تلك الذروة المزدهرة أي عصر الجمهورية في روما - قد تُستعاد في يوم من الأيام، في حين آمن (سينيكا) - الذي كان وزير الإمبراطور نيرون - بأن زماناً مثل هذا الوهم قد فات، وأن (روما) قد سقطت في أحضان الشيخوخة فعمّها الفساد، وغدا قيام الحكم المطلق فيها ضرورة لابدّ منها.

وقد أبدى (سينيكا) الكثير من التشاؤم واليأس في كل ما له علاقة بالأمور السياسية والاجتماعية. فقد ذهب إلى أن الأوضاع قد ساءت إلى حد أن السؤال المطروح ليس هو ما إذا كان لزاماً أن يقوم (الحكم المطلق) أم لا، وإنما هو: من عساه يكون الطاغية. بل أن موقفه المتشائم قد بلغ إلى حد الزعم بأن الاعتماد على (الطاغية) أفضل من الاعتماد على (الجماهير)، لأن (عامة الشعب) هي من الشر والفساد بحيث تغدو أكثر قسوة من (الحاكم الطاغية). ومن ثم فإنه من الواضح أن احتراف السياسية لن يعود على (الإنسان الصالح) إلاّ بالقضاء على ينبوع الخير في نفسه، وإن (الإنسان الصالح) لن يستطيع، في مثل هذه الظروف، أن يحقق خدمة بني قومه بالتماس الوظائف السياسية العامة. ولهذه الأسباب، ولغيرها، لم يُعلق (سينيكا) أهمية ما على اختلاف أنظمة الحكم، فهي عنده في الشر سواء، ما دامت كلها عاجزة عن تحقيق ما فيه خير للناس.

على أن ذلك لا يعني أن (سينيكا) قد ذهب إلى أن (الإنسان الحكيم) ينبغي عليه أن يتروى بالإنسحاب من المجتمع الذي يعيش فيه. فقد أصرّ على الدعوة إلى قيام (الإنسان الصالح) بواجبه الأدبي بعرض خدماته في أية صورة كانت. وهو في هذه الدعوة قد توافق مع (شيشرون). غير أن (سينيكا) - على خلاف (شيشرون)، بل على خلاف كل من سبقوه من الفلاسفة السياسيين والاجتماعيين - قد انتهى إلى تصوّر وجود وظيفة اجتماعية لا تتطلب

إشغال منصب من مناصب الدولة، ولا عملاً ذا طابع سياسي. وهذه النظرة تنحو بلا شك منحى جديداً بالمذهب الرواقي، الذي يقول أن كل إنسان هو بطبيعته عضو في عالمين كليين، هما: عالم الدولة المدنية التي تضمّه، وعالم دولة أكبر يتكون من جميع الكائنات العاقلة التي تربطه بها وشائج الإنسانية. أما بالنسبة إلى (سينيكا)، فإن العالم الأكبر أقرب إلى أن يكون (مجتمعاً) من أن يكون (دولة)، وأن الأواصر والعلاقات التي تسود هذا العالم أقرب إلى أن تكون (معنوية) أو (دينية) من أن تكون قانونية أو سياسية. ويبني (سينيكا) على ذلك النتيجة التالية: أن (الإنسان الحكيم-الصالح) يمكنه أن يؤدي خدمة إلى الإنسانية جمعاء، بالرغم من خلو يده من السلطة السياسية. وهو إذ يفعل ذلك إنما يفعله بحكم علاقاته بأقرانه واحتكاكه بهم، بل هو يمكنه أن يؤدي هذه الخدمة حتى من خلال تأملاته الفلسفية. فالإنسان الذي يستطيع أن يعلم البشرية شيئاً مما تكوّن لديه من خبرات وآراء، إنما يشغل في المجتمع مكانة (أنبل) من مكانة الحاكم السياسي وأكثر تأثيراً. بل يمكن القول - وليس هذا من قبيل تحميل مذهب سينيكا ما لا يحمله - إن عباد الخالق هي في ذاتها خدمة إنسانية صادقة.

والواقع، أن لهذا الاتجاه في فكر (سينيكا) أهمية خاصة: إذ أن فلسفته الرواقية تنطوي على عقيدة دينية أصلية عميقة، فهي تدعو إلى تلمس أسباب العزاء في شؤون الدنيا، وتنحو كذلك إلى إطالة التأمل في الحياة الروحية. والمقصود بهذه التفرقة بين المطالب الدنيوية والمطالب الروحية هو، أن الجسد ليس إلاّ "سجن الروح وظلماتها" وأنه "يتعين على الروح أن تقاوم عبء الجسد"، وكان هذا الفهم في الحقيقة سائداً في المجتمع الوثني الذي نشأت المسيحية في ظله وترعرت.

لقد أدّت حاجة الإنسان المتزايدة لالتماس العزاء الروحي إلى إعلاء شأن الدور الذي يمثله (الدين) في حياته، فكان أن صار هذا (الدين)- وبصرف النظر عن المطالب الدنيوية - الوسيلة الوحيدة للاتصال بحقائق أسمى وأعلى مقاماً. ومن ثم أخذت النظرية التي ساد الاعتقاد بها خلال العصور القديمة، بشأن وحدة الحياة الدنيوية، في الانحلال وفي مقابل ذلك شرع (الدين) في التبلور في كيان مستقل يقف إلى جانب (الدولة)، بل قد يكون في حقيقة

الأمر فوق (الدولة). وتفرّغ عن ذلك النمو المستقل لمفهوم (الدين)، إن استطاعت المصالح الدينية أن تعيش في هيئة خاصة بها لها (كيان) مستقل يمثل على سطح الأرض الحقوق والواجبات التي يُشارك الناس فيها بعضهم بعضاً باعتبارهم أعضاء في (المدينة السماوية). وما أن بدأ هذا (الكيان) المستقل في شق طريقه إلى الوجود في صورة (الكنيسة المسيحية)، حتى شرع في الاستحواذ على (ولاء) الناس بدعوة ينفرد بها، وتعجز (الدولة) عن منافسته فيها. ولم يكن تفسير (سينيكا) لوجود هذين (العالمين) - عالم الأرض وعالم السماء- إلاّ واحداً من أوجه (التشابه) العديدة التي تربط بين تفكيره وتفكير الفلاسفة المسيحيين.

وهناك، علاوة على ذلك، جانبان آخران من جوانب تفكير (سينيكا) لا يخطئ الدارس في تبين صلتهما الوثيقة بالترعة الدينية التي سادت فلسفته. ويتمثل الجانب الأولي في عمق شعوره بما في الطبيعة الإنسانية من (خطيئة متوارثة). أما الجانب الثاني فيلتمس فيما يُستشف من الترعة الإنسانية التي تطبع مستوياته الأخلاقية، والتي ازدادت وضوحاً في الفلسفة الرواقية (المتأخرة). فالبرغم من ترديد بديهيات الفلسفة الرواقية، التي تدور حول القول بـ(الاكتفاء الذاتي) للإنسان الصالح، في تفكير (سينيكا)، إلاّ أن هذا التفكير خلا - إلى حد كبير، وبالتدريج - من السمتين اللتين غلبتا على الفلسفة الرواقية (المتقدمة)، وهما: الكبرياء والاعتداد بالنفس من ناحية، والغُلظة والخشونة من ناحية أخرى. فقد استحوذت على (سينيكا) فكرة (تأصل الإثم في الطبيعة الإنسانية). وأن هذا الإثم المطبوع عصيّ الاستئصال، فما لإنسان منه مفر.

وتبعاً لذلك، فإن (الفضيلة) أقرب إلى أن تكون (صراعاً) غير محدود للخلاص من أن تكون تحقيقاً فعلياً لهذا الخلاص. ولعل هذا الشعور بالإثم والبؤس كطابع مميّز للصفات الإنسانية هو الذي حدا بـ(سينيكا) إلى التحليق في سماء المبالغة في تقدير القيمة المعنوي الإنسانية لصفتي (الرحمة) و (الشفقة)، وهما من الفضائل التي لم تتسم بها الفلسفة الرواقية في صورها الأكثر صرامة.

وكانت مفاهيم أبوة الله وأخوّة البشر قد اتخذت معاني (المحبة) و(النية الطيبة) للجنس

البشري كله، وهـي نفـس المعـاني تمثلـت في التعـاليم المسـيحية. وبتراجـع الفضـائل المدنيـة والسياسية إلى المرتبة الثانية، ارتفعت فضائل (الرحمة) و (الشفقة) و (الخير) و (حسن المعاملـة) و (سعة الصدر) و (حب الناس) إلى مكان الصدارة، مع استنكار أية دواعي للـ(قسوة) و(الكراهيـة) و (الغضب) في المعاملة (التابعين) أو (الأدنى مكانة). هكذا، تصدرت هذه الفضائل الجديـدة مقـاييس القيم الأخلاقية، فتبوأت منزلة لم تصل إليها من قبل قط.

ولقد كان لهذه النزعة الإنسانية في التفكير، أثرها الواضـح في (القـانون الرومـاني) التقليـدي، لاسيما ما كان له علاقة بحمايـة الأطفـال والنسـاء، وتـأمين أرواحهـم وممتلكـاتهم عـلى حـد سـواء، ومراعاة العبيد، ومعاملة المجرمين معاملـة أكـثر إنسـانية، وإجـمالاً، حمايـة العـاجزين عـن حمايـة أنفسهم. ولعل من الحقائق المثيرة للدهشة أن ظهور هذا الشعور العميق بالفضـائل الإنسـانية قـد اقترن ببدء وعي جديد لما كان سائداً من الفساد الأخلاقي. ويمكن أن نلمس في هذا الاتجاه وفي هذا الوعي، بوضوح، تخلياً عن المشاعر الأخلاقية التي سادت في العصر القديم. وقد يكون مـردّ ذلـك إلى توجهات جديدة نحو إطالة التأمل في أمور الحياة، وأن هذه التوجهات حلّت محل الاعتقاد القـديم بأن خدمة الدولة هي رأس الفضائل كلها.

أن ابتعاد (سينيكا) عـن الاعتقـاد القـديم القـائـل بـأن الدولـة هـي المركـز الاسـمي للكـمال المعنوي، قد تجلّى بوضوح في ما أضفاه من تعظيم وإكبار على (العصر الذهبي) في تـاريخ البشرـية، وهو العصر الذي اعتبره سـابقاً عـلى عصرـ المدنيـة والحضـارة. وقـد وصـف (سـينيكا) في (رسـالته التسعين) تلك (الحياة الطبيعية) الفطرية السـاذجة، التـي عاشـها البشرـ خـلال (العصرـ الـذهبي)، حيث كان الإنسان لا يزال محتفظاً بسعادته وبراءته، مستمتعاً بعشق الحيـاة البسـيطة، السـاذجة، الخالية من كماليات الحضارة وتكاليفها ومظاهرها.

حقاً لم يكن الإنسان في ذلك العصر حكيماً ولا كـاملاً معنويـاً، إلاّ أن عنصرـ الخـير فيـه كـان نتيجـة لـبراءة الجهالـة، ولـيس نتيجـة تلمـس أسـباب الفضـيلة وخصوصـاً، أن الإنسـان، في (الحالـة الطبيعية الذهبية)، كما صوّر (سينيكيا)، لم يكن قد اكتسب بعد ذلك الحافز الخطـير - (الطمـع) و (السعي إلى الملكية الفردية). والواقع أن (الحرص) هو الذي أدّى إلى القضاء على

ذلك الطُهر البدائي.

ويستطرد (سينيكا) فيقول: أنه لم يكن بالناس، ما ظلوا على طهارتهم، حاجـة إلى حكومـة أو قانون، إذ يبادرون إلى الامتثال لأوامر أكثر رجالهم قدرة وأكثرهم حكمة، وهؤلاء بدورهم لم يكونـوا، في تصريفهم لأمور الناس، يسعون إلى تحقيق مآرب شخصية. أما حينما استيقظت في نفوس النـاس (الرغبة في التملك والحيازة)، فقد انقلبوا إلى البحـث عـن المنافع الشخصية، كـما انقلب الحكـام بدورهم إلى طغاة، وتقدمت الفنون فظهرت أنواع من الرفاهية والفساد، وكان تعاقب هذه النتائج هو الذي أدّى إلى أنه لا مفر من قيام القانون وإيجاد وسائل القسر ـ والإكراه، للحد مـن مسـاوئ الطبيعة البشرية ومفاسدها.

وبعبارة مختصرة، يمكن القول أن (الحكومة) هـي الـداء الضـروري لعـلاج الشر ـ المتأصل في الإنسان. وبقدر ما يصح القول بأن الحكومة هي وليدة الشر البشري، فأنه يصح أيضاً، القـول بـأن الحكومة هي الوسيلة الإلهية لحكم الجنس البشري كما هو وفي حالته التي تردّي فيها. وعلى ذلك فإن الحكومة بهذا الوصف، من حقها أن تطالـب خيار النـاس بطاعتها والامتثال لأوامرها. وهـذا التصوير هو في الواقع قوام العقيدة المسيحية، كما سنلاحظ لاحقاً.

الفصل السادس
الفكر الاجتماعي في إطار الديانة المسيحية

تمهيد: حول الفكر الاجتماعي في العصر الوسيط

يُقصد بـ(العصر الوسيط) تلك الفترة الزمنية التي تمتد من القرن الأول، بعد ميلاد (المسيح) إلى سقوط مدينة (القسطنطينية)بيد العثمانيين (1453م). ونظراً لكون الاعتقاد الديني (المسيحي والإسلامي) يحتل، خلال هذه الحقبة الزمنية، مركز الصدارة في توجيه عقول الناس وسلوكهم وتصرفاتهم، لذا فإن الفكر الإنساني، بشتى مظاهره وتجلياته - فلسفياً كان أم اجتماعياً أم سياسياً - قد خضع للدين وكرّس نفسه من أجل خدمة أهدافه. وسنحاول فيما يلي التعرف على الصورة التي آل إليها الفكر الاجتماعي بعد أن تأثر بمعطيات وتعاليم الدين المسيحي والدين الإسلامي.

الفكر الاجتماعي المسيحي:

كان ظهور (الديانة المسيحية) من أهم التطورات التي شهدتها الإمبراطورية الرومانية. فلقد ظهرت هذه الديانة الجديدة في (الأرض المقدسة) التي كانت جزءاً من الإمبراطورية. وكانت المسيحية في بدايتها نظاماً دينياً جديداً يشبه، إلى حدٍ كبير، النظم اليهودية التي قام كثير منها في أنحاء الإمبراطورية الرومانية. ولم يكن للديانة الجديدة، في زمن (المسيح) وفي مرحلتها الأولى، أهمية خاصة. فقد خلقت المسيحية في بداية ظهورها لنفسها جواً خاصاً أبعدها عن الأنظار.

وقد انتشرت المسيحية، واتجهت في انتشارها نحو الغرب ولم تتجه نحو الشرق ففي الشرق وجدت من العوائق ما لم تتمكن من التغلب عليه، بينما كان يصاحب الصعوبات الشديدة التي واجهتها في الغرب بعض العوامل التي ساعدت على التغلب عليها، ومن بين هذه العوامل: السلام الذي كان يسود تلك الأرجاء، ووحدة اللغة والأفكار، وسهولة

الاتصال.

وعندما انتقلت المسيحية إلى الغرب واتخذت من (روما) مركزاً لها في أوروبا، كانت الإمبراطورية الرومانية في أوج عظمتها ومجدها. ولم تهدم المسيحية الحضارة الرومانية، كما أن الحضارة الرومانية لم تفسد الديانة الجديدة. وفي نفس الوقت لم يفسح نظام الحكم الروماني الطريق أمام النظام الاجتماعي الجديد الذي نادت به المسيحية، كما أنه لم يضعف أمام ضغط المبادئ والنظم السياسية والاجتماعية التي نادت بها، فاتجه المسيحيون إلى ممارسة الدين الجديد في الخفاء.

وقد اجتذبت المسيحية، وهي الديانة التي نادت بالمساواة بين أفراد البشر، وأكّدت أنهم متساوون في نظر الخالق، واعترفت بأهمية الفرد في المجتمع، اجتذبت في بداية ظهورها، الطبقات الدنيا في المجتمع الروماني، وقد انحصر ـ انتشارها بين هذه الطبقات عندما كانت الإمبراطورية الرومانية في قوتها ومجدها. وفي هذه المرحلة، تعرّض المؤمنون بتعاليم المسيح لاضطهاد الرومان الذين لم يعترفوا بالدين الجديد، ولذلك نادى المسيحيون بضرورة إعطاء كل إنسان الحق في حرية الاعتقاد، وإن الاعتقاد الديني يجب أن يكون بمحض اختيار الشخص دون إكراه أو ضغط عليه.

ولكن، وعندما اعترف الإمبراطور قسطنطين (274- 337م) بالمسيحية كدين رسمي للإمبراطورية، في القرن الرابع الميلادي، بعد انتشارها بين سائر طبقات المجتمع الروماني، تنامت هذه العقيدة وسادت غيرها من العقائد، وأصبحت الدين الوحيد المسموح به في الإمبراطورية الرومانية. وتخلت المسيحية عندئذٍ عن دعوتها بشأن حرية الاعتقاد، وصارت تعتمد على تأييد الدولة ومساندتها لها.

ويمكن القول، أن المسيحيين الأوائل، لم يُظهروا اهتماماً واضحاً بـ(التنظير) للمسائل الاجتماعية وإنما ركّزوا جُل اهتمامهم على الأمور الدينية البحتة. فالدافع إلى قيام المسيحية دافع ديني، والمسيحية مبدأ يستهدف تحقيق (الخلاص)، فهي ليست فلسفية أو نظرية اجتماعية. فأفكار المسيحيين، على الصعيدين الاجتماعي والسياسي، لم تكن في واقع الأمر،

شديدة المغايرة لأفكار الوثنيين. فلم يكن صعباً. إذن، أن يؤمن المسيحيون، كما آمن (الرواقيون) من قبل، بـ(قانون الطبيعة) أو بحكومة أرضية تحوطها العناية الإلهية، أو بواجب الحكومة والقانون حيال العدالة، أو بمساواة البشر أمام الله. فقد انتشرت كل هذه الأفكار قبل ظهور المسيحية، وتكشف لنا فقرات عديدة من (العهد الجديد - الإنجيل) أن هذه الأفكار قد تضمنتها كتابات المسيحيين.

ولعل مما يدل على ذلك، ورودها في تعاليم (القديس بولس) لأهل (أثينا)، والذي استخدم عبارات لا تبدو غريبة لمن هم على دراية بالمحاضرات الرواقية - ففيه نعيش ونسعى ونكون كما قال شعراؤكم. إن الشيء الجديد الذي لم يكن ميسور الفهم بالنسبة للأثنيين هو ما جاء في تعاليم (المسيح) عن (بعث الموتى).

وهكذا نلاحظ أن (القديس بولس) يعبّر عن استنكار (الكنيسة) للتفرقة بين البشر على أساس الجنس أو العرق أو المركز الاجتماعي، فيقول: "ليس هناك يهود وإغريق، ولا حرّ وعبد، ولا ذكر وأنثى، فكلهم سواء في يسوع المسيح". كما إنه يخاطب (الرومان)، مؤكداً وجود القانون كامناً في الطبيعة البشرية، وذلك على عكس ما يقول به (القانون اليهودي)، فيقول: "أما غير الذين يعيشون في ظل القانون، فإنهم حينما يعملون بوحي الطبيعة، وفقاً لما هو وارد في القانون، فإنهم يجعلون من أنفسهم بذلك قانوناً قائماً بنفسه".

ويمكن القول، بصورة عامة، أن (آباء الكنيسة) كانوا متفقين، إلى حدٍ كبير، مع (شيشرون) و(سينيكا) فيما يتعلق بـ(القانون الطبيعي)، والمساواة بين البشر، وضرورة توافر العدالة في (الدولة). صحيح أن المفكرين الوثنيين كانوا يجهلون فكرة (القانون الإلهي)، على النحو الذي آمن المسيحيون بوجوده في (العهد القديم - التوارة) وفي (العهد الجديد - الإنجيل)، إلاّ أن فكرة (الوحي الإلهي) لم تكن، في واقع الأمر، تتعارض مع فكرة أن (القانون الطبيعي) هو بذاته (قانون إلهي).

وعلاوةً على ذلك، كان الجديد الذي استحدثه النظام المسيحي يتمثل في ما افترضه من وجود (طبيعة مزدوجة) للإنسان، وكذلك وجود (رقابة مزدوجة) تشرف على حياة البشر

وتتلاءم مع هذا الازدواج في الطبيعة والمصير. فالتفرقة بين (عالم الروح) و (عالم الوجود المادي الدنيوي)، أو (عالم البقاء) و (عالم الفناء) تعد جوهر النظرة المسيحية وقوامها.

ولذلك لم تلبث العلاقة بين المؤسسات الدينية والمؤسسات الدنيوية - السياسية، والموقف منها، أن خلقت للإنسان المسيحي مشكلات جديدة، فكانت معتقداته الدينية الجديدة من شأنها أن تجعل منه (خائناً) لواجباته والتزاماته السياسية تجاه الإمبراطورية (الرومانية)، كما كانت مُثله العليا الإمبراطورية، من ناحية أخرى، وهي المثل التي طالما آمن بها من قبل، خليقة بأن تجعل منه، من وجهة نظر المسيحية الصرفة، وثنياً بغير دين.

وسنحاول التعرف على أبرز ملامح الفكر الاجتماعي المسيحي، من خلال الوقوف عند إثنين من أهم الفلاسفة المسيحيين، والتعرف على آرائهما وطروحاتهما في هذا المجال، وهما: (أوغسطين) و (توما الاكويني).

1. أوغسطين - St Augustine (354- 430 ق.م)

ينتمي (أوغسطين) إلى مرحلة نسج الفكر المسيحي، من المعطيات التي تهيأت له، وتحديداً: تعاليم النبي (عيسى)، والتراث الفلسفي اليوناني - وبالأخص آراء (أفلاطون) الذي كان (أوغسطين) يُجلّه وشديد الإعجاب بآرائه، إلى الحد لقّبه فيه بـ(نصف الإله) واعتبر فلسفته "أصفى وأشرق ما في الفلسفة كلها".

وفي ضوء ذلك، يمكن القول أن (أوغسطين)، في سعيه، خلال القرن (الخامس)، إلى صياغة الفكر المسيحي، أو تنظيره، استمداداً من التراث الفلسفي اليوناني، ومن فلسفة (أفلاطون) على وجه الخصوص، قد ساهم في نقل معظم الفكر القديم إلى العصر الوسيط.

كان (أوغسطين) يرى (المجتمع) البشري على أنه ليس جمعاً من الناس كيفما اتفق، وإنما هو جماعة من أفراد البشر، يشتركون في الأفكار والعواطف، ويؤلفون وحدة معنوية تقوم على الرضا والمحبة، وتهدف إلى غايات مشتركة. واعتقد (أوغسطين) أن أساس الحياة الاجتماعية يستند إلى:

أولاً: القانون الطبيعي، وهو قانون يكتشفه، أو سيكتشفه أفراد البشر جميعاً بالعقل،

ويحترمونه جميعاً. ويستند هذا (القانون) برُمّته إلى قضيتين ضرورتين، إحداهما: أن لا يفعل المرء بالآخرين ما لا يريد أن يُفعَل به، والأخرى: أن يُعطى كل ذي حق حقه.

ثانياً: القانون الوضعي، إذ أن (أوغسطين) اعتقد أن (آدم) - أبو البشر - قد عصى ربه، فانحط عن المرتبة التي كان الله قد رفعه إليها، وانحطت معه زوجه (حواء)، ونتيجة لذلك صار كل إنسان - من نسلهما - خلواً من المواهب الإلهية، مختل الطبيعة، ميالاً للعبث بالقانون الأخلاقي - الطبيعي. لذا اقتضت الضرورة تقرير (القانون الوضعي) وجزاءاته، تؤيده وتدعمه (القوة)، لوقف العابثين عند حدهم وإصلاح سلوكهم، وتوفير الأمن والطمأنينة للأخيار.

والواقع، أن هذه المهمة هي التي تبرر قيام (السلطة الزمنية) - أي (الحكومة) التي يشكلها أفراد المجتمع لكي تتولى تطبيق (القانون الوضعي).

ومع قيام (السلطة الزمنية) هذه، نشأ - برأي (أوغسطين) - نظام (عَرَضي) ثانوي، ولكنه نظام طبيعي، لأنه النظام الذي تقتضيه طبيعة بشرية خاطئة، مختلة. وإلى هذا السبب، أو المبرر، يرجع حق (السلطة) في استخدام القوة والإكراه والقسر، وما يمكن أن يترتب على ذلك من ملكية فردية و (رق)، فإن هذه الأمور كلها هي بمثابة (عقاب) على (الخطيئة) التي وُصِمَ بها البشر وضمان لاستتباب النظام بعدها.

فالسلطة الزمنية، أو الحكومة، أو الدولة - برأي (أوغسطين) - لا تنشأ عن (عقد)، ولا تنشأ أيضاً عن خطايا أفراد البشر في حياتهم الراهنة، وإنما تنشأ عن الغرائز الموجودة في الطبيعة البشرية، التي ورثها أفراد البشر عن والديهم. ولهذا فإن (الحكومة) ضرورية، لاستمرار الحياة الاجتماعية للبشر، وقيامها أمر طبيعي.

والمثل الأعلى للحكومة، أو الدولة، عند (أوغسطين) هي التي تستمد سلطتها من الله مباشرة. على هذا الأساس، فإنها لن تكون دولة دنيوية أو زمنية خالصة، بل ستكون دينية أيضاً. لكنها، في الوقت نفسه، لن تكون دينية خالصة، بل جامعة للطابع الدنيوي والطابع الديني. ومعنى هذا، أن هذه الدولة سيكون من مهماتها الأصلية تحقيق الغايات والأهداف -

السعادة، في الحياة الدنيا وفي الحياة الأخرى، بالنسبة لمواطنيها.

وفي ضوء ذلك، يمكننا أن نحدد طبيعة العلاقة بين المؤسسة الدنيوية، أو الزمنية - أي الحكومة، أو الدولة - والمؤسسة الدينية - أي الكنيسة - برأي (أوغسطين). فالأخيرة - أي الكنيسة - (تُشرف) على الأولى - أي الدولة - من أجل توجيهها نحو الحياة الأخرى - الآخرة -. والدولة، بدورها، (تساعد) الكنيسة على تحقيق غاياتها. ويتبين من هذا، أن النصيب الأكبر للتأثير والنفوذ هو للكنيسة. ولكن يُلاحَظ، مع ذلك، أن (أوغسطين) لم يشأ أن يفصل بين السلطتين، بل جعلهما مرتبطين ببعضهما تمام الارتباط. فمن خلال هذا الارتباط يمكن، برأيه، أن يقوم (السلام) على الأرض، أي في هذه الدنيا.

لقد جاء إسهام (أوغسطين) الأكثر أهمية وتأثيراً، بقدر تعلق الأمر بموضوع بحثنا أو حديثنا، من خلال كتابه الشهير (مدينة الله - City of God)، الذي كرّسه للدفاع عن المسيحية ضد اتهامات الوثنية لها بأنها كانت هي المسؤولة عن تدهور الإمبراطورية الرومانية وانحلالها، وخلال هذا الدفاع، توصل إلى إبراز كل الأفكار الفلسفية التي جاء بها ومنها نظريته في أهداف التاريخ الإنساني وأهميته، وهي النظرية التي التمسها لوضع تاريخ (روما) في موضعه الصحيح. تطلب منه ذلك أن يُعيد تكييف النظرية القديمة التي تقول بـ(ولاء) الإنسان لـ(مدينتين): أولاهما - المدينة التي وُلد فيها، ويعيش فيها خلال حياته الدنيا، والثانية: مدينة الله، تكييفاً يتماشى مع وجهة النظر المسيحية.

وبذلك أصبح المضمون (البيني) للتفريق بين علاقة المواطن بالمدينتين أكثر وضوحاً، وفقاً للطريقة التي فسّرها بها (أوغسطين). فوفقاً لهذه الطريقة، تنطوي طبيعة الإنسان على ازدواج، بحكم كونها تشتمل على: روح وجسد، وعلى هذا الأساس يكون (مواطناً) في العالم الأرضي - الدنيوي، وفي المدينة السماوية في الوقت ذاته. وكما سبق لنا القول، فإن التمييز هو حجر الزاوية في الفكر المسيحي، بالنسبة للمسائل الاجتماعية والأخلاقية من ناحية، والمسائل السياسية من ناحية أخرى.

والواقع أن (أوغسطين) قد جعل من هذا التمييز أساساً لفهم التاريخ البشري، الذي

يخضع باستمرار لاحتكاك هاتين الجماعتين والتنافس بينهما. فتقف (مدينة الأرض) في ناحية، تدفع مجتمعها الأرضي الحوافز والدوافع الدنيا التي تهدف إلى التسلط والتملك، في حين تقف في الناحية الأخرى (مدينة الله) بمجتمعها الذي ما وُجد إلاّ التماساً للسلام السماوي والخلاص الروحي.

فالأولى هي مدينة الشيطان منذ أن شق (الشيطان) عصى الطاعة على الله، وقد تجسدت في إمبراطوريات الآشوريين والرومان الوثنية. أما الثانية فتتمثل في مملكة المسيح التي جسّدتها (الكنيسة) المسيحية، وفي تلك المرحلة من الإمبراطورية الرومانية التي اعتنقت عندها العقيدة المسيحية. والتاريخ ليس إلاّ سن نصيب (مدينة الله). فليس السلام ممكناً إلاّ في (مدينة الله)، وليس الدوام ممكناً إلاّ لمملكة الروح.

غير أن هذا لا يعني أن (أوغسطين) كان له موقف سلبي أو معارض كلياً من السلطة الزمنية أو الدنيوية، إذ لم يكن متوقعاً من أي من كبار رجال الكنيسة البارزين، الذين اعتمدوا على قوة (الإمبراطورية) في ممارسة الإلحاد، أن يهاجم الحكومة، فيصفها بأنها تمثل مملكة الشيطان. فقد كان (أوغسطين)، كسائر المسيحيين، يؤمن بأن "كل سلطة أرضية قائمة بأمر الله"، وإن كان يؤمن كذلك بأن (إثم الإنسان) أدّى بالضرورة إلى استعمال الحكومة للقوة والعنف. فكأن هذا العنف، إذن، (دواء سماوي) استحدثه الله لـ(علاج) ما ارتكبه الإنسان من (خطيئة).

ويترتب على ذلك أن (أوغسطين) لم يتخيل أن هاتين المينتين قابلتان للتجزئة، بل هما تتداخلان كل منهما مع الأخرى في هذه الدنيا، ذلك أن (مدينة الأرض) هي مدينة الشيطان والأشرار من البشر جميعاً، والذين يختارون أن تكون أخلاقهم أخلاق سكان (مدينة الأرض)، يتميزون بكونهم يتمسكون بأنانيتهم ويميلون إلى إيثار أنفسهم، ويسلكون سلوكهم وفقاً لشهواتهم وأغراضهم الذاتية.

في حين أن الذين يختارون أن تكون أخلاقهم هي أخلاق سكان (مدينة الله) أو (مدينة السماء) فإنهم يطبقون في حياتهم وسلوكهم وعلاقاتهم مع غيرهم، القواعد تمثل المجتمع

الآخر. وبالتالي، فإن هاتين المدينتين ستخلطان وتتداخلان طوال الحياة ولا تنفصلان إلاّ يوم الحساب. فهما في صراع مع بعضها، بحكم اختلاف هدف كل منهما عن هدف الأخرى، ذلك أنه في حين تعمل إحداهما من أجل نصرة الظلم. ويظل الصراع بينهما متواصلاً إلى نهاية العالم حين يفصل بينهما (المسيح) المنتظر في آخر الأزمان، إذا حينئذ يتميز الرُشد عن الغيّ (أي: الضلال والعبث)، ويتحدد مصير كل منهما، فتنعم (مدينة السماء) بالسعادة الأبدية، فيما تلقى (مدينة الأرض) جزاءها في النار التي لا تنطفئ.

واعتقد (أوغسطين) أن مدينة الأرض ما هي إلاّ صورة عابرة لمدينة السماء (أو: مدينة الله)، تماماً كما كانت (أثينا) صورة عابرة لمدينة أفلاطون المثالية. ووفقاً لهذا التصور، اعتقد (أوغسطين) أن أفراد البشر جميعاً ما هم إلاّ (ضيوف) في (مدينة الأرض)، إلاّ أن كلاً منهم مرشح لأن يغدو (مواطناً) في (مدينة الله)، بشرط أن يستهدي في سلوكه بالقيم والتعاليم المسيحية الخالصة، ويحيا حياة فاضلة، إذ عندها (أي: في الحياة الأخرى) سينعم بالعيش في ملكوت الرب، في (مدينة الله) التي تتصف بأنها باقية خالدة إلى الأبد، لا يقتحمها أو يعتدي عليها أحد. ولذلك يرى (أوغسطين)، أن ليس لأحد من سكان (مدينة الأرض) أن يحزن إذا دُمّر منزله (المؤقت)، لأن منزله (الدائم) معدّ له وفي انتظار أن يشغله.

2. توما الاكويني St Thomas Aquinas (1227 - 1274 م):

إذا كان (أوغسطين) هو الواسطة، من خلال سعيه وكتاباته، لانتقال الفكر (الأفلاطوني) إلى العصر الوسيط، واندماج تأثيره أو تغلغله في ثنايا اللاهوت المسيحي، خلال القرن الخامس، فلقد قُدّر لـ(توما الاكويني) أن يقوم في وقت لاحق (وتحديداً: خلال القرن الثالث عشر) بدور مماثل. بيد أن مهمته، في هذه المرة، كانت تتمثل في تيسير تقبّل اللاهوت المسيحي وهضمه لأفكار (قطب) آخر من أقطاب الفلسفة اليونانية هو: أرسطو. لقد قُدّر لـ(توما الاكويني) أن يطلع بمهمة تطويع آراء وأفكار (أرسطو) وتكييفها مع مقتضيات العقيدة المسيحية، بحيث تغدو جزءاً من نسيج الفكر المسيحي - الكاثوليكي.

والواقع، أن مؤلفات (أرسطو) التي وصلت إلى أوروبا المسيحية، عن طريق المصادر

العربية واليهودية (في الأندلس- إسبانيا الحالية) كانت توصم بـالكفر والهرطقـة في أول الأمر. ولذا نجد أن (الكنيسة الكاثوليكية) تميل في أول الأمر إلى تحريمها، وفعلاً حرمت قراءتها في جامعة باريس عام 1210م وبعد ذلك. ولكن على الرغم من ذلك، فإن التحريم لم يكن قط ذا أثر فعّال. الأمر الذي حمل الكنيسة الكاثوليكية - بحكمة - إلى التماس أسلوب التجديد بدلاً من المنع. والواقع، أنه ليس هناك دليل على قوة التفكير عند المسيحية، في العصر الوسيط، أنصع من سرعة تقبّل مؤلفات (أرسطو) التي لم تقف عند هذا الحد، بـل تعدته إلى جعل مؤلفـات أرسطو حجر الأساس في فلسفة روما الكاثوليكية.

ففي أقل من قرن من الزمان، انقلب ما كان المسيحيون الكاثوليك يخشونه ويعتبرونه بدعة ضد المسيحية، إلى شيء جديد يُرجى أن يكون مذهباً دائماً لفلسفة تصطبغ بالصبغة المسيحية. وقد قام بهذا العمل معلمون مـن جماعات الرهبـان، وبخاصة (البرت الأكبر- Albertus Mabnus) وتلميذه الأشهر (توما الاكويني) وهما مـن جماعـة الرهبـان الدومنيكان. والواقع، أن محاولته لاستمداد آراء (أرسطو) وصبغها بصبغة مسيحية، قد وردت في أبرز مؤلفاتهن الذي سمّاه (الخلاصة اللاهوتية – Summa Theotogica)

كانت فلسفة (توما الاكويني)، كما أوردها في مؤلفه هـذا، في صميمها عبارة عـن تجربـة، القصد منها الوصول إلى توحيد عام ونظام شـامل، مفتاحه الوفاق والتنسيق. كان يـرى أن الإلـه والطبيعة أكبر وأغنى من أن يضيقا بإيجاد محراب يسع كل الخلافات التي تنتاب وجودنا المحـدود. وبرأيه، أيضاً، أن علوم الإنسان تكوّن وحدة، كما أن هناك علوماً معينة يختص كل منها بموضوع معين، وإن هذه العلوم فسيحة واسعة المدى، إلاّ أنها أقل تعميماً.

وفوق هذه العلوم (الفلسفة)، وهي تمثل نظامـاً عقليـاً يسعى لوضع مبـادئ عامـة مستمدة من جميع العلوم. يأتي بعدها (علم اللاهوت المسيحي) - وهو يعلو عـلى العقل ويعتمد عـلى الوحي الإلهي - وتبعاً لذلك فهو يأتي في القمة من هذا النظام. ولكن على الرغم من أن الوحي يعلو على العقل إلاّ أنه لا يتعارض مع العقل بأي حال من الأحوال. وأن اللاهوت مكمّل للنظام الـذي يكوّن العلم والعقل بدايته، والإيمان أيضاً متمم للعقل، وهما معاً مصـدر العلم والمعرفة ولا يمكن أن يتعارضا أو يعملا في اتجاهين متضادين.

وتتفق الصورة التي تخيلها (الاكويني) عن (الطبيعة) اتفاقاً تاماً مع رأيه في المعرفة، فالكون، برأيه، عبارة عن نظام مرتب في درجات تبدأ من (الإله) في أعلاه وتنتهي عند أدنى المخلوقات، ويعمل كل كائن منها بدافع داخلي مستمد من طبيعه، ساعياً من اجل الخير أو الكمال الملائم لطبقته من المخلوقات. ويستمر في سعيه هذا حتى يأخذ مكانه في هذا النظام التصاعدي حسب درجة الكمال التي وصل إليها. ويسيطر الأعلى في جميع الأحوال على الأدنى ويفيد منه، كما يسيطر اللـه على العالم أو كما تسيطر الروح على الجسد.

ولكل كائن حي قيمته، مهما كانت تفاهته، فله مكانته وعليه واجبات وله حقوق يُسهم من خلالها في بناء المجموع والوصول به إلى حد الكمال. وينحصر جوهر هذه الخطة في الغرض المقصود منها، أي في تسخير الجميع للوصول إلى غاية معينة. وفي مثل هذا النظام يكون للطبيعة البشرية مركز فريد بين المخلوقات كافة، لا لأن الإنسان يملك جسداً فحسب، وإنما لأن له عقلاً وروحاً كان بفضلهما أقرب المخلوقات إلى اللـه. وهو - أي الإنسان - المخلوق الوحيد الذي يتكون من جسد وروح في وقت واحد. وعلى هذه الحقيقة الأساسية ترتكز جميع الأنظمة والقوانين التي تحكم حياته وتوجهها.

ويمكن القول أن رأي (الاكويني) وفهمه للحياة الاجتماعية والسياسية يتماشى تماماً مع الصورة الشمولية التي رسمها للطبيعة برمتها. فهو قد اعتقد بأن (المجتمع)، حاله حال (الطبيعة)، له أهداف وغايات تقتضي بأن يقوم (الأدنى) بخدمة (الأعلى) وإطاعته، في حين أن على (الأعلى) أن (يسود) الأدنى.

وقد اعتقد (الاكويني) أن حقيقة (المجتمع) تستند إلى ثلاث ركائز أساسية هي:

أولاً: أن الإنسان اجتماعي بطبيعته، وإن المجتمع هو الوسط الطبيعي الذي يمكن للإنسان أن يحقق في إطاره أغراضه وأهدافه وغاياته.

ثانياً: أن المجتمع يقوم على وحدة الأغراض والآمال المشتركة التي يسعى إليها الأفراد الذين يتكون منهم.

ثالثاً: أن توجه المجتمع نحو الخير العام يقتضي وجود (سلطة) عليا تساعد (الحاكم) على

اصطناع الوسائل للوصول إلى تحقيق الأهداف الاجتماعية، ومن جملة تلك الوسائل - (القانون) الذي ينظم العلاقة بين أفراد البشر، والذي لا يمثل إرادة (الحاكم) بوصفه ممثلاً للجماعة.

فالمجتمع البشري، إذن، قوامه ـــ برأي الاكويني ـــ عدد من الأفراد يعيشون في إطار نظام، ويسعون نحو أهداف واحدة وغايات مشتركة، ويُنظّم سعيهم هذا القانون، أو مجموعة القوانين العادلة.

لقد اقتدى (الاكويني) في نظرته إلى (المجتمع) بـ(أرسطو)، حيث أنه وصف (المجتمع) بأنه عبارة عن تبادل خدمات ومنافع بغية الوصول إلى حياة خيّرة، تُسهم في بنائها مهن وحِرف كثيرة، فتسهم كل طبقة أو طائفة بالعمل الذي هي متمرسة بأدائه والإجادة في إنجازه، فالفلاحون والعمال يمدون المجتمع بالاحتياجات المادية، والقسس يسهمون بإقامة الصلوات والشعائر الدينية، وهكذا....

ويقتضي تحقيق الخير العام للمجتمع أن تكون لهذا النظام (سلطة حاكمة) تسيّر شؤونه كما تسيّر الروح الجسد، أو كما تتحكم طبيعة عليا راقية في أخرى أدنى. وقد شبّه (الاكويني) تأسيس الدول والحكم فيها، وتخطيط المدن، ورعاية التربية، شبّه ذلك كله بالعناية الإلهية التي يخلق بها الله البشر ويدبّر أمورهم.

وتبعاً لذلك، فقد اعتقد (الاكويني) أن الحكم (أمانة) في عنق (الجماعة) كلها، وإن (الحاكم)، شأنه شأن أدنى رعاياه، له العذر في كل ما يفعله، لأنه يسهم بذلك في الخير العام، وإن (السلطة) التي يستمدها (الحاكم) من (الله)، بغية تحقيق حياة خيّرة سعيدة للبشر، هي وظيفة، أو هي خدمة يدين بها للمجتمع الذي يرأسه, كما أن الواجب المحدد لـ (الحاكم) هو أن يوّجه عمل كل طبقة، أو فئة، في الدولة حتى يحيا مجموع أفراد المجتمع حياة خيّرة، فاضلة، سعيدة، وتلك هي الغاية الطبيعية لبني البشر في المجتمع.

وجدير بمثل هذا النظام، بطبيعة الحال، أن يصل في النهاية إلى خيّر يعلو على هذا (المجتمع الدنيوي)، إلى حياة (علوية) ولكن تحقيق ذلك أمر يفوق طاقة البشر العاديين،

وينبغي أن يتولاه ويرعاه (القساوسة) لا الحكام. ومما انفرد به (الاكويني) أنه اعتبر (الحياة الاجتماعية – السياسية المنظمة) من العوامل التي تسهم في التوصل إلى تلك الغاية. كما أن (الاكويني) قد أكّد بصفة خاصة على أن واجب (الحاكم) هو أن يُرسي الأساس لسعادة البشر، وذلك بأن يراعي الأمن والنظام، ويحرص على أن تكون احتياجات (الإدارة العامة) و (القضاء) و (الدفاع) مكفولة، وأن يكافح ضد المفاسد حيثما وجدت، وأخيراً بأن يزيل كل ما يعوق الحياة الخيّرة.

ولقد ميّز (الاكويني) بين الحكومات: فمنها ما تكون (صالحة) إذا ما أثبتت حرصها على شؤون أفراد المجتمع ككل، وتكون (طالحة) - أو فاسدة إذا ما سعت من أجل ضمان المصالح الخاصة لأعضائها فقط. فالحكومة الصالحة تُفضّل لمواطنيها الأوضاع التي لا تؤدي بهم إلى الموت السياسي والمدني، لإن (الاكويني) قد وصفها بأنها (حكومة الأفراد الأحرار)، في حين أن الحكومة (الطالحة) - أي: الفاسدة - مثلُها مَثل سلطة الأسياد على عبيدهم وأرقّائهم، ولذا فقد وصفها بأنها (حكومة الأفراد الأرقاء)، فهو قد اعتبر (الحرية) دليل (عدالة الحكومة، و (العبودية) دليل فسادها.

ولعل مما تجدر الإشارة إليه، في ختام استعراضنا لأبرز آراء (الاكويني) الاجتماعية، أنه قد نادى - مخافاً (المسلّمات) الاجتماعية التي كانت سائدة إبّان عصره - بضرورة القضاء على نظام (الرق) وإلغاء وظيفته الاقتصادية، انسجاماً مع التعاليم التي بشرّت بها الديانة المسيحية، والتي أكدّت على أن الله قد وزع انواره على عباده بالعدل، ومن ثم ينبغي أن لا يكون هناك سيد وعبد، بل ينبغي أن يكون سائر أفراد البشر سواء، تظللهم العدالة والمساواة الطبيعية والإلهية.

هذه هي، في الواقع، أبرز آراء (الاكويني) الاجتماعية التي عمد إلى ارسائها على أسس (فلسفية) استمد معطياتها من فلسفة (أرسطو)، فتشكلت، في صيغتها النهائية، من: طروحات (دينية – مسيحية) مغلفة بغلاف فلسفي - أرسطي، شكّلت ما يمكن أن نعتبره: الفكر الاجتماعي - المسيحي في القرن الثالث عشر الميلادي، وما أعقبه.

الفصل السابع

الفكر الاجتماعي في إطار الديانة الإسلامية

يمكن إرجاع الفكر الاجتماعي العربي - الإسلامي إلى الجذور التالية:

أ. الموروث الاجتماعي، وما كان عليه المجتمع العربي قبل الإسلام من بنية اجتماعية.

ب. التعاليم التي جاء بها الدين الإسلامي، لاسيما ما يخص منها الجانب الاجتماعي من حياة الناس.

ج. ما تُرجم إلى اللغة العربية من تراث فلسفي أجنبي (يوناني - خاصة) خلال القرنين الثامن والتاسع الميلاديين (الثاني والثالث - الهجريين).

وسنقف عند كل واحد من هذه (الجذور) قليلاً، لتحليله ومعرفة تفاصيله، ومدى تأثيره في تشكيل ما يمكن أن نسميه بـ(الفكر الاجتماعي العربي الإسلامي).

أ. الموروث الاجتماعي، وما كان عليه المجتمع العربي قبل الإسلام من بنية اجتماعية:

سيتناول حديثنا تسليط الضوء على البنية الاجتماعي للمجتمع العربي - قبل الإسلام، وتحديد (الأنظمة) التي كانت تؤثر بشكل فاعل في توجيه حياة الناس.

والواقع أن أهم (الأنظمة) - بقدر ما يتعلق بموضوع دراستنا - هي:

النظام الأسري، النظام القبلي، النظام الديني، النظام السياسي.

وسنقف عند كل واحد من هذه الأنظمة لتوضيحه:

النظام الأسري:

كانت (الأسرة) هي الحُجيرة الأولى في التكوين الاجتماعي للمجتمع العربي، وكانت تتألف من الزوج والزوجة وأبنائهما غير المتزوجين. وكان هناك، عموماً، نوعان من الزواج:

1. الزواج الداخلي (أي ضمن القبيلة الواحدة)، ودافعه الأساسي توسيع حجم الأسرة عن طريق إنجاب أبناء جدد لغرض استخدامهم في طلب القوت (الزراعة والرعي)، وفي الحماية أو الدفاع (الحروب).
2. الزواج الخارجي: أي المصاهرة بين القبائل وإقامة علاقات رحمية دموية بدلاً من العلاقات الصراعية.
3. وكان النسب يأخذ جانب الزوج، فالأبناء يحملون اسم الأب بسبب سيادة السلطة الأبوية.

النظام القبلي:

على الرغم من كون الأسرة تشكل الوحدة الأساسية في التكوين الاجتماعي، إلاّ أنها لم تكن تشكل النظام الأساسي المؤثر في حياة المجتمع العربي، لأن الأسرة، بحد ذاتها، كانت عاجزة عن تلبية احتياجات أفراد المجتمع وتوفير الحماية من الأخطار الخارجية (اجتماعية /بيئية). لذا نجد أن (الأسرة) كانت تذوب في إطار (نظام) أوسع هو

(النظام القبلي).

أي أن النظام القبلي قد امتص خواص وصفات النظام الأسري، والنظم الأخرى، وطبعها بطابعه. وكانت القبيلة تتألف، عموماً، من عدة بطون وأفخاذ، وهذه تتألف بدورها من عدة عوائل وأسر، وجميعها ترتبط برابطة الدم والنسب.

وكان لكل قبيلة (مجلس) من شيوخها، يرأسه شيخ يختارونه من بينهم- يسمونه: الرئيس أو الشيخ أو الأمير. وتتمثل الشروط التي يجب توافرها فيه، والتي لأجلها يتم اختياره، في: كونه من أشراف رجال القبيلة، وأشدهم عصبية، وأكثرهم مالاً، وأعظمهم

نفوذاً.

وتتوافر فيه، علاوة على ذلك، صفات الحنكة والحلم والحكمة والشجاعة والسخاء.

وكانت أعراف ونواميس القبيلة، في السلوك والتفكير، جزءاً من متطلبات الحياة القبلية الأساسية-بل هي أساس ربط الفرد بمجتمعه. وأن الخروج عن تلك الأعراف يعني عدم القدرة على مواصلة العيش في المجتمع. ولذلك فإن أقسى عقوبة اجتماعية يمكن ان يتلقاها الفرد، كانت طرده من قبيلته، لأنه بعدها يصعب عليه الإرتباط بقبيلة أخرى. كما يصعب عليه إعادة ارتباطه بنفس قبيلته الأصلية. ولقد بلغ تأثير النظام القبلي درجة من الشدة حتى أنه انعكس على (النظام الديني)- حيث كان لكل قبيلة (صنم) خاص بها.

النظام الديني:

من المعروف، أن العرب وسائر الأمم السامية، هم بفطرتهم أهل توحيد. وكان جدهم (إبراهيم) - أول الموحدين. وإذا كانت عبادة الأصنام (الصنم = التمثال) والأوثان (الوثن، غالباً، حجر) قد انتشرت في أوساط المجتمع العربي، قبل الإسلام، فالرأي الأغلب أن ذلك كان دخيلاً عليهم. فمن خلال اختلاطهم بالشعوب الأخرى – عن طريق التجارة – أخذوا أصنام الأقوام الأخرى ونصبوها في الكعبة وعبدوها.

وعلاوة على ذلك، شهدت الجزيرة وجود ديانات سماوية – اليهودية والمسيحية. وقد جاءت اليهودية من خلال هجرة بعض الجماعات اليهودية، بعد تدمير الرومان (هيكل سليمان) عام (70) م. واستقرت تلك الجماعات في (يثرب) و(خيبر) و (فدك) و(تيماء). إلا أن الديانة اليهودية لم تنتشر ـ كثيراً في أوساط العرب، بسبب طبيعتها الإنغلاقية.

أما المسيحية، والتي تركزت في نجران والطائف ويثرب، وكذلك في المناطق الواقعة عند تخوم الشام وتخوم العراق، وجنوب الجزيرة (اليمن) بتأثير الأحباش، فقد انتشرت أكثر من اليهودية.

وعلاوة على ذلك، شهدت الجزيرة جماعات ضئيلة من الأفراد تحمسوا لفكرة (الحنيفية) – دين إبراهيم التوحيدي الأول.

ويمكن القول، عموماً، أن شبه الجزيرة، والمجتمع العربي قبل الإسلام كان يعاني من فراغ ديني، لأن أياً من هذه الأديان لم ينجح في الانتشار الواسع، وبسط نفوذه واستقطاب سائر العرب، وبالتالي التأثير في حياتهم وتوجيهها وجهة معينة.

النظام السياسي:

بسبب شيوع التنازع بين القبائل، وعدم قدرة أي منها على بسط نفوذها على سائر أرجاء شبه الجزيرة، لم ينشأ كيان سياسي مركزي تنطوي تحته سائر القبائل مما يعني أن شبه الجزيرة العربية لم يعرف قيام دولة مركزية لها قوانينها ونواميسها المرعية من قبل سائر القبائل، ويمتد نفوذها إلى سائر أرجاء الجزيرة، مما يعني بالتالي، أن المجتمع العربي كان يعاني – علاوة على الفراغ الديني – من فراغ سياسي أيضاً.

ومن ثم فقد كان المناخ العام في شبه الجزيرة العربية مهيأً لاستقبال الدعوة الجديدة (الإسلام) التي ستتكفل بسد احتياجات المجتمع العربي. إذن، يمكن القول، أنه كانت هناك ظروف بنيوية عملت على تهيئة عقلية ونفسية مجتمع الجزيرة العربية للدعوة الإسلامية، وهي: سوء الوضع الاجتماعي والسياسي، الذي كان يعيشه أفراد المجتمع، إضافة إلى عدم تناغم وظائف مكونات بنيته بشكل منسجم ومتكامل.

إن بنية المجتمع العربي، في الجاهلية، كانت مرتكزة على (النظام القبلي)، وكان هذا النظام – على الرغم من هيمنته على مناشط النظم الأخرى المرتبطة بها داخل بنية المجتمع – يتميز بكونه ضيق المجال في رؤيته ومحدود الأفق في تفاعلاته مع المحيط الخارجي.

وكان (النظام الديني)، في الجاهلية أيضاً، متذبذباً، متأرجحاً بين عدة اتجاهات دينية (وثنية وكتابية) وهو، في كل الأحوال، كان خاضعاً للنظام القبلي.

أما (النظام السياسي)، فقد عجز عن اللحاق بمتطلبات المجتمع العربي، حتى ضمن إطار (النظام القبلي) بحيث يتجسد، في شكل كيان سياسي قائم بذاته، يضم القبائل أو بعضها على الأقل. بل أن بعض أجزاء المجتمع العربي كان خاضعاً للسيطرة الأجنبية (العرب المناذرة كانوا خاضعين لنفوذ الفرس، والعرب المتمركزة في داخل الجزيرة مشتبكة في صراعات

مصلحية ونزاعات ذاتية.

لذلك، كان من الطبيعي أن تأخذ (الأنظمة) المعتمدة في تغذيتها على (النظام القبلي) - والذي أصابه الضعف بسبب التمزقات الداخلية - بالنظام الجديد الذي يستطيع أن يُغذيها بشكل أفضل، ويساعدها على الاستمرار في الوجود.

ب. التعاليم التي جاء بها الإسلام لاسيما ما يخص منها الجانب الاجتماعي من حياة الناس:

إنّ الإسلام، كدين، انطوى على جانبين: دنيوي، وآخروي.

أما الجانب الدنيوي فقد هدف إلى تعليم الإنسان وإعداده ليحيا في هذه الحياة الدنيا، ويتعامل خلال حياته مع غيره من أفراد البشر، ويتكيف مع ظروف ومتطلبات الحياة الاجتماعية. وأما الجانب الأخروي، فقد هدف إلى تعليم الإنسان وإعداده للوفاء بمتطلبات الحياة الأخرى.

وفي كلا الجانبين، الدنيوي والآخروي، هدفت التعاليم الإسلامية - سواء ما جاء منها من خلال القرآن الكريم، أو ما جاء منها من خلال الحديث النبوي الشريف، والسنة النبوية المطهرة - هدفت إلى تنظيم علاقات الإنسان على ثلاثة مستويات هي:

1. علاقة الإنسان - العبد - المخلوق، بالخالق (وما خلقت الإنس والجن ليعبدون)، وفي هذا الإطار تم تحديد ما مطلوب من الإنسان الفرد المسلم أن يفعله تجاه خالقه، ما هي واجباته تجاه الخالق، وما تقتضيه عبوديته لله الخالق من إظهار الطاعة المطلقة لأوامره والالتزام التام بوصاياه وتعاليمه.

2. علاقة الإنسان - الفرد - بغيره من أفراد البشر، ضمن الأطر التالية:

   أ. الأسرة (مع الوالدين والأخوة والأخوات والأقارب).

   ب. المحلة أو المدينة (مع الجيران، مع أهل الذمة).

   ج. الأمة (الأخوة في الدين)

لقد تضمنت التعاليم الإسلامية تنظيماً وتقنيناً لمختلف أشكال العلاقة ومظاهر السلوك بين أفراد البشر في نطاق هذه الأطر الاجتماعية (الزواج، الرعاية الاجتماعية للأقارب، الطلاق، التعاطف مع الفقراء - المسنين... الخ)، بل وكذلك ضمن نطاق النشاط الاقتصادي (البيوع - العقود، تقسيم الإرث... الخ).

3. علاقة الإنسان - بوصفه فرداً من الرعية - بالحاكم أو ولي الأمر (وأطيعوا الله وأطيعوا الرسول وأولي الأمر منكم)، وبالتالي فقد عملت التعاليم الإسلامية على تحديد (حقوق) الإنسان التي يجب على (ولي الأمر) مراعاتها والحفاظ عليها، و(الواجبات) التي يتعين على الإنسان أن يقوم بها إزاء (ولي الأمر).

كما كانت التعاليم الإسلامية محاولة لتحديد مواصفات (ولي الأمر) وشروط اختياره، وكيفية إدارته لأمور المسلمين (الشورى).

أما (الحقوق) التي للإنسان على ولي الأمر فتتمثل في توفير الضمانات التي يتطلبها استمرار الحياة - الأمان، الحماية، المساعدة في تدبير أسباب الرزق. وأما (الواجبات) فتتمثل في المشاركة في نشر الإسلام والدفاع عنه ضد أية تهديدات تأتي من الكافرين، والاستجابة لداعي (الجهاد)، والالتزام - بالقول والفعل - بما أمر الله به، وتجنب إتيان كل ما نهى عنه.

ولقد تنبه الدين الإسلامي، منذ بداية دعوته، إلى الأوضاع التي كانت سائدة في الجاهلية، لذا فقد عمد إلى:

أ. تقويض النظام الديني (الوثني) القائم.

ب. تجميد فعالية أنشط (نظام) في بنية المجتمع العربي - أي (النظام القبلي)، وإحلال (نظام ديني) جديد محله.

ومن خلال ذلك، تسنى للدين الإسلامي تحقيق ما يلي:

أولاً : تجاوز سلبيات (النظام القبلي) وما يلازمه من تنازع وصراع وعصبيات قبلية وولاء

قبلي ضيق، وبالتالي تحول الولاء لدى الفرد من (القبيلة) إلى (الدين) - الذي يشمل الإنسانية جمعاء.

ثانياً : جعل من (النظام الديني) نظاماً محركاً ومهيمناً على بقية مكونات البنية الاجتماعية - أي: النظام السياسي، والاقتصادي والقانوني والإداري والعسكري.

وتبعاً لذلك يمكن القول، أن (النظام الديني)، في ظل الإسلام قُدّر له أن يفرض نفسه على (النظام القبلي) لأنه جاء معبراً عن آمال وطموحات أفراد المجتمع بشكل واسع، ومحققاً لحاجاتهم الروحية والاجتماعية بشكلٍ أعمق مما كان يحقق (النظام القبلي) الذي انحسر تأثيره، وضعفت فعاليته (مؤقتاً).

واستناداً إلى ذلك، يمكن إجمال المعطيات الاجتماعية (النظام الديني - الإسلامي) في مجتمع الجزيرة العربية، فيما يلي:

1. إحلال (الرباط الديني) محل (العصبية القبلية)

2. غرس (نواميس اجتماعية) تمثل (ضوابط) ديني - أخلاقية تؤثر في السلوك الاجتماعي (مثل - الخوف من الله في السر والعلانية في التعامل بين الأفراد).

3. استبدال الأرستقراطية القبلية والمكانة الاجتماعية، المبنية على النسب القبلي، بـ(المساواة) بين المسلمين جميعاً، وجعل المكانة الاجتماعية تتناسب مع درجة ممارسة الفرد وتطبيقه لتعاليم الإسلام (إن أكرمكم عند الله أتقاكم).

وقد أدّى حلول (النظام الديني) في ظل الإسلام، محل (النظام القبلي)، الذي كان مُحركاً للمجتمع في الجاهلية - أدّى إلى أن ينعكس تأثير ذلك على بقية (الأنظمة) التي تدخل في بنية المجتمع العربي - مثل (النظام الأسري)، و (النظام القبلي)، و(النظام السياسي).

ففيما يتعلق بـ(النظام الأسري) نجد أن بعض العادات والشروط الخاصة بها قد تغيرت أو زالت، وحلّت المساواة محل التفاخر، وحلّت التقوى محل النسب.

وأما فيما يتعلق بـ (النظام السياسي)، فقد تم استحداث فكرة (الخلافة) التي صارت تمثل منصب رئاسة الدولة الإسلامية. ذلك أن (الخليفة) يجمع في شخصه السلطتين الدينية والدنيوية: فهو (إمام) المسلمين في صلاتهم، و(قائدهم) في جهادهم، ورئيسهم في إدارة شؤونهم، وبالجملة هو صاحب الولاية عليهم.

وكان (النظام السياسي)، يتبع، في العهد النبوي والعصر الراشدي، مبدأ الشورى - أي أخذ رأي الناس في الشؤون المتعلقة بالأمور الدنيوية وشؤون الحكم، ولكن في وقتٍ لاحق - أي في العصر الأموي، تم تجميد هذا المبدأ.

والواقع، أن المجتمع العربي- الإسلامي، ما لبث أن شهد في العصر- الأموي، تغيراً في حركة أنظمته، فبعد أن كان (النظام القبلي) قد تم تجميده وانحسر تأثيره، ما لبثت (العصبية القبلية) أن رجعت مجدداً لتفعل فعلها كما كانت في الجاهلية، لاسيما في مجال العلاقة القائمة بين (بني أمية) و (بني هاشم)، وبين (العدنانيين - أو عرب الشمال) و (القحطانيين - عرب الجنوب).

بل أدّت الظروف الجديدة إلى ظهور (عصبية) أخرى هي: (عصبية المدن)، لاسيما بعد تأسيس البصرة والكوفة والفسطاط.

ويمكن إجمال العوامل الرئيسية التي أدّت إلى بروز (النظام القبلي) وتجدد تأثيره في بقية الأنظمة المكونة لبنية المجتمع العربي الإسلامي، فيما يلي:

1. جذوره القديمة في العصر الجاهلي.
2. حب السلطة من قبل بني أمية.
3. نزاعات (بني أمية) القديمة والمستمرة مع (بني هاشم) - الذين كانوا سادة (النظام الديني).

غير أنه مما يُلاحظ، أن هيمنة (النظام القبلي) المتجددة في العصر- الأموي، قد تميزت بـ (امتزاج النظام القبلي مع النظام السياسي) والعمل معاً لصالح القبيلة الحاكمة وتسخيرها

لتعزيز مكانة الأمويين في الحكم.

أما (النظام الديني) فلم يسمح له (النظام القبلي) بالمحافظة على موقعه القيادي لبقية أنظمة بنية المجتمع العربي، بل أن (النظام القبلي) ما لبث أن تستر بغطاء (النظام الديني) وعمل على تسخير النظام الاقتصادي – الإداري لصالحه ومن أجل تحقيق أغراضه.

وقد ترتب على ذلك إلغاء مبدأ (الشورى) – الذي كان أساس انتخاب الخليفة، وحل محله نظام الوراثة، وأصبحت (الخلافة) في العصر الأموي، أقرب إلى السياسة منها إلى الدين، وأصبحت الحكومة الأموية ذات طابع أوتوقراطي واضح.

ج . ترجمة التراث الفلسفي الأجنبي إلى اللغة العربية:

عرف المجتمع العربي قبل الإسلام محاولات قليلة وبسيطة للترجمة من لغات أجنبية إلى اللغة العربية، ولا سيما بعض ما ورد في (التوراة) و (الإنجيل). كما أن اتصال بعض العرب بالفرس وبالروم دفعهم إلى تعلم لغات هذه الأقوام والنقل الشفوي منها إلى اللغة العربية. ولم تبدأ الترجمة المدونة إلا في العصر الأموي. ولكنها كانت على نطاق ضيق ومقتصرة على نشاطات بعض الأفراد، وعلى بعض العلوم العملية – التي يرجى منها تحقيق منافع عملية – كالطب والفلك والكيمياء. ويذكر في هذا المجال قيام الأمير (خالد بن يزيد بن معاوية) بالعمل على ترجمة كتب الصنعة (أي – الكيمياء) إلى اللغة العربية، حيث أمر بإحضار عدد من المترجمين اليونان نم مصر- ممن كانوا يجيدون العربية (ويذكر ابن النديم في كتابه: الفهرست أسماء إثنين منهم: اصطفن القديم ومريانوس الراهب)، وأمرهم بترجمة كتب الكيمياء من اليونانية والقبطية إلى اللغة العربية، وتلك كانت أول محاولة للترجمة المدونة بعد الإسلام.

أما البداية الفعلية لتعرّف العرب على التراث الفلسفي والعلمي اليوناني فقد كانت في العصر العباسي، وتحديداً إبان حكم الخلفاء: أبي جعفر المنصور، وهارون الرشيد، وعبد الله المأمون.

أما المنصور فيذكر عنه أنه شكى مرة من مرض في المعدة، وحار الأطباء في علاجه، فاستدعى (جرجيس بن بختيشوع) الذي كان يرأس مدرسة (جند يسابور). وقد نجح هذا في

معالجته، فأكرمه المنصور، وشُجِّع إثر ذلك على ترجمة كتب الطب والتنجيم والفلك، وبالتالي الأخرى.

أما الرشيد، فقد تابع العناية بالطب، وكان من أطبائه (بختيشوع بن جرجيس) و (جبرائيل) ابنه، و (يوحنا بن ماسويه)، وقد حث الرشيد على الترجمة، وطلب من (يوحنا بن ماسويه) ترجمة الكتب القديمة التي غنمها المسلمون من بلاد الروم، وجعله أميناً على الترجمة في (بيت الحكمة) الذي أنشأه لهذا الغرض.

على أن الترجمة شهدت أوج ازدهارها في عهد المأمون، الذي كان أكثر الخلفاء العباسيين حباً للفلسفة، وأكثرهم اعتناءً بترجمة كتبها. فقد أمر بنقل كتب الفلسفة والمنطق من اليونانية إلى العربية، وجعل الترجمة عامة لكل مؤلفات أرسطو في الفلسفة. كما أنه وسع (بيت الحكمة) الذي كان الرشيد قد أنشأه، وجعل الحركة العلمية فيه أكثر نشاطاً وإنتاجاً. وقد عهد المأمون إلى (حنين بن اسحق) مهمة القيام بترجمة الكتب الموجودة في (بيت الحكمة) إلى اللغة العربية، لأنه كان أحسن من يقوم بالترجمة (ويقال أن المأمون كان يعطيه وزن ما يُترجمه ذهباً) ويساعده في ذلك مترجمون آخرون، يقومون بترجمة ما يُعهد إليهم ثم يعرضونه عليه لتدقيقه والموافقة على صواب ترجمته.

ونحن سنقصر اهتمامنا، في هذا السياق، على أبرز المترجمين وأهم ما ترجموه من مؤلفات فلسفية يونانية كان لها تأثيراً في تشكيل الفكر الاجتماعي الإسلامي.

لقد كان معظم هؤلاء المترجمين من السريان، وكانوا قد سبق لهم أن ترجموا التراث الفلسفي والعلمي اليوناني وطب الروم والهند إلى اللغة السريانية.

وظلوا، خلال العصر العباسي، يتابعون الترجمة إلى السريانية أو يترجمون من السريانية واليونانية إلى اللغة العربية.

ولقد كان من أهم المترجمين الذين اضطلعوا بهذه المهمة: يوحنا بن البطريق، وقسطا بن لوقا البعلبكي، وعبد المسيح بن ناعمة الحمصي، ويحيى بن عدي، وثابت بن قرة. غير إن أبرز المترجمين الذين ترجموا مؤلفات أشهر الفلاسفة اليونان - التي تضمنت آرائهم

الاجتماعية والسياسية والأخلاقية هم: آل حنين، وهم: حنين بـن اسحق وابـن أختـه حبيش بـن الأعسم. وقد ترجم حنين (الأب) محاورة (الجمهورية) ومحاورة (القوانين) لأفلاطون، وكتـاب (الأخلاق إلى نيقوماخوس) لأرسطو ولعل مما يلفت الانتباه وتجد ملاحظته، أن كتاب (السياسة) الشهير لأرسطو، الـذي تضمن آراء هذا الفيلسوف في مجال السياسة والاجتماع، لم تتهيأ الفرصة لترجمته إلى اللغة العربية خلال هذه الحقبة، لذا فقد ظل مضمونه مجهولاً بالنسبة للفلاسفة المسلمين (بما فيهم ابن رشد أشهر شراح فلسفة أرسطو من العرب) وبالتالي لم يقدر له أن يؤثر في توجيهاتهم الفكرية – الاجتماعية.

والواقع، أن الشواهد والأمثلة على الفكر الاجتماعي الإسلامي متعددة ومتنوعة، تبعاً لتعدد وتنـوع الفلاسفة المسلمين الذين ضمنوا فلسفاتهم آراء وأفكار وطروحات تتعلق بالإنسـان وحياتـه الاجتماعيـة وأسباب نشأة المجتمع البشري وعوامل استمراره وديمومته.

ونظراً لأن الفلاسفة المسلمين قد توزعوا ما بين المشرق الإسلامي والمغرب الإسلامي، لذا فإنني آثرت أن استعرض نموذجين مـن المشرق الإسلامي، همـا: (الفـارابي) و (أخـوان الصفا)، ونموذجين مـن المغرب الإسلامي، هما: (ابن رشد)، و(ابن خلدون).

الفارابي (259هـ - 339هـ):

هو: محمد أبو نصر الفارابي، ولد في قرية (وسيج) في ولاية (فاراب).

حصل على علومه في بغداد، ثم ارتحل إلى حلب، حيث استقر في مجلس (سيف الدولـة الحمداني). توفي في دمشق عن ثمانين عاماً.

يمكن القول، أنه مثلما تأثر الفلاسفة المسيحيون بالفلسفة اليونانية كذلك كان حال الفلاسفة المسلمين، ويصدق ذلك، بطبيعة الحال، على (الفارابي) الـذي ضمن آراءه الاجتماعيـة، كتابيه: (أهل المدينة الفاضلة) و (كتاب السياسات المدنية).

نظر (الفارابي) إلى المجتمع البشري من خلال حاجة الفرد إلى الاجتماع، حيث أكـدّ علـى أن الإنسان الفرد يحتاج في وجوده، وفي سعيه إلى الكمال، إلى أشياء كثيرة لا يمكن أن يقوم بهـا كلهـا وحده. وإن توفير هذه الأشياء، لاسيما الضرورية منها، لا يتم إلاّ من خلال

الاجتماع والتعاون. ولهذا اضطر أفراد البشر ـ حسب رأي الفارابي، إلى الاجتماع، وكان أن نشأت الاجتماعات البشرية.

وقد قسّم (الفارابي) الاجتماعات البشرية إلى نوعين رئيسيين هما:

أ.   اجتماعات ناقصة، أو غير كاملة، وهي على ثلاثة أنواع:

1.   اجتماع أهل المنزل.

2.   اجتماع أهل الحي أو المحلة.

3.   اجتماع أهل القرية.

ب. اجتماعات كاملة، وهي الأخرى على ثلاثة أنواع:

1.   اجتماعات عظمى - وهي اجتماع الجماعة كلها في المعمور.

2.   اجتماعات وسطى - وهي اجتماع أمة في جزء معمور.

3.   اجتماعات صغرى - وهي اجتماع أهل المدينة في جزء من مسكن أمة.

واعتقد (الفارابي)، أن أحسن وأكمل الاجتماعات هو اجتماع سكان المعمورة في دولة واحدة وتحت حكومة واحدة. غير أن هذا النوع من الاجتماع صعب التحقيق. وكذلك الحال بالنسبة للنوع الثاني - أي اجتماع الأمة في جزء من المعمورة. لذلك قصر ـ (الفارابي) اهتمامه على دراسة الاجتماع الممكن التحقيق، حسب رأيه، أي: اجتماع المدينة، فالمدينة هي الخير الأفضل والكمال الأرفع، وكل ما دونها من الاجتماعات ناقص، وكل ما يتعداها من الاجتماعات، حسب اعتقاده، صعب التحقيق.

وهدف (المدينة) ينبغي، برأي الفارابي، أن يكون بلوغ الخير والسعي من أجل التعاون للوصول إلى السعادة، ومثل هذه المدينة فقط، التي يقوم اجتماعها على التعاون من أجل بلوغ السعادة، هي (المدينة الفاضلة).

ويشبه (الفارابي) المدينة الفاضلة بالجسم التام الصحيح، حيث تتعاون أعضاء الجسم

من أجل خير الجسم. واعتقد أنه كما أن العضو الرئيس في الجسم هو القلب، كذلك فإن (الرئيس) في (المدينة الفاضلة) موقعه فيها كموقع القلب في الجسم.

ويورد (الفارابي) بالتفصيل الشروط والخصال التي ينبغي توفرها في (رئيس المدينة الفاضلة)، وهي تشمل:

- الشروط والخصال الفطرية.

- الشروط والخصال المكتسبة.

- الشروط والخصال الروحية.

وتشمل الشروط والخصال الفطرية والمكتسبة: سلامة الأعضاء والحواس، والقدرة على الفهم وحُسن التصور، والقدرة على الحفظ وسهولة التذكر. علاوة على الفطنة والذكاء والفصاحة، وحب الصدق وأهله، والأنفة وكبر النفس، والإعراض عن مغريات الدنيا كالمال والظلم، إلى جانب التحلي بالعدل والشجاعة.

أما الشروط والخصال الروحية، فيقصد بها (الفارابي) - امتلاك (رئيس المدينة الفاضلة) القابليات والمؤهلات التي تتيح اتحاد فكره بـ(العقل الفعال) - وهو العقل الذي اعتقد (الفارابي) - وغيره من الفلاسفة المسلمين - أنه ينبعث عن الله تعالى مباشرة، وتوكل إليه مهمة الإشراف على الإنسانية. ذلك إن تمكن (رئيس المدينة الفاضلة) من التواصل مع (العقل الفعال) من شأنه أن يُحيله إلى كائن روحي يمتزج بالعقول ويتصل بالملأ الأعلى، ويتلقى عن هذا الملأ بطريق مباشر (نفحات الوحي).

وتبعاً لذلك يمكن القول، أن المواصفات التي ارتأى (الفارابي) وجوب توافرها في (رئيس المدينة الفاضلة)، من شأنها أن تجعل منه إنساناً جامعاً لصفات (الفيلسوف) و (النبي) في وقت واحد.

والواقع، أننا يمكن أن نتلمس في آراء (الفارابي) الاجتماعية تأثراً واضحاً بآراء (أفلاطون) الاجتماعية. ولكننا نلاحظ، في الوقت نفسه، أنه قد حرص على صياغة آرائه

الاجتماعية وتكييفها بحيث تتلائم مع التعاليم الدينية الإسلامية. وعموماً، يمكن أن نحدد أوجه التشابه والاختلاف بين آراء (الفارابي) الاجتماعية، وآراء (أفلاطون) فيما يلي:

أ. أوجه التشابه: وتنحصر في الأوجه التالية:

1. لقد سار (الفارابي) على خطى (أفلاطون) عندما جعل الخير والسعادة هما غاية الإنسان وغاية كل اجتماع بشري.

2. أن (الفارابي) قد سار على خطى (أفلاطون) في ما قاله عن ضرورة الاجتماع، من أن الإنسان الفرد لا يستطيع أن يكفي نفسه بنفسه، بل يحتاج إلى من يُعينه في توفير ما يحتاجه.

3. على الرغم من أن (الفارابي) قد قال بأن الاجتماعات (العظمى) والاجتماعات (الوسطى) هي الأفضل والأحسن، وعلى الرغم من أن اتساع رقعة الدولة الإسلامية، أثناء حياته، كان يسمح بالحديث عن (اجتماع أمة)، إلاّ أنه لم يتحدث إلاّ عن (اجتماع مدينة)، وهو في ذلك متأثر، بلا ريب، بآراء (أفلاطون) الذي تحدث عن (المدينة – الدولة).

ب. أوجه الاختلاف: وهذه تظهر لنا محاولة (الفارابي) أن يجيد عن بعض توجهات (أفلاطون) التي تتعارض مع التعاليم الدينية الإسلامية أو مع الواقع السياسي الذي كان قائماً في زمانه، ويمكن إجمالها فيما يلي:

1. ارتأى (الفارابي) أن يكون (رئيس) المدينة الفاضلة (فيلسوفاً – حكيماً) و (نبياً) يتلقى من العقل الفعال (نفحات الوحي)، في وقتٍ واحد.

2. في الوقت الذي لم يمانع فيه (أفلاطون) تعدد الحراس أو الحكام في جمهوريته، بل لم يمانع حتى في تقلّد المرأة أو مشاركتها في إدارة شؤون الدولة، لأن (الفارابي) قد بدأ أميل إلى جعل مقاليد السلطة في مدينته الفاضلة بيد (رئيس) واحد.

3. ويبدو أن (الفارابي) قد قصد من وراء ذلك إلى محاولة تكييف آرائه في زمانه، كان يقوم على أساس إنفراد (الحاكم) أو (الأمير) أو (الخليفة) بالحكم وجمع مقاليد السلطتين - الدينية والدنيوية - في يديه.
4. اختلف (الفارابي) عن (أفلاطون) في عدم تقسيمه المجتمع إلى طبقات ثلاث، وإنما عمد إلى تشبيه (المدينة الفاضلة) بالجسم.
5. تجنب (الفارابي) تماماً، لأسباب دينية واجتماعية معروفة، آراء (أفلاطون) وتوجهاته الراديكالية، التي تقود إلى تطبيق مبدأ (الشيوعية)، سواء على صعيد الأسرة أو على صعيد الممتلكات والأموال، لاسيما في أوساط طبقة (الحراس).

إخوان الصفا وخلان الوفا (نشطو ا خلال القرن الرابع الهجري - العاشر الميلادي)

ما عُرف عنهم أنهم جماعة من الرجال المستترين، طالبي العلم، وناشدي (الحكمة)، ربطت بينهم الصداقة و (أخوة) المبدأ، أو المذهب، ظهرت في مدينة (البصرة) جنوبي العراق (ويبدو أن كان لها فرع في بغداد) خلال القرن العاشر الميلادي - (الرابع الهجري).

وقد انتهت إلينا عن هؤلاء الإخوان (رسائل) هي أشبه ما تكون بـ (دائرة معرف شاملة- أنسكلوبيديا) تشتمل على علوم عصرهم. وتتألف هذه (الرسائل) من إحدى وخمسين رسالة، مختلفة الموضوعات والمصادر، تبحث خمسون منها في خمسين صنفاً من طريق الإختصار والإيجاز.

وآراء (إخوان الصفا) وأفكارهم الفلسفية، التي وردت في هذه (الرسائل)، هي على العموم مقتبسة أو مستمدة من مختلف المصادر والمذاهب الدينية والفلسفية.

أما المصادر، فهناك دلائل على أن (الإخوان) قد تأثروا بالمؤثرات الفلسفية اليونانية (ولاسيما أفلاطون المحدثة)، والمؤثرات الشرقية الإسلامية، والمسيحية، واليهودية، وتبعاً لذلك يمكن القول، أن (فلسفة) إخوان الصفا ذات طابع تلفيقي، أو انتقائي، أريد بها أن تجمع (حكمة) جميع الأمم والديانات.

بطبيعـة الحـال، إن مـا يهمنـا مـن كتابـات (إخوان الصفا) إنمـا ينحصـر ـ بـآرائهم المتعلقـة بالاجتماع البشري. وفي هذا الخصوص، فإن مما يلفت انتباهنا، ابتداءً، أن (إخوان الصفا) قـد اتبعـوا، في دراستهم لسلوك الإنسان وعلاقاته الاجتماعية، القاعدتين التاليتين:

أولاً: استخدام أسلوب (الملاحظة) في دراسة سلوك الإنسان وتحديد صفاته وخصائصه.

ثانياً: لاستخدام أسلوب (المقارنة الخارجية) – أي: مقارنة مجتمع بشري مع مجتمع حيواني.

وفيما يخص القاعدة الأولى – نجـد أن (إخوان الصفا) قـد عمدوا إلى (ملاحظة) السـلوك الإنساني، بشكل عام، ثم حاولوا رد نشاطات الإنسان وفعالياته، وحصرها في صنفين رئيسين هما:

أ. طلب المنافع

ب. الفرار من المضار

أما فيما يخص القاعدة الثانية – فإننا نجد أن (إخوان الصفا) قد عمدوا إلى عقـد (مقارنة) بين كيفية أداء أفراد البشر لهذين الصنفين الرئيسين من النشاطات وبـين كيفيـة أداء الحيوانات المختلفة لها، وعلى النحو التالي:

أ. طلب المنافع: اعتقد (إخوان الصفا) أنه مثلما تتبـاين الحيوانـات في كيفية طلـب المنافـع، كذلك يتباين أفراد البشر في طلب المنافع. فمن الحيوانات ما يطلب المنافع بالقهر والغلبة – كالسباع، ومنهـا مـا يطلب المنافع بالبصبصة والاستعطاف، كالكلـب والسنور، ومنهـا مـا يطلب المنافع بالحيلة كالعنكبوت. ولـدى أفراد البشرـ أشبـاه لـذلك، فالملوك والسلاطين يطلبون المنافع بالغلبة. والمكّدون يطلبونها بالسؤال والتواضع، والصنّاع والتجـار يطلبونهـا بالحيلة والرفق.

ب. الفرار من المضار: اعتقد (إخوان الصفا) أن الحيوانات كلها تفر أو تهرب مـما يضرهـا أو يعاديها، إلا أنها تختلف في كيفية التخلص من الضرر أو العدو. فبعضها يدفع

العدو عن نفسه بالقتال والقهر والغلبة - كالسباع، - وبعضها بالفرار - كالأرانب والغزلان، وبعضها بالدروع - كالسلحفاة والقنفذ، وبعضها بالتحصن في الأرض كالفأر والحية.

ويصدق الحال، برأي (إخوان الصفا) على أفراد البشر، فهم، أيضاً، يتباينون - شأنهم شأن الحيوانات - في كيفية دفع الضرر والعدو عن أنفسهم. فبعض أفراد البشر يدفع عن نفسه العدو بالهجوم والغلبة، فإن خاف على نفسه لبس السلاح (الدروع)، وإن لم يستطع الفرار تحصن بالحصون والقلاع، وربما يلجأ بعض أفراد البشر- إلى التعامل مع خصومهم وأعدائهم بالحيلة والدهاء.

وعموماً، يرى (إخوان الصفا) إن طلب الإنسان للمنافع، ومحبته للحياة - أي: بعبارة أخرى: سعي الإنسان إلى الحصول على الحاجات الضرورية للعيش، وحرصه على المحافظة على الحياة، بالابتعاد عن الأخطار ودفع الضرر والشر - هو الدافع الأساسي الذي يدفع أفراد البشر- إلى التقارب والاتصال، وبالتالي: تكوين المجتمع.

فالفرد الواحد ليس باستطاعته تحقيق جميع رغباته، ولا المحافظة على حياته، لأنه محتاج إلى طيب العيش، وإحكام صنائع شتى وليس في وسع الإنسان الفرد، أن يتقن كل تلك الصنائع، لأنها كثيرة متعددة، والعمر قصير. فمن أجل هذا اجتمع الناس من قرى عديدة لمعاونة بعضهم البعض، وكوّنوا (المجتمع المكتفي بذاته).

ولكن، إذا كانت الضرورات الحاجية - المادية هي التي تقرر الحياة الاجتماعية، فإن (إخوان الصفا) قد أبرزوا دور العوامل (الطبيعية) و (الجغرافية) باعتبارها تؤثر تأثيراً كبيراً في مسار الحياة الاجتماعية - أي: سلوك أفراد البشر، وعلاقاتهم تجاه بعضهم البعض، عندما يعيشون معاً مجتمعين. ذلك أنهم قد ربطوا بين سلوك أفراد البشر (الاجتماعي) وأخلاقهم، من جهة، وبين جملة من العوامل (الموضوعية) التي اعتقدوا أنها تؤثر فيها، وتتحكم بوجهتها ومسارها. وهذه (العوامل) هي ما يلي:

– العامل الأول، هو (البقعة التي يعيش فيها الإنسان) فهم قد اعتقدوا بأن هواء

البقعة وترابها يؤثران في (المزاج) وإن اختلاف الأمزجـة يـؤدي إلى اخـتلاف أخلاق أهلها وطباعهم وألوانهم ولغتهم وعاداتهم وآرائهم ومـذاهبهم وأعمالهم وصنائعهم وتدابيرهم وسياساتهم.

- العامل الثاني، هو (النجوم)، فهم كانوا يؤمنون بتأثير (النجوم) على حياة النـاس، بـل اعتقدوا أن طباع أفراد البشر تختلف باختلاف (البروج) التي يولدون فيها.

- العامل الثالث، هو (التربية)، فقد عزا (إخوان الصفا) إلى الأشخاص الـذين يعايشهـم الإنسان ويعاشرهم – من أهل وأصدقاء ومعلمين – تـأثيراً فـاعلاً في سـلوك الإنسـان وتكوينه الأخلاقي.

- العامل الرابع، هو (المذهب) الذي ينشأ عليه الإنسان، ويتأثر بروحه وتعاليمه، إذ لا يلبث أن يغدو بالنسبة له خلقاً وسجية.

ويمكن أن نستخلص من (رسائل) إخوان الصفا، أيضاً، آراء وأفكاراً أخرى – اجتماعية تتعلـق بموقفهم من (الأسرة) وطبيعة العلاقة بين أفرادها. ومما يلاحظ، في هذا المجال، أنهـم عمومـاً، كـانوا يستحسنون الاستغناء عن الزواج، إن استطاع المرء ذلك، حيث يقولون: "مع أن الأحب، والآثر عندنا، الإنفراد والوحدة، ولكن لا يكاد يتهيأ ذلك لجميع إخواننا، ولا نأمرهم به أيضاً، لـئلا ينقطـع الحـرث والنسل". ومن ثم فإنهم يوصون من لا يستطيع الاستغناء عـن الـزواج، ويُقدم علـى تكـوين أسـرة، بالتزام سياسة أو معاملة واحدة ثابتة محكمة مع أفرادها، وخاصة مع النسـاء. فهـم يؤكـدون علـى وجوب الحرص عليهن، والإكثار من تفقد أحوالهن، ومتابعة سلوكهن في كل وقت، لأنهن "سريعـات التلون، كثيرات التغير، يتغيرن مع الساعات، ويضطربن على الأوقات... ومن غـير شعار مـنهم (أي: دون أن يشعرن) أن تكون مراعياً (أي: مراقباً) أحوالهن.. ولا يغررك منهن صلاح تعرفه فيهن، فقـد أنبأناك أن تلونهن كثير، وإن إستفسادهن سهل يسير، إلا من عصمها الله تعالى مـنهن، وقليـل مـا هم".

والواقع, إن آراء (إخوان الصفا) الاجتماعية تشمل ــ علاوة على ما ذكر ــ ما تضمنته (رسائلهم) من توجهات إصلاحية, سواء على الصعيد الاجتماعي, أو السياسي, أو الديني, أو ــ تشكل في مجملها ما يمكن أن نعتبره ــ (نظرية) في نشوء المجتمعات ــ أو الدول ــ وتطورها, أو (مذهباً) في خصائص ومواصفات ومبررات قيام (المدينة الفاضلة)- أو على حد تعبيرهم: (مدينة أهل الخير). فهم قد ذهبوا إلى أن " كل دولة لها وقت منه تبتدي, ولها غاية إليها ترتقي, وحد إليه تنتهي. وإذا بلغت إلى أقصى مدى غاياتها, ومنتهى نهاياتها, أخذت في الانحطاط والنقصان, وبدا في أهلها الشؤم والخذلان, واستأنف في الأخرى القوة والنشاط, والظهور والانبساط. وجعل كل يوم يقوى هذا ويزيد, ويضعف ذلك وينتقص, إلى أن يضمحل الأول المتقدم, ويتمكن الحادث المتأخر...." ولعل من الممكن التعبير عن (نظريتهم) أو (مذهبهم) من خلال (المخطط التالي):

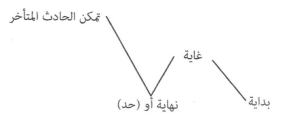

أي: أن حركة المجتمعات والدول، برأي (إخوان الصفا) تتخذ الشكل التالي:

ويبدو أن (إخوان الصفا), كانوا يسعون من أجل توظيف آرائهم هذه في تطور المجتمعات (والدول)، أو - إجمالاً - رأيهم في (صيرورة التاريخ البشري)، وجعلها بمثابة مبررات تدعم (توجهاتهم السياسية) المعارضة لحكم (الدول العباسية)، وتسويغ تجريد (العباسيين) من الملك والسلطة، وتسليم مقاليده إلى أناس آخرين أقرب - حسب إتقاد إخوان الصفا - إلى جادة الدين القويم، وأحكم عقلاً، وأكثر تشرباً لقيم الخير والحق والعدل، حيث نجد أن (إخوان الصفا) يؤكدون في إحدى رسائلهم: "أن الملك والدولة ينتقلان في كل دهر وزمان، ودور وقرآن من أمة إلى أمة، ومن أهل بيت إلى أهل بيت، ومن أهل بلد إلى

أهل بلد". بل أن (إخوان الصفا) لا يترددون في الإفصاح عن موقفهم الحقيقي من دولة العباسيين وما آل إليه حكمهم، حيث يقولون: "..أنه قد تناهت دولة أهل الشر- وظهرت قوتهم، وكثرت أفعالهم في العالم في هذا الزمان، وليس بعد الزيادة إلا الانحطاط والنقصان، ولابد (تأكيد ينطوي على الحتمية) من كائن قريب، وحادث عجيب، فيه صلاح الدين والدنيا...)".

وكما هو واضح، فإن (إخوان الصفا)، في الوقت الذي كانوا يدينون فيه (دولة العباسيين)، كانوا يبشرون بحلول (دولة جديدة) محلها، هي دولة – أو: مدينة (أهل الخير)، أو (المدينة الفاضلة) على حد تعبيرهم.

ولنا أن نتساءل، هنا كيف عالج (إخوان الصفا) مسألة (المدينة الفاضلة)؟ وما هي المواصفات التي حددوها لها؟ وماذا كان رأيهم بشأن إمكان تحقيقها؟

إن الإجابات عن هذه التساؤلات، يمكن أن نستخلصها من أقوالهم المبثوثة في (رسائلهم). ففي إحدى تلك (الرسائل) نجدهم يقولون، مخاطبين تلاميذهم ومؤيديهم: "وينبغي لنا أيها الأخ بعد اجتماعنا على الشرائط (الشروط) التي تقدمت من صفوة الإخوان أن نتعاون ونجمع قوة أجسادنا ونجعلها قوة واحدة، ونرتب تدبير نفوسنا تدبيراً واحداً، ونبني مدينة فاضلة روحانية، ويكون بناء هذه المدينة في مملكة صاحب الناموس الأكبر الذي يملك النفوس والأجساد...".

ثم يمضي (إخوان الصفا) إلى سرد صفات أهل هذه (المدينة الفاضلة) وموقف أهلها من المدن (الجائرة) وعلاقاتهم معهم، فيقولون: "وينبغي أن يكون لأهل المدينة سيرة جميلة كريمة حسنة يتعاملون بها فيما بينهم، وأن يكون أهل هذه المدينة قوماً أخياراً، حكماء فضلاء، مستبصرين بأمور النفس وحالاتها. وأن يكون لهم سيرة أخرى يعاملون بها أهل المدن الجائرة."

أما كيف يتم اختيار موقع تلك (المدينة)، والشروط التي ينبغي مراعاتها عند إنشائها، فيقول (إخوان الصفا): "ولا ينبغي أن يكون بناء هذه المدينة في الهواء مرتفعاً لكيلا يصعد

دخان المدن الجائرة فتكدّر أهويتها، وينبغي أن تكون مشرفة على سائر المدن ليكون أهلها يشاهدون حالات أهل سائر المدن في دائم الأوقات. وينبغي أن يكون أساس هذه المدينة على تقوى الله كي لا ينهار بناؤها، وأن يُشيد بناؤها على الصدق في الأقاويل والتصديق في الضمائر، وتتم أركانها على الوفاء والأمانة كيما تدوم، ويكون كمالها على الغرض في الغاية القصوى التي هي الخلود في النعيم".

ولا يفوت (إخوان الصفا) التطرق إلى تفاوت تكوين (أهل هذه المدينة)، ومن ثم فإنهم يعمدون إلى تقسيمهم إلى أربع مراتب، هي:

1. مرتبة ذوي الصنائع، (أي: الحرفيين – العاملين: الصناع والزراع)

2. مرتبة ذوي الرياسات، (أي: رجال الإدارة).

3. مرتبة الملوك وذوي الأمر والنهي (أي: الحكام).

4. مرتبة الإلهيين ذوي المشيئة والإرادة (أي – رجال الدين)

ومن ثم يخلص (إخوان الصفا) إلى أن (دولة أهل الخير) التي يسعون إلى إقامتها، سيتصف سكانها، عموماً، بالخير والتجانس والتوافق، والاتحاد والتعاهد والتعاون. فهم يقولون في إحدى (رسائلهم) في هذا الصدد: "واعلموا أن دولة أهل الخير، يبدأ أوله من أقوام أخيار فضلاء، يجتمعون في بلد، ويتفقون على رأي واحد، ودين واحد، ومذهب واحد، ويعقدون بينهم عهداً وميثاقاً بأنهم يتناصرون ولا يتخاذلون، ويتعاونون ولا يتقاعدون عن نصرة بعضهم بعضاً، ويكونون كرجل واحد في جميع أمورهم، وكنفس واحدة في جميع تدابيرهم، وفيما يقصدون من نصرة الدين، وطلب الآخرة لا يعتقدون سوى رحمة الله ورضوانه عوضاً.."

ابن رشد (1126-1168م)

هو (أبو الوليد محمد بن أحمد بن محمد بن رشد)، ولد في مدينة (قرطبة) عام (520هـ = 1126م)، في بيت ورث (الفقه) أباً عن جد، وفيه تمكن من علوم زمانه.

وتشير المصادر إلى أن الفيلسوف (ابن طفيل) هو الذي قدّمه إلى الأمير (أبي يعقوب يوسف) في عام (548هـ = 1153م)، فنال رضى الأمير، الذي كلفه بشرح مؤلفات (أرسطو). وقد قام بذلك على نحو لم يسبقه إليه أحد.

وكان (ابن رشد) علاوة على هذا فقيهاً وطبيباً. تولى (عام 565هـ= 1169م) منصب القضاء في (اشبيلية)، وفي (قرطبة) بعد ذلك بقليل (في منصب أبيه وجده من قبل).

ولما صار الأمير أبي يعقوب (خليفة)، اتخذه لنفسه طبيباً خاصاً، وبعد ذلك عاد لتولي منصب القضاء في (قرطبة) مرة أخرى.

غير أن الأيام ما لبثت تنكرت لابن رشد، إذ حلّ السخط بالفلاسفة، فصارت كتبهم ترمى في النار، وصدر الأمر من قبل (الحاجب المنصور) - الذي تولى مقاليد الأمور بعد أبي يعقوب - بإبعاد (ابن رشد) في شيخوخته إلى (أليسانة) - قرب قرطبة، ومات بعد ذلك بحوالي عام في (مراكش) سنة (595هـ= 1198م).

ألّف (ابن رشد) الكثير من المؤلفات، علاوة على شروحه لكتابات (أرسطو). غير أن (شروحاته) هي التي شاعت أكثر، وجعلته يشتهر ويُعرف بلقب (الشارح). ولقد جاء شرحه لمؤلفات (أرسطو) باقتراح من أستاذه (ابن طفيل)، الذي طلب منه توضيح أغراض ومقاصد (أرسطو) الغامضة، ليقرب مأخذه، ويسهل تناوله.

وقد تناول (ابن رشد) مؤلفات (أرسطو) بالشرح والتوضيح على أنحاء ثلاثة، هي: (1) الملخصات، (2) الشروح المتوسطة (3) الشروح الطويلة. ويمكن القول، إن ابن رشد كان الأكثر دقة في عرض آراء أرسطو والأكثر وضوحاً في شرحها، وإليه يُعزى إصلاح الأخطاء التي وقع فيها من سبقه من شرّاح أرسطو، ولاسيما خطأ فهم أرسطو من خلال شرح المتأثرين بمذهب (الأفلاطونية) المحدثة لفلسفته. وقد ساعدت شروحه على فهم فلسفة أرسطو على نحو أوفى، وعلى نشر نفوذه في أوروبا بين اليهود والنصارى، حتى أنه أبرز في أوروبا (لاسيما في مدينة بادوا الإيطالية) اتجاه فلسفي عُرف بالاتجاه (الرشدي) ما لبث أن شاع وانتشر في أنحاء أخرى من أوروبا.

وعلى الرغم من أن ابن رشد قد تأثر في فكره الفلسفي إلى حدٍ كبير بفلسفة أرسطو، إلا أنه في آرائه السوسيولوجية يبدو لنا متأثراً بفلسفة أفلاطون. والسبب في ذلك يرجع إلى أن ابن رشد لم يتسن له الإطلاع على كتاب (السياسة) لأرسطو - الذي تضمن آراءه السوسيولوجية، لأن هذا الكتاب لم يكن قد تُرجم إلى اللغة العربية في أيامه. أو على حد تعبير ابن رشد "لأنه لم يصل إلينا"، كما أن ابن رشد لم يكن يجيد اللغة اليونانية لكي يطلع عليه مباشرة، وبالتالي لم يتسن لابن رشد شرح هذا الكتاب والتعليق عليه، واكتفى - بدلاً من ذلك - بشرح وتلخيص كتاب (الجمهورية) لأفلاطون - أو بالأحرى (جوامع جالينوس للجمهورية) الذي ترجمه إلى العربية (حنين بن إسحق). والواقع أنه من شرح ابن رشد لهذا الكتاب، ومن تعليقاته عليه، يمكن أن نستخلص أهم آراء ابن رشد السوسيولوجية، أو ما يمكن أن نعدّه مساهمة ابن رشد في مجال الفكر الاجتماعي.

رأيه في الميل الطبيعي للإنسان إلى الاجتماع:

لقد نحى ابن رشد منحى سابقيه من الفلاسفة المسلمين (الفارابي وابن سينا) والفلاسفة اليونان (أفلاطون وأرسطو) في اعتباره الإنسان كائناً مدنياً أو اجتماعياً بالطبع. فهو كان يرى أن الإنسان لا تحصل له الكمالات ولا الضروريات في حياته إلاّ بمساعدة غيره من أفراد البشر ومعونتهم. بل هو كان يرى أن الإنسان هو في الضروريات أحوج منه في الكمالات إلى مساعدة غيره. وبما أن هذه الكمالات صعب جمعها في فرد واحد، لذا كان على الإنسان - الفرد - الواحد أن يتقن كمالاً واحداً أو (تخصصاً) واحداً يبرع فيه.

نظرته إلى المرأة:

ومما يلفت الانتباه، نظرة ابن رشد المتميزة إلى المرأة، والتي خالف فيها آراء غيره من الفلاسفة المسلمين، نظراً لأنها تنطوي على التجرد من الملابسات السلبية التي أحاطت بواقع المرأة في زمانه. لقد نظر ابن رشد إلى المرأة من حيث تكوينها الجسدي، وباعتبارها كائناً عاقلاً ذا مواهب متعددة كالرجل، فوجد المرأة مشابهة للرجل من حيث الطبيعة والقوى.

وهي - أي المرأة - إن كانت دون الرجل من حيث كمية بعض القوى، فإنها تزيده في

بعضها الآخر كما وكيفا فهي تتفوق عليه في الموسيقى والإنشاد وفي التربية والخدمات الاجتماعية والخياطة والنسج واحتمال الآلام، ويمكن - برأيه - أن تصل، مثل الرجل، إلى الحكم وأن تكون فيلسوفة.

ولذا، فإن ابن رشد يرى أنه من المهم أن نُطلق جناحي المرأة و أن نحطم القيود التي كبلها بها مجتمع يسود فيه حكم الرجل الجاهل أو غير الفاضل وغير العادل.

يقول ابن رشد، معقباً على ذلك: "أن حالتنا الاجتماعية لا تؤهلنا للإحاطة بكل ما يعود علينا من منافع المرأة: فهي في الظاهر صالحة للحمل والحضانة فقط وما ذلك إلاّ لأن حال العبودية التي أنشأنا عليها نساءنا أتلفت مواهبها العظمى، وقضت على اقتدارها العقلي، فلذا لا نرى بين ظهرانينا امرأة ذات فضائل أو على خلق عظيم. وحياتهن تنقضي ـ حياة النبات، فهن عالة على أزواجهن. وقد كان ذلك سبباً في شقاء المدن وهلاكها بؤساً، لأن عدد النساء يربو على عدد الرجال ضعفين، فهن ثلثا مجموع السكان، ولكنهن يعشن كـالحيوان الطفيلي على جسم الثلث الباقي يعجزن تحصيل قوتهن الضروري".

وكما هو واضح، أن رأي ابن رشد هذا فيه الكثير من الحداثة، وكأن قائله يعيش بيننا في هذه الأيام، كما أن رأيه ينطوي على تشخيص واقعي لسبب فقراء والشقاء الذي تعاني منه المجتمعات المختلفة - وهذا السبب إنما يتمثل في تعطيل قطاع واسع من المجتمع وهد امكانياته وقدراته. فهو يؤكد بأنه يجب على كل فرد أن يقوم بخدمة المجتمع ويكون له نصيب، بالتالي، في إسعاد المجموع، بما في ذلك النساء. وإنه إذا كان المجتمع، في عصره، يشهد فقراً وشقاءً، فما سبب ذلك إلا لأن الرجل يُمسك المرأة لنفسه، كأنها نبات أو حيوان أليف، أو مجرد متاعٍ فأن يمكن أن توجه إليه كل المطاعن، بدلاً من أن يُمكنها المشاركة في إنتاج الثروة المادية والعقلية وفي حفظهما.

ولقد اعتقد ابن رشد، بأن أفضل الأنظمة التي يمكن أن تتولى تدبير أمور المجتمع هو (النظام الجمهوري)، فهو يرى أن مثل هذا النظام إذا ساد، لا يعود الناس بحاجة إلى قضاة (يفصلون بين الناس في منازعاتهم) ولا إلى أطباء (يعالجون أمراضهم). لأن المجتمع يغدو خالياً

من كل إفراط وتفريط، ولأن الفضيلة هي التي تحمل على احترام الحقوق والقيام بالواجبات.

ويبدو المجتمع الذي يتصوره ابن رشد، مجتمعاً معقولاً ومبنياً على الفضيلة الممكنة لا المتخيلة، وبالتالي فإنه يبدو أكثر واقعية من (الجمهورية) التي تصورها أفلاطون والفارابي.

وفي هذا المجتمع ينبغي أن تناط مقاليد الأمور- برأي ابن رشد – إلى طبقة الحكماء أو الفلاسفة، ومن بين أفراد هذه الطبقة يتم اختيار (الرئيس).

ومما يلاحظ، أن ابن رشد ينهج في كيفية تنصيب الحكام أو الممسكين بمقاليد الأمور في المجتمع – بما فيهم الرئيس الأعلى – نهجاً ديمقراطياً. إذ لا يرى أي مانع في أن يصل إلى تلك الفئة أفراد كان منشؤهم من عامة الناس. فما دام أفراد المجتمع، أو سكان الدولة، جميعاً "أخوة انبثقوا من بطن واحدة هي الأرض" فلا فرق بينهم وإن تمايزوا.

والمعيار الموصل إلى الرئاسة: هو: المؤهلات والمواهب وتنميتها بمحبة الحكمة واكتناز المعارف من كل صنف ونوع. وبعبارة أخرى, فإن (رئيس الجمهورية) ينبغي, برأيه, أن يكون مما عاشوا في رحاب الفكر والفلسفة ومارسوهما, بغض عن الأصل أو النسب أو الثروة التي تحوزها أسرته.

ويمكن إجمال المواهب والمؤهلات والخصال, التي يشترط ابن رشد توافرها في من يتقلد منصب الرئاسة, فيما يلي:

1. محبة العلوم النظرية, والإلمام بماهية الأشياء, على حقيقتها.

2. حسن الذاكرة وقلة النسيان.

3. حب الصدق وكره الكذب.

4. بغض اللذات والإعراض عنها.

5. العزة في الحق وكبرياء النفس.

6. الشجاعة (دون تهور), لا يثنى عزيمته عن الحق:مرضاً أو لذة او إكراهاً.

7. الإقبال على الخير بملء العزيمة والحرية.

8. البلاغة وحسن العبارة.

9. الفطنة والقدرة على انتقاص (الحد الأوسط) بأيسر وجه.

وعلى الرغم من أن هذه الخصال قد قال بها أفلاطون في (جمهوريته) إلا أن ابن رشد لم يلتزم بما قاله أفلاطون في هذا الصدد حرفياً، بل شاءت (عقلانيته) أن يجري عليها بعض التعديل الذي يقربها من التحقق الواقعي.

ولعل مما تجدر الإشارة إليه في هذا الخصوص, أن ابن رشد يرى أن هذه الخصال والمواصفات كانت أقرب على التحقيق والتوفر في شخصيات (الخلفاء الراشدين). ويرى في المجتمع الذي تولوا قيادته أو إدارته نموذجاً للمجتمع (الجمهوري) الذي تصوره. ولهذا نجده ينتقد صراحة, النظام (الأوتوقراطي) الو راثي الذي ابتدعه (معاوية بن أبي سفيان) محولاً نظام (الشورى)- الجمهوري إلى نظام فردي استبدادي وراثي, يتيح الفرصة لأن يتولى الحكم من بعده ابنه (يزيد) الذي تنحصر كل مؤهلاته في كونه (ابن) معوية. ويرى ابن رشد إن الإجراءات التي اتخذها (معاوية) في هذا الشأن, كان لها أسوأ الأثر على الدولة الإسلامية, إذ أنها ما لبثت أن أدّت إلى إندلاع الفتن والاضطرابات، الأمر الذي هيأ الظروف لتفسخ الدولة.

ابن خلدون (1332 – 1406م):

هو: أبو زيد عبد الرحمن بن ولي بن خلدون الحضرمي، ولد في (تونس).

تتلمذ منذ طفولته على أبيه وعلى عدد من مشاهير علماء تونس، فدرس العلوم الشرعية، وعلوم اللغة العربية، والطبيعيات والرياضيات والفلسفة. اشتغل منذ شبابه بالوظائف العامة والسياسية، في دواوين العديد من الملوك والأمراء في تونس والمغرب والأندلس ومصر والشام. ومن جملة الوظائف التي شغلها: وظيفة (الكاتب)، و(الأستاذ)، و(قاضي القضاة)، والحاجب – (رئيس الوزراء). وكان آخر الوظائف التي شغلها وظيفة (قاضي قضاة المالكية) في مصر. توفي في مصر ودفن فيها.

ألف (ابن خلدون) كتاباً ضخماً في التاريخ سماه: "كتاب العبر وديوان المبتدأ والخبر في أيام العرب والعجم والبربر ومن عاشرهم من ذوي السلطان الأكبر". وقد مهّد لهذا الكتاب بمقدمة في "فضل علم التاريخ وتحقيق مذاهبه والإلماع لما عرض للمؤرخين من المغالط والأوهام وذكر شيء من أسبابها.. "ثم اتبع هذه (المقدمة) بـ"الكتاب الأول في طبيعة العمران في الخليقة وما يعرض فيها من البدو والحضر ـ والتغلب والكسب والمعاش والصنائع والعلوم ونحوها وما لذلك من العلل والأسباب".

وقد أدمجت تلك (المقدمة) وهذا (الكتاب الأول) وتشكّل منهما كتاباً إشتهر، الآن باسم (مقدمة ابن خلدون)، ولقد قُدّر لهذا الكتاب، الذي تضمن آراء ابن خلدون المبتكرة في الحياة الاجتماعية للإنسان، أن يكون واحداً من الكتب الأكثر أهمية في تاريخ الفكر الاجتماعي، لاسيما بعد (إعادة اكتشاف) ابن خلدون، من قبل بعض المستشرقين الأوروبيين المنصفين.

ابن خلدون (تأسيسه) لعلم الاجتماع ورأيه في موضوعه وأقسامه

يمكن القول، أن (ابن خلدون) كان مدركاً، عند كتابته لـ(المقدمة)، أنه بصدد اكتشاف، أو تأسيس علم جديد هو: (علم العمران البشري) أو (علم الاجتماع الإنساني). وقد ميّز هذا العلم عن غيره من العلوم القريبة منه، فقال في (المقدمة): "اعلم أن الكلام في هذا الغرض مُستحدث الصنعة، غريب النزعة غزير الفائدة، أعثر عليه البحث، وأدى إليه الغوص، وليس من علم الخطابة (... الذي موضوعه) هو الأقوال المقنعة في استمالة الجمهور إلى رأي أو صدهم عنه (...) ولا هو أيضاً من علم السياسة المدنية، إذ السياسة المدنية هي تدبير المنزل أو المدينة بما يجب، بمقتضى ـ الأخلاق والحكمة ليحمل الجمهور على منهاج يبين فيه حفظ النوع وبقاؤه (........) فقد خالف موضوعه موضوع هذين الفنين اللذين ربما يشبهانه...".

ثم يتحدث (ابن خلدون) عن (علم العمران) ويبرز موضوعه واستقلاله، فيقول: "وكأن هذا علم مستقل بنفسه، فإنه ذو موضوع وهو العمران البشري والاجتماع الإنساني،

وذو مسائل وهي ما يلحقه من العوائض الذاتية (أي: القوانين) واحدة بعد أخرى، وهذا شأن كل علم من العلوم وضعياً كان أو عقلياً.."

لقد أعلن (ابن خلدون)، إذن، عن (تأسيس) علم جديد هو: (علم العمران البشري) أو (علم الاجتماع الإنساني) وأشار إلى موضوعه وحدده، فموضوعه هو: "بنو الإنسان في وجودهم الذي يقوم على الاعتماد المتبادل". بمعنى أنه يهتم بما يحدث عندما يلتقي إنسان بإنسان آخر، أو عندما يشكل أفراد البشر جماعة أو مجتمعاً، وما يمكن أن ينجم عن ذلك من نشاطات بشرية، سواء اتخذت شكل التعاون أو الصراع، وما يتحكم بذلك من قوانين تسير بمقتضاها الحياة الاجتماعية. وقد قسم (ابن خلدون) مباحث هذا العلم الجديد إلى ستة أقسام رئيسية، هي:

أولاً : العمران البشري: ويتناول دراسة المجتمع ككل، طبيعة الاجتماع، وأثر البيئة الجغرافية.

ثانياً : العمران البدوي: ويهتم بدراسة سكان البادية والقبائل، وطرق معيشتها، والعادات والتقاليد السائدة لديها.

ثالثاً : العمران السياسي: وفيه تناول الكلام عن شؤون السياسة ونظم الحكم.

رابعاً : العمران الحضري: تعرّض فيه لنشأة المدن والأمصار ومواطن التجمع، وما تختص به المدن من المظاهر العمرانية والاجتماعية والاقتصادية واللغوية.

خامساً : العمران الاقتصادي: وموضوعه "المعاش ووجوهه من الكسب والصنائع وما يعرض في ذلك كله".

سادساً : العمران الفكري: وهو يبحث في "العلوم وأصنافها والتعليم وطرقه وسائر وجوهه وما يعرض في ذلك كله من الأحوال".

هذا فيما يتعلق برأي (ابن خلدون) في (الموضوع) الذي يدرسه (العلم الجديد - أي: علم الاجتماع البشري)، أما فيما يتعلق بـ(المنهج) المستخدم في دراسة هذا الموضوع، فيمكن

القول: أنه على الرغم من أن (ابن خلدون) لم يحدد ذلك المنهج بشكل دقيق واضح، إلاّ أنه من الثابت أنه قد استخدم في أبحاثه، التي ضمنّها (مقدمته) منهجاً علمياً يقوم على أساس الإستقراء، والاستدلال، والنقد، والمقارنة، والوصف الموضوعي. وعلى أساس خضوع الحياة الاجتماعية لقانون السببية والحتمية. وهو يؤكد على ذلك صراحة، حيث يقول: "أن الحوادث في عالم الكائنات، سواء كانت من الذروات أو الأفعال، فلا بد لها من أسباب متقدمة عليها".

محاولة لإستعراض أبرز آراء ابن خلدون في ميدان علم الاجتماع:

نبه (ابن خلدون) في (مقدمته) إلى الكثير من الظواهر الاجتماعية، وعمد إلى دراستها، واستخلص من ذلك بعض (القوانين). وسنقف هنا عن أهم المسائل أو الظواهر الاجتماعية التي درسها، بغية التعرف على آرائه بشأنها:

أولاً : رأيه في ضرورة الاجتماع البشري: اعتقد ابن خلدون "أن الاجتماع البشري ضروري" وتتجلى هذه الضرورة في مظهرين:

أ. اقتصادي

ب. دفاعي

أما المظهر الاقتصادي فيتمثل في حقيقة كون الإنسان - الفرد محتاجاً حاجة ماسة إلى الغذاء، إذ لا يمكن أن يحيا أو يعيش بدونه، غير أن قدرة الفرد الواحد من أفراد البشر- - فيما يقول ابن خلدون - "قاصرة على تحصيل حاجته من ذلك الغذاء غير موفية له بمادة حياته منه، ولو فرضنا منه أقل ما يمكن فرضه - وهو قوت يوم من الحنطة مثلاً فلا يحصل إلا بكثير من الطحن والعجن والطبخ، وكل واحد من هذه الثلاثة يحتاج إلى مواعين وآلات لا تتم إلا بصناعات متعددة، من حدّاد، ونجار وفاخوري (.....) وإلى أعمال أخرى أكثر من هذه من الزراعة والحصاد والدرس (.....) ويستحيل أن تفي بذلك كله أو بعضه قدرة الواحد، فلابد من اجتماع القدرة الكثيرة من أبناء جنسه ليحصل القوت له ولهم.."

أما المظهر الدفاعي فيتمثل في حقيقة كون أفراد البشر "يحتاج كل منهم في الدفاع عن نفسه إلى الإستعانة بأبناء جنسه (......) فالواحد من البشر لا تقاوم قدرته قدرة واحد من الحيوانات العجم سيما المفترسة منها، فهو عاجز عن مدافعتها وحده بالجملة ولا تفي قدرته أيضاً باستعمال الآلات المعدة لها، فلابد في ذلك كله من التعاون عليه بأبناء جنسه..."

ثانياً :ضرورة السلطة: بعد أن يقرر (ابن خلدون) ضرورة الاجتماع، ويشرح هذه الضرورة من الناحيتين الاقتصادية والدفاعية، يتحدث عن ضرورة قيام السلطة، حتى يستقيم هذا الاجتماع ويضمن له الاستمرار ويسود الانسجام في تعاون بني البشر بعضهم مع بعض، فيقول: "... ثم أن هذا الاجتماع إذا حصل للبشر كما قررناه وتم عمران العالم بهم فلابد من وازع يدفع بعضهم عن بعض لما في طباعهم الحيوانية من العدوان والظلم. وليست الأسلحة التي جعلت دافعة لعدوان الحيوانات العجم عنهم كافية في دفع العدوان عنهم لأنها موجودة لجميعهم فلابد من شيء آخر يدفع عدوان بعضهم على بعض (...) فيكون ذلك الوازع واحداً منهم يكون له عليهم الغلبة والسلطان واليد القاهرة حتى لا يصل أحد إلى غيره بعدوان. وهذا هو معنى المُلك."

ويتحدث (ابن خلدون)، في مواضع أخرى من (المقدمة)، عن أنواع (الوازع)، فيذكر أن الوازع قد يكون قائماً على (العصبية)، أو على (الدين)، أو عليهما معاً، كما قد يكون الوازع (عقلياً)، ويكون أحياناً ناتجاً عن احترام الرؤساء والشيوخ.

ثالثاً: قانون الأطوار الثلاثة للمجتمع البشري: لقد خلص (ابن خلدون) من دراسته التاريخية حول الدولة الإسلامية وعوامل نشأتها وازدهارها واضمحلالها - خلص إلى (قانون) اجتماعي اعتقد أنه يحكم حركة المجتمعات البشرية، وهو (قانون الأطوار الثالثة للمجتمع البشري). فهو كان يرى أن المجتمع يولد الفرد، ويمر كما يمر الكائن الحي في أدوار الطفولة (النشأة والتكوين)، والشباب والنضج الرجولة (الازدهار)،

والشيخوخة (الهرم). فمرحلة الطفولة - أو النشأة والتكوين - لدى الكائن الحي أو الإنسان، تقابلها في حياة المجتمع، مرحلة (البداوة)، أو مرحلة القبلية، التي تقوم على العصبية والدعوة الدينية. ومرحلة النضج وهي اكتمال الرجولة لدى الإنسان، تقابلها في حياة المجتمع مرحلة (التحضر) والتي تكتمل شروطها برسوخ دعائم (المُلك)، حيث يُتاح لأفراد المجتمع خلاله الركون إلى السكون والاستماع بثمار الحضارة والتمدين. أما مرحلة الشيخوخة لدى الإنسان، فتقابلها في حياة المجتمع مرحلة (الهرم)، حيث يدب الفساد في نواحي الحياة الاجتماعية والاقتصادية والأخلاقية والدينية. وكما تنتهي الشيخوخة بجسم الإنسان إلى الموت، كذلك فإن (الهرم) ينتهي بالمجتمع إلى الموت، أو كما عبّر (ابن خلدون): "فإن الهرم إذا نزل بدولة فإنه لا يرتفع".

وعلاوة على ذلك، فإنه مما يلاحظ أن (ابن خلدون) سعى إلى أن يجدد (عمر) الدولة، معتبراً أن الدول لها أعمار طبيعية كما للأشخاص، حيث قال: "أن عمر الدولة في الغالب ثلاثة أجيال لأن الجيل الأول لم يزالوا على خلق البداوة وخشونتها وتوحشها من شظف العيش والبسالة والافتراس والاشتراك في المجتمع، فلا تزال بذلك سورة العصبية محفوظة فيهم، فحدّهم مرهف وجانبهم مرهوب، والناس لهم مغلوبين. والجيل الثاني تحوّل حالهم بالمُلك والترف من البداوة إلى الحضارة، ومن الشظف إلى الترف والخصب ومن الاشتراك في المجد إلى إنفراد الواحد به وكسل الباقين عن السعي فيه فتنكسر سورة العصبية بعض الشيء (...) وأما الجيل الثالث فينسون عهد البداوة والخشونة كأن لم تكن (...) فيصيرون عيالاً على الدولة (....) فإذا جاء المُطالب لهم لم يُقاوموا مدافعته، فيحتاج صاحب الدولة حينئذٍ إلى الاستظهار بسواهم من أهل النجدة ويستكثر بالموالي ويصطنع من يُغنى عن الدولة بعض العناء حتى يتأذن الله بإنقراضها فتذهب الدولة بما حملت."

رابعاً : التطور الاجتماعي: من جملة ملاحظات (ابن خلدون)، تأكيده على أن المجتمعات البشرية في تطور دائم، وأنها في تطورها مثل الأشياء في الطبيعة، فهو يقول: "ذلك

أن أحوال العالم والأمم وعوائدهم ونحلهم لا تدوم على وتيرة واحدة ومنهاج مستقر، إنما هو اختلاف على الأيام والأزمنة وانتقال من حال إلى حال، كما يكون ذلك في الأشخاص والأوقات والأمصار فكذلك يتسع في الآفاق والأفكار والأزمنة والدول.."

خامساً : التقليد والقسر الاجتماعي: اعتقد المهتمون بالدراسات الاجتماعية، قبل إطلاعهم على ما تضمنته (مقدمة) ابن خلدون من آراء وأفكار وطروحات اجتماعية، أن العالم الفرنسي- غبريال تارد (1843 - 1904) هو أول من عمد إلى إبراز ظاهرة (التقليد) وتأثيرها في السلوك الاجتماعي للبشر.

كما اعتقدوا إن إميل دوركايم (1858- 1917) كان أول من لفت الانتباه إلى تأثيره (القسر) الاجتماعي في إتباع أفراد المجتمع السلوك المعتاد أو المتعارف عليه. إلا أن ثمة دلائل تشير إلى، (ابن خلدون) قد سبقهما في ذلك.

*الوازع: ويُقصد به هنا: السلطة، أو الحكم.

فلقد أشار (ابن خلدون)، في مواضع عديدة من (المقدمة) إلى ظاهرة (التقليد) وتأثيرها في سلوك الإراد البشرية، فهو يقول: "أن القياس والمحاكاة للإنسان طبيعة معروفة". وهو يعزو هذه الظاهرة إلى عوامل نفسية، قائلاً: "النفس تعتقد أبداً الكمال فيمن غلبها وانقادت إليه". وأن " المغلوب مولع أبداً بالاقتداء بالغالب في شعاره وزيّه ونحلته وسائر أحواله وعوائده". وفي موضع آخر من (المقدمة) يؤكد أن "النفس تنتحل جميع مذاهب الغالب وتتشبه به ذلك هو الإقتداء". وهو يدلل على رأيه هذا بالقول: "انظر ذلك في الأبناء مع آبائهم كيف تجدهم متشبهين بهم دائماً، وما ذلك إلا لاعتقاد الكمال فيهم" ولا يقتصر (ابن خلدون) حديثه على التشبه والتقليد والمحاكاة بين أفراد البشر في إطار المجتمع الواحد، وإذا يشير كذلك إلى ظاهرة تقليد (الأمم) المتجاورة بعضها لبعض، فيقول في هذا الصدد: "حتى أنه إذا كانت أمة تجاور أخرى ولها الغُلب عليها فيسري فيهم من هذا التشبه والإقتداء حظ كبير".

أما فيما يتعلق بإبراز (ابن خلدون) أهمية (القسر) الاجتماعية، فإننا يمكن أن نرصد في

تضاعيف (المقدمة) أقوالاً متفرقة في هذا الصدد، لعل أعمقها دلالة وأكثرها شمولاً قوله: "فإن من أدرك مثلاً أباه وأكثر أهل بيته يلبسون الحرير والديباج ويتحلون بالذهب في السلاح والمراكب ويحتجبون عن الناس في المجالس والصلوات فلا يمكنه مخالفة سلفه في ذلك إلى الخشونة في اللباس والزي والاختلاط بالناس. إذ العوائد دفعته وخُشي عليه عائدة ذلك وعاقبته في سلطانه."

تلك هي إشارة موجزة، سريعة، إلى أهم آراء (ابن خلدون) التي ضمنّها (مقدمته) الشهيرة. إلا أنه مما يؤسف له، أن جهود (ابن خلدون) لم يُقدّر لها أن تثمر وتشتهر في أيامه ولا بعد وفاته لأجيال عديدة، وبالتالي سرعان ما خبت الومضة التي أحدثتها آراؤه التي وردت في (مقدمته) من أثر في الثقافة العربية الإسلامية وطواها النسيان.

والواقع، يمكننا القول، في ضوء إطلاعنا على ما تضمنته (المقدمة) من آراء وأفكار وطروحات، أن (ابن خلدون) يمثل ظاهرة (فريدة) من نوعها في إطار الفكر الاجتماعي. ذلك أنه إذا كان الفلاسفة والمفكرون المسلمون الذين سبقوه (كالفارابي وإخوان الصفا ـــ مثلاً) قد تأثروا، إلى حدِ كبير، بآراء سابقيهم من فلاسفة اليونان، وبخاصة أفلاطون وإرسطو، وبالتالي لم يتسن لهم الإتيان بآراء جديدة في ميدان الفكر الاجتماعي، فإن الثقافة العربية - الإسلامية قد أفرزت - في شخص خلدون - مفكراً اجتماعياً مبدعاً و (فريداً) من نوعه. حيث أن ما تضمنته (المقدمة) من فكر اجتماعي لم يكن (استمراراً) للماضي، كما أنه لم يكن، أيضاً، (بداية) لمرحلة جديدة من مراحل الفكر الاجتماعي. وإنما كان ظاهرة (فريدة) قائمة بذاتها لا ترتبط بالماضي ولا بالمستقبل: فهو لم يتأثر تأثراً ملموساً بمن سبقه في هذا الميدان (ميدان علم الاجتماع البشري)، كما أنه لم يقدر له أن يؤثر في من جاءوا بعده، وبالتالي لم يُقدر له أن يُرسى دعائم اتجاه أو تيار جديد، ولا أن يُتابعه تلامذة وأشياع يسيرون على نهجه ويتممون عمله.

في ضوء ذلك يمكن القول، أنه على الرغم من أن ما تضمنته (المقدمة) من آراء مبدعة مبتكرة، بل على الرغم من أن (المقدمة) قد بشّرت بتأسيس علم جديد هو علم الاجتماع - أو كما أسماه ابن خلدون (علم العمران) - إلا أن ذلك لم تُقدر قيمته في زمانه، ولم ينتبه إلى

أهميته أحد لا في زمانه ولا في الأزمنة اللاحقة. وبالتالي، فقد ظلت جهود (ابن خلدون) في هذا الميدان مجهولة حتى بعد أن قطعت الدراسات الاجتماعية أشواطاً واسعة من التقدم في القرن التاسع عشر، حيث جاء أوغست كونت (1789- 1857) ليبشر بتأسيس علم الاجتماع. إذ بعد ذلك بفترة من الزمن، انتبه بعض الباحثين المحققين المنصفين إلى أن (ابن خلدون) قد سبق (كونت)، بقرون، في اكتشافه علماً جديداً (علم العمران، أو الاجتماع البشري)، وتصوّر موضوعه بشكل يقرب إلى الشمول، واستخدم للبحث فيه مناهج تقوم على أساس الموضوعية والبحث العلمي، وتوصل من خلال دراسة بعض مسائله إلى جملة من (القوانين) تعبّر عن واقع المجتمع الذي عايشه.

ولقد تم التنبيه إلى (ابن خلدون) وأهمية آرائه الواردة في كتابه – (كتاب العبر وديوان المبتدأ والخبر في أيام العرب والعجم والبربر ومن عاشرهم من ذوي السلطان الأكبر) الذي أفرد منه، بعدئذٍ، ذلك الجزء الذي اشتهر باسم (مقدمة ابن خلدون) – أقول: لقد تم التنبيه إلى ذلك على يد اثنين من المستشرقين المحققين المنصفين، هما: (فون هامر) و (شولتز).

فقد نشر الأول – (فون هامر) – في عام 1812، بحثاً عن الإسلام، أشاد فيه بابن خلدون وأفكاره الواردة في (المقدمة)، وبلغ به الإعجاب بابن خلدون حد أن أطلق عليه لقب (مونتسكيو العرب). ثم ما لبث أن نشر (فون هامر) بحثاً في (المجلة الآسيوية)، باللغة الفرنسية، عام 1822، أظهر فيه المعية (ابن خلدون) و (أصالة) آرائه وأفكاره وطروحاته التي وردت في (المقدمة)، مشيراً إلى أنه يكاد أن لا يوجد بين المؤلفات التي خلفها الشرقيون ما يستحق أن يُترجم ترجمة كاملة كتاب مثلما يستحقه كتاب (المقدمة) لابن خلدون.

أما (شولتز) فقد نشر هو الآخر، عام 1825، بحثاً في (المجلة الآسيوية) حاول فيه تسليط الضوء على آراء (ابن خلدون) وأفكاره، منبهاً إلى أهميتها، داعياً إلى ترجمة (المقدمة) ونشرها. وهذه المهمة – أعني: ترجمة (مقدمة) ابن خلدون إلى الفرنسية، والعمل على نشرها مع النص العربي لها – قد تكفل بها، عام 1858، المستشرق الفرنسيـ (كاترمير)، وبفضلها فقط عُرف (ابن خلدون) وعُرفت (المقدمة)، وبالتالي عُرفت أهمية الآراء الاجتماعية، والمكانة (الفريدة) التي تستحق أن تشغلها، في تاريخ الفكر الاجتماعي.

الباب الثالث

الفكر الاجتماعي في المرحلة

الفلسفية – العلمية

الباب الثالث
الفكر الاجتماعي في المرحلة الفلسفية - العلمية

- تمهيد حول الفكر الاجتماعي في العصر الحديث وأبرز اتجاهاته

- الفصل الثامن: الاتجاه الفلسفي - الاصلاحي الخيالي

- الفصل التاسع: الاتجاه الفلسفي - العلمي - الواقعي

تمهيد

حول الفكر الاجتماعي في العصر الحديث وأبرز اتجاهاته

لعلكم تذكرون إنني سبق أن أشرت إلى أن (الفكر الاجتماعي) قد مرّ ـ خلال إسهامه في عملية التمهيد لنشأة ما صار يسمى (علم الاجتماع) ـ بثلاث مراحل رئيسة، هي:

أولاً: المرحلة الفلسفية ـــ المعيارية.

ثانياً: المرحلة الفلسفية ـــ العلمية.

ثالثاً: المرحلة العلمية ـــ الوضعية.

وتتمثل المرحلة الأولى (أي ـــ الفلسفية ـــ المعيارية) بمشية (الفكر الاجتماعي) منذ أن اتخذ أول أشكاله المنظمة، في إطار الفكر الفلسفي اليوناني, وحتى مطلع ما يسمى (عصر ـ النهضة الأوروبية). فخلال هذه المرحلة، كان الفكر الاجتماعي ذا طابع (فلسفي) ـ بمعنى: انه ظل ينمو ويتطور في إطار الفلسفة, وذا طابع (معياري) ـ بمعنى: أن الفكر الاجتماعي كان, في الغالب, معنياً بما (ينبغي) أن يكون عليه المجتمع البشري، وليس بما هو (كائن وقائم بالفعل، فهو، إذن لم يكن وصفياً، موضوعياً.

وكان من الممكن أن ينتقل (ابن خلدون) بالفكر الاجتماعي، إلى مرحلة جديدة (أي: المرحلة الفلسفية ـ العلمية)، بل وحتى إلى (المرحلة العلمية ـــ الوضعية)، لأن آراءه كانت تنطوي على إرهاصات واحتمالات من شأنها أن تحدث تغيراً (نوعياً) في النظرة إلى المجتمع البشري ومظاهر نشاطات أفراده، وظواهره.

غير أن ذلك لم يتحقق، لأن طروحات (ابن خلدون) لم تجد، من بعده، من يتلقاها ويتعدها بالعناية والتطوير، إلى أن أزال الغبار عنها، وأبرز أهميتها، في وقت لاحق متأخر (مطلع القرن التاسع عشر) بعض المستشرقين الأوروبيين.

لذلك، لم يقدر الفكر الاجتماعي الانتقال إلى مرحلة جديدة، في العالم الإسلامي وعلى يد مفكر إسلامي (هو: ابن خلدون)، وإنما تحقق ذلك في أوروبا، في أعقاب عصر

النهضة. ذلك أن المجتمع الأوروبي، قد شهد، خلال عصر النهضة وبعده، أحداثاً وتغيرات وتطورات كثيرة، على مختلف الأصعدة - الكوزمولوجية (النظر إلى الكون) والجغرافية (النظر إلى أجزاء الكرة الأرضية)، والعلمية (النظر إلى الطبيعة وظواهرها وأسبابها) والسياسية، والاجتماعية والاقتصادية وغير ذلك. وكان من شأن هذه التغيرات والتطورات أن أدّت إلى مراجعة الكثير من التصورات والتفسيرات والأحكام التي كانت سائدة في (العصر القديم)، واستبدالها بتصورات وتفسيرات وأحكام جديدة تتماشى مع ما تم اكتشافه من معارف و (حقائق) جديدة. فعلى الصعيد (الكوزمولوجي)، مثلاً، يكفي أن نشير إلى (الثورة الكوبرنيكية)، والتي تمثلت في تقديم عالم الفلك البولندي كوبرنيكوس - Copernicns (1473 - 1543) ما يكفي من الأدلة لإثبات خطأ نظرية (مركزية الأرض)، وبالمقابل صواب نظرية (مركزية الشمس). أما على الصعيد الجغرافي، فيكفي أن نشير إلى ما أدّت إليه الاستكشافات الجغرافية، التي قام بها عدد من الرحالة والمستكشفين - مثل: كريستوفر كولومبس - C. Colombus (1451- 1506) وامريكو فسبوجيو - Americo Vespucio (1451 - 1512) وفاسكو دي غاما - Vasco de (1146- 1524) وماجلان Magellan (حوالي 1250) - تلك الاستكشافات التي أثبتت أن (العالم) الذي يعيش فيه البشر، على سطح الكرة الأرضية، لا يقتصر على القارات الثلاث - آسيا و أفريقيا وأوروبا، التي تشكل (العالم القديم)، وإنما يمتد ويتسع ليشمل أيضاً (العالم الجديد) المتمثل في القارات الجديدة التي تم اكتشافها: أميركا الشمالية وأميركا الجنوبية، وأستراليا، والقارة المنجمدة الجنوبية، ومسالك وطرق ملاحية أخرى جديدة تربط بينهما، مما يعني إن (العالم) قد غدا أوسع رقعة مما كان يتصوره الأقدمون. أما على الصعيد العلمي، فإن عصر النهضة، قد تخللته زوابع وتيارات قوية اجتاحت، أو بالأحرى أطاحت بالكثير من (الثوابت) و (الحقائق) التي كان (الفلاسفة) يعتبرونها أكيدة. ولقد أدّى ذلك إلى إحداث تغيرات واسعة، وإجراء مراجعات جذرية فيما يخص (المنهج) المتبع في دراسة الظواهر الطبيعية، وفي أسلوب التعامل معها، ناهيك عن النظر إلى تلك الظواهر وأسبابها ونتائجها - الأمر الذي أدّى، من ناحية، إلى إحياء الكثير من النظريات والتفسيرات (القديمة) للظواهر الطبيعية، التي أهملت

لفترة، لأسباب دينية (عدم رضى رجال الكنيسة عنها) ومن ناحية أخرى، إلى التوصل إلى تفسيرات جديدة لظواهر طبيعة أخرى، ولقد كان لهذه التغيرات تأثير كبير في تطور التراكم (المعرفي) الذي ورثته الإنسانية، وتناميه باتجاه تحقيق المزيد من الإنجازات العلمية، لاسيما إذا وضعنا في الحسبان، ما أسفر عنه سعي (العلماء) إلى استثمار العديد من الاكتشافات العلمية وتسخيرها لخدمة البشر، من خلال وضع الأفكار والمبادئ العلمية موضع تطبيق بغرض الاستفادة العلمية منها، الأمر الذي أدّى إلى تصميم وصنع الكثير من الآلات والمعدات والأجهزة، التي ساهمت بشكل فاعل في تيسير الكثير من المتطلبات والاحتياجات التي يقوم عليها استمرار حياة البشر ـ وتطورها. ولعل أخطر تلك الاختراعات وأكثرها تأثيراً في مسار البشر ـ ومستقبلهم، ما توصل إليه الألماني غوتنبيرغ ـ Gutenberg (1400 - 1468) من اختراع الطباعة الآلية بالأحرف المنفصلة، إذ بفضل ذلك صار بإمكان البشر تناقل خبراتهم ومعارفهم على نحو أيسر، وعلى نطاق أوسع، الأمر الذي أدّى بالنتيجة إلى زيادة وعي البشر وإدراكهم.

أما على الصعيد (السياسي)، فقد شهدت أوروبا بدايات إنسلاخ المجتمعات عن هيمنة (البابوية) وسلطة الكنيسة الكاثوليكية ـ ذات الطابع الكوزموبوليتيكي ـ العالمي ـ الشمولي، والتوجه نحو تشكل الكيانات السياسية المنفصلة القائمة على أساس التخثر (القومي)، كما حصل في بريطانيا، وفرنسا، وإيطاليا، وألمانيا ـ حيث تسود لغة (قومية) واحدة، تفرز (ثقافة) قومية لها خصوصيتها، وتتميز عن الطابع (اللاتيني) الذي كان يخيم عليها قبلاً، وقد أدّى هذا التشكل القومي، بمرور الأيام، إلى تنامي التنافس الاقتصادي بين هذه (الكيانات القومية ـ أي: الدول) من أجل الاستحواذ على (المستعمرات)، سعياً وراء الحصول على المواد الخام والأسواق والنفوذ.

وبطبيعة الحال، ليس من المتوقع أن تظل كل هذه الأحداث والتغيرات والتطورات دون تأثير على مجموع أفراد المجتمعات الأوروبية المتنوعة المتعددة، بغض النظر عن الكيانات القومية التي باتت تضمهم، والغاية من الحياة ـ سواء كانت (الخير) العام، أو (السعادة) أو ـ عند النظر إلى الأمر من زاوية دينية ـ مكانة (الحياة الدنيا) بالنسبة إلى (الحياة الأخرى)، فضلاً

عما باتت تشهده تلك المجتمعات من (استفاقة) أدّت إلى طرح تساؤلات بشأن طبيعة العلاقة بين السلطة (الحاكم) والرعية (المحكومين)، والأساس الـذي يستمد منه الحـاكم مشروعية سـلطته، وماهيـة واجبـات الحاكم وصلاحياته، ومـداها وحـدودها، مـن جهة، وواجبـات الرعيـة وحقوقهم من جهة أخرى. ولقد أسفر سعي الفلاسفة والمفكرين إلى إيجاد إجابات لهذه التساؤلات، عن التوصل إلى (نظريات) أو (مـذاهب) عديـدة سـاهمت في إغنـاء الفكر السياسي والاجتماعي وإثرائه.

وتبعاً لذلك يمكن القول، أن كل تلك الأحداث والتغيرات والتطورات قد عَكست تأثيرها علـى (وعـي) و(تفكير) المجتمع، أو بـالأحرى المجتمعـات الأوروبيـة، وأدّت إلى نـشوء توجهـات فكريـة جديـدة لـديها في مختلـف مناحي الفكـر - السياسـية منها والاقتصـادية، والدينيـة، والأخلاقيـة، والاجتماعية. وكما هو معلوم، فإن ما يهمنا من ذلك، بالدرجة الأولى، هو ما نشأ من جراء ذلك مـن نتائج انعكست على صعيد الفكر الاجتماعي. والواقع، أننا يمكن أن نميز في هذا الفكـر، الـذي أخـذ يتنامى في أوروبا، بعد عصر النهضة، بين اتجاهين رئيسين هما:

—   أولاً - الاتجاه الفلسفي - الإصلاحي - الخيالي.

—   ثانياً - الاتجاه الفلسفي - العلمي - الواقعي.

وهذا ما سيكون موضوع حديث الفصل التالي.

الفصل الثامن
الاتجاه الفلسفي : الإصلاحي ــ الخيالي

يمكن عدّ هذا الاتجاه بمثابة تعبير عـما راود بعض الفلاسفة والمفكرين مـن تصورات عـن حالات اجتماعية، غير متحققة، لكنهم يتمنون تحقيقهـا، لكونه ــ حسب رأيهـم ــ تمثل الحالـة النموذجية، المثالية، الفضلى، التي يتمنون أن يعيشوها. ذلك أنه بسبب التحـلل والتفسخ الـذي استشرى في البنى الاجتماعية، وبسبب التعسف والظلم الـذي طغى على المجتمعات الأوروبية، خلال القرون الوسطى، والذي انعكس تأثيره سلباً عـلى حيـاة أفراد أوسع الطبقات الاجتماعية، وعلاقاتهم ببعضهم، من جهة، وبالسلطة من جهة أخرى، عمد العديد مـن الفلاسفة والمفكرين، ذوي التفكير الحـر، إلى تخيّـل حياة أفضل وأمثل يمكن أن يعيشـها البشـر تنطوي عـلى حلـول للمشكلات المتفاقمة التي تعاني منها مجتمعاتهم، على كافة المسـتويات ــ السياسية، والاقتصادية، والثقافية، والتربوية. معبرين مـن خلال تصوراتهم، أو تخيـلاتهم، تلك عـن مـا يجيش في الضمير الجماعي من تمنيات وتطلعات إلى إقامة مجتمع خال من التعسف والظلم والفقر والجهل والمـرض، وأسباب كل هذه السـلبيات. مجتمع تتحقق فيه الكفاية والعـدل، يعيش سـائر أفراده أحـراراً، متساوين في الحقوق والفرص والامتيازات، ينعم جميعهم بنور العلـم والثقافة، يسـودهم الوئـام والسلام.

ولقد شهد (عصر النهضة) محاولات عديدة لطرح رؤى المجتمعات فاضلة، مثاليـة، غـير إننا نكتفي هنا بإيراد أبرز تلك المحاولات، وأشهرها وهي:

أولاً : محاولة الفيلسوف الانكليزي توماس مور ــ Thomas More (1477- 1535) التي جعل عنوانها ــ باللغة اللاتينية:

LIBELLUS VEREUS NEC MICNUS SALUATARIS QUAM FESTIUUS SE OPTIMO REIP. STATU,

DEQUE NOVA INSULA UTOPIA

أي: (كتاب مفيد وممتع حقاً عن الحكومة المثلى للدولة والجزيرة الجديدة المسماة يوتوبيا).

ثانياً : محاولة فرانسوا رابليه ـــ Francis Rabelais (1483 ـــ 1530)، التي جعل عنوانها:

Garagntna Lyon.

ثالثاً : محاولة تومازو كامبانيلا ـــ Tommase Companella (1558 – 1639) التي جعل عنوانها:

مدينة الشمس ـــ (Civitas Solis Poeticae: Idea Republicae Philosophicae)

رابعاً : محاولة الفيلسوف الانكليزي الشهير فرانسيس بيكون ـ Francis Bacon (1561 – 1654) التي جعل عنوانها: المدينة المسيحية – Republica Chiristianopolitanae.

لقد سعى هؤلاء المفكرون، من خلال محاولاتهم تلك، إلى تقديم صورة خيالية، مثالية، حالمة، عن حالة أو صيغة المجتمع الذي يفترض أن يعيش في إطاره أفراد البشر، مجتمع تتحقق فيه المساواة والعدالة والكفاية، والكرامة الإنسانية، بأفضل أشكالها، وبالتالي، السعادة التي يتطلع إليها سائر البشر.

وعلى سبيل التمثيل، والتوضيح، سأحاول أن أستعرض، بإيجاز، ما أورده اثنان من هؤلاء المفكرين من طروحات وآراء تعكس توجهاتهما الاجتماعية (ولعل مما له دلالة، فيما يخص موضوع حديثنا، أن كلا هذين المفكرين قد تأثرا في محاولتيهما - إن قليلاً أو كثيراً - بآراء أفلاطون).

أما النموذج الأول، فهو المفكر أو الفيلسوف الانكليزي (توماس مور) الذي ألف كتاباً بعنوان (يوتوبيا)، أسماه باسم جزيرة خيالية (ليست في مكان) افترض أنها قامت عليها دولة مثالية يعيش مواطنوها في ظلها بسعادة ووئام.

تتكون (يوتوبيا) من جزأين أو كتابين:

الكتاب الأول: ويعد مقدمة لوصف (جزيرة - يوتوبيا) أو (الحكومة المثلى للدولة، أو النظام المثالي للمجتمع).

وفيه يحدثنا (توماس مور)، الذي يقوم بدور الشخصية الثانية في القصة، كيف التقى بـ(روفائيل هيثلوداي) - الرحالة الذي جاب أقطاراً عديدة وعرف كثيراً من البلاد والشعوب وطرق حياتها، وكيف حدثه (هيثلو داي) هذا عن رحلته إلى (يوتوبيا). ويبدأ (هيثلوداي) حديثه بأن يخبر سامعيه (مور) وصديقه (بطرس جايلز) كيف رافق (امريكوفسبوجي) في الثلاث الأخيرة من رحلاته الاستكشافية الأربع إلى (العلم الجديد)، وكيف توسل إليه في الرحلة الأخيرة بأن ينضّم إلى الحامية التي تركها (فسبوجي) في أبعد نقطة وصلها على شاطئ البرازيل. ومن هناك، واصل (هيثلوداي) وبعض رفاقه ترحالهم، فطافوا بكثير من بلاد ذلك العالم الجديد، وعرفوا عادات أهلها وقوانينهم وأخيراً حلّوا بأرض جزيرة تدعى (يوتوبيا). ويقدم (هيثلوداي) وصفاً كاملاً لما رآه في الجزيرة، التي يتمتع أهلها بحكم عادل، ويحيون حياة طيبة، يضعه في مقابل ما هو سائد في أوروبا، من بؤس وفقر نتيجة لانعدام الحكم العادل، وقيام الحياة الاجتماعية على الملكية الخاصة. ويحاول (هيثلوداي) إقناع سامعيه، عن طريق المفارقة واستخدام الصورة والرمز، بأن العدالة لن تتحقق إلا حيث تتحقق اشتراكية الحياة، كما هو الحال في (يوتوبيا)، حين يصرخ (مور) قائلاً: [إذ كان الأمر كذلك فإني أرجوك وأتوسل إليك أن تصف لنا هذه الجزيرة: ولا توجز، بل تحدث بالتفصيل عن الأرض والأنهار، والمدن، والسكان، والتقاليد، والعادات، والقوانين. وباختصار عن كل ما ترى أنه جدير بنا أن نعرفه). وبهذا ينتهي الحديث، وينفضّ عقد المجلس، لتناول الطعام، ثم يعود للانعقاد بعد ذلك، حيث يواصل (هيثلوداي) حديثه، الذي يشغل الكتاب الثاني.

الكتاب الثاني: وهو يحوي وصفاً مفصلاً لمعظم نواحي الحياة في الجزيرة.

ويمكن تقسيمه إلى عدة أقسام، يعالج القسم الأول منها - جغرافية وتخطيط المدن وحياة السكان. ويتناول الثاني - نظام الحكم واختيار الرؤساء ونظام العمل والحياة الاجتماعية. أما الثالث - فيعالج الأساس الفلسفي للحياة في الجزيرة والأخلاقيات ونظام الزواج والقوانين العامة. يلي ذلك القسم الرابع، ويتناول علاقة (يوتوبيا). بجيرانها والحرب.

ثم يتناول في الجزء الأخير من الكتاب الأديان في (يوتوبيا). وينتهي الكتاب بخاتمة موجزة يلخص فيها (هيثلوداي) النقاط التي سبق أن تناولها، ويؤكد فلسفته الأساسية ومدى تطبيقها في (يوتوبيا)، يلي ذلك تعليق (مور) النهائي على ما سمع.

أما النموذج الثاني، الذي سنسلط بعض الضوء عليه، فهو كتاب (أتلانتيس الجديدة)، الذي ألفه (فرانسيس بيكون). لقد رسم لنا (بيكون) في كتاب (أتلانتيس الجديدة)، صورة لمجتمع وجد (العلم) فيه أخيراً المكانة الجديرة به، ففي هذا المجتمع نص إتقان العلم إلى أكمل مستوياتهن كما يصل تنظيم الحياة الاجتماعية، عن طريق استخدام الوسائل العلمية، إلى أفضل حالاته. ومن خلال ذلك كله يتيسر تحقيق المدينة الفاضلة التي طالما حلمت الإنسانية بها وتطلعت إلى إيجادها. ولعل مما تجدر الإشارة إليه أن يختار (بيكون) اسم (أتلانتيس) لمشروعه أو رؤيته للمجتمع النموذجي - المثالي، أو مدينته الفاضلة ليس مقطوع الصلة عن المؤثرات الفلسفية القديمة ذات الصلة بهذا الموضوع، وتحديداً: المدينة الفاضلة برأي (أفلاطون). فكما هو معروف أن (أفلاطون) قد حدثنا في محاورته (طيماوس) عن أسطورة (أتلانتيس القديمة) - تلك القارة الغارقة في البحار الغربية. أما (بيكون) فقد جاء ليعرض لنا في كتابه تصوره عن (أتلانتيس جديدة) - جزيرة بعيدة جداً عن أوروبا، تقع في المحيط الهادي.

ولقد قصّ علينا (بيكون) كيفية الوصول إلى تلك الجزيرة. فقد أبحرت عدة سفن من (بيرو) في طريقها إلى الصين واليابان. وبعد أن ظلت تلك السفن جاثمة بهدوء، عدة أسابيع، على صفحات مياه المحيط، ما لبثت ريح عاتية أن هبت عليها، ودفعتها بلا رحمة شمالاً وشمالاً، حيث توغلت في بحر واسع لا نهاية له. وفيما كادت المؤونة التي تحملها السفن، أن تنفذ، وفيما تفشى المرض بين الملاحين، الذين باتوا على وشك الاستسلام للموت، قدر لهم أن يروا، غير مصدقين عيونهم، جزيرة جميلة تلوح بالأفق، وعندما اقتربت السفن من شاطئ الجزيرة، لم يواجهوا أناساً متوحشين، وإنما رجالاً يرتدون ملابس بسيطة، ولكنها جميلة، ونظيفة ويبدو عليهم الذكاء والفطنة بوضوح، تلك كانت جزيرة (أتلانتيس) الجديدة.

ولقد سمح سكان الجزيرة (أتلانتيس) للملاحين بالنزول إلى الشاطئ، وأبلغوهم أنه على الرغم من إن حكومة الجزيرة لا تسمح للغرباء بالبقاء، إلا أنهم بسبب مرض الملاحين، سيسمحون لهم جميعاً بالبقاء إلى أن يتماثلوا للشفاء ويستردوا صحتهم.

وخلال فترة النقاهة، أخذ ركاب السفن يكتشفون بالتدريج غوامض هذه الجزيرة. ولقد أبلغهم أحد السكان أن (ملكاً) كان اسمه (سليمان) حكم هذه الجزيرة منذ ألف وتسعمائة عام، لا تزال ذكراه في قلوبنا، ولا يزال موضع حبنا وتقديسنا. فهو الذي شرّع القوانين لسكان الجزيرة، وكرّس حياته لتنظيم حياتهم وضمان سعادتهم. وكان من جملة أعماله العظيمة، وأكثر ما خلفه بعد وفاته أهمية وتأثيراً في مسار حياتهم، إنشاء المؤسسة التي تعارف سكان الجزيرة على تسميتها بـ(بيت سليمان).

إن (بيت سليمان) في (أتلانتيس) الجديدة هي مقر حكومة الجزيرة. والواقع أن المقصود بالحكومة في هذه الجزيرة يختلف عن دلالتها فيما عداها من أجزاء الأرض، لأن أعضاء الحكومة في (أتلانتيس) الجديدة شغلهم الشاغل، وهمهم الأوحد هو بسط نفوذهم على الطبيعة والسيطرة عليها أكثر من الحكم على الشعب، وكما يقول (بيكون) على لسان أحد سكان (أتلانتيس) الجدية: (أن الغاية من مؤسستنا معرفة أسباب الأشياء وحركاتها الخفية. وتوسيع رقعة الإمبراطورية الإنسانية بحيث يمكنها التأثير على كل شيء ممكن). هذه العبارة هي مفتاح (بيكون) وكتابه. ووفقاً لمدلولها، فإن (بيت سليمان)، أو مقر الحكومة، لا يضم سياسيين منتخبين، ولا أحزاباً ولا انتخابات أولية، ولا مؤتمرات ولا حملات سياسية، ذلك أن فكرة شغل المناصب الحكومية - الإدارية بمثل هذه الوسائل السياسية لم يفكر بها أبداً سكان جزيرة (أتلانتيس). وبالمقابل، فإن سبيل الوصول إلى أوج الشهرة العلمية متاح للجميع. ومن ثم فإن من يشغل الناصب العليا في الحكومة، إنما شغلوا مناصبهم بفضل كفاءاتهم ومؤهلاتهم ومواهبهم العقلية. إن حكومة (أتلانتيس) إنما هي حكومة الشعب للشعب، تديرها الصفوة المختارة - حسب كفاءتها - من الشعب. وهي حكومة يتولى أمورها التقنيون والمهندسون المعماريون، وعلماء الفلك، وعلماء الجيولوجيا، وعلماء البيولوجيا

والأطباء، وعلماء الكيمياء، وعلماء الاقتصاد، وعلماء الاجتماع، وعلماء النفس والفلاسفة.

وتبعاً لذلك، فإن نشاط (الحكام) في (أتلانتيس) يتجه، أساساً، نحو زيادة سيطرة البشر على الطبيعة وظواهرها وتسخيرها لخدمة البشر. فهؤلاء (الحكام) إنما هم مشغولون بدراسة الكواكب والنجوم، والاستفادة من قوة مساقط المياه في الصناعة، والاستفادة من البخار والغازات في معالجة الأمراض المختلفة. وإجراء التجارب على الحيوانات لزيادة المعرفة بالعمليات الجراحية، والحصول على أنواع جديدة من النبات والحيوان، بواسطة التركيب والتهجين. وإجراء تجارب على الطيران، بتقليد أساليب الطيور في الطيران، وإجراء تجارب على صنع السفن وقوارب تغوص تحت الماء. وغير ذلك من البحوث والدراسات العلمية التي من شأنها زيادة قوة الإنسان وسيطرته على الطبيعة المحيطة به.

أما فيما يتعلق بالموارد الاقتصادية والنشاط التجاري، فإن ما يميز (أتلانتيس) الجديدة، إنها تنتج وتستهلك ما تنتج.

وهي لا تدخل في حروب من أجل تأمين الأسواق الخارجية، كما أنها في تجارتها لا تسعى للحصول على الذهب أو الفضة أو المجوهرات، ولا الحرير والتوابل وغير ذلك من السلع المادية، وإنما تسعى فقط أساساً من أجل الحصول على ما خلقه الله أولاً وهو (العلم)، وذلك من أجل اكتساب غاية ما وصل إليه التطور والمعرفة في سائر أجزاء العالم.

وتتمثل (تجارة العلم) هذه في إقرار (الحكام) الذين بيدهم مقاليد الأمور في (بيت سليمان) إرسال العديد من منتسبي (البيت) إلى الخارج كل (12) اثني عشر عاماً ليعيشوا بين الشعوب الأجنبية في كل بلد من بلدان العالم المتمدين، ويتعلموا لغاتها، ويدرسوا علومها وصناعاتها وآدابها، ويعودوا في نهاية الإثني عشر عاماً، ليقدموا تقاريرهم عن مشاهداتهم وأبحاثهم، إلى رؤساء (بيت سليمان) بينما تحل محلهم جماعة أخرى جديدة من العلماء المستطلعين في الخارج، وبهذه الطريقة يسنى لـ(أتلانتيس) الجديدة، الحصول على أفضل وآخر ما وصلت إليه بلدان العالم من إنجازات وإكتشافات في مختلف مجالات العلم.

والواقع، أن غاية ما يمكن أن نستخلصه من كتاب (بيكون) هذا – (أتلانتيس الجديدة) هـو التأكيد على وجوب أن يتولى مقاليد المجتمع رجال عقلاء حكماء، غايتهم الأساسية إرشاد شعبهم في سلام واعتدال إلى الخير والسعادة، والتأكيد بالتالي على أن تحقيق المدينة الفاضلة يقتضي۔ استبدال محترفي السياسة بالعلماء والحكماء والفلاسفة.

الفصل التاسع

الاتجاه الفلسفي: العلمي - الواقعي

مما ميز هذا الاتجاه كونه تنامى في سياق تطور الفكر الفلسفي العام ،وكونه قد تطلع إلى تحقيق الإصلاح على الصعيد الاجتماعي - إصلاح أوضاع المجتمع البشري ،من خلال تحديد خصائص وطبائع أفراد البشر ،وتحديد الغايات والأهداف التي يسعون إلى تحقيقها ،وتحديد العقبات والعراقيل التي تحول دون ،أو تعترض ،تحقيق ذلك ومن ثم البحث عن الأساليب والوسائل التي من شأنها أن تتيح إمكانية تجاوز تلك العراقيل والعقبات .

ومع ذلك كله يمكن القول ،أن أهم ما ميز هذا الاتجاه كونه قد نحى (واقعياً) _فهو قد انطلق من (الواقع)_واقع الطبيعة الإنسانية - بكل ما تنطوي عليه فعلياً من رغبات ونوازع وميول طبيعية ، وهناك ثمة دلائل على أن (رأي) و (طروحات) هذا الاتجاه بخصوص الإنسان وطبيعته، ورغباته وميوله ونوازعه، قد أدّت إلى إعادة النظر في الكثير من الأفكار والتصورات عن الإنسان الفرد وطبيعته، وعن المجتمع الإنساني ودواعي تكوينه، وعن طبيعة العلاقات التي تربط بين أفراده، وعن الغايات والأهداف التي يسعى إلى تحقيقها أولئك الأفراد في إطار الجماعة الإنسانية، أو المجتمع البشري - الأمر الذي أسفر عنه حدوث (تغيرات) جدية، واسعة، في بنية وتركيب المجتمع الأوروبي، شكل البعض منها (منعطفات) حاسمة في تأريخ ذلك المجتمع.

ولعل أبرز المفكرين الفاعلين الذين ساهموا في تشكيل هذا (الاتجاه) هم:

1. ماكيافيللي – N. Machiavelli (1469- 1527).
2. هوبز – TH. Hobbes (1588 – 1679).
3. لوك - J. Lock (1632 – 1704).
4. فيكو – (1667 – 1744)

5. مونتسكيو – (1689 – 1755).

6. روسو – (1712- 1778)

7. مالثوس – (1776- 1834)

وسأحاول الحديث عن كل واحد من هؤلاء المفكرين، أو الفلاسفة، وطروحاته الفكرية التي عكست توجهاته على الصعيد الاجتماعي.

نيقولو ماكيافيللي Machiavelli (1469 – 1527) :

واحد من أبرز المفكرين الإيطاليين، خلال عصر النهضة. مارس خلال مرحلة شبابه ورجولته العمل الدبلوماسي. وعندما تقاعد انصرف إلى النشاط الفكري والتنظير. ولقد شملت اهتماماته الفكرية: دراسة التأريخ، والسياسة وشؤون الاجتماع البشري. وقد صبّ آراءه، في هذه المجالات في اثنين مؤلفاته، لقيا شهرة واسعة هما: كتاب المطارحات (1520) وكتاب الأمير (1532). ولقد جعلته آراؤه، في نظر العديد من المؤرخين، مؤسس علم السياسة الحديث، واحد المساهمين في تأسيس علم الاجتماع.

لقد انطلق (ماكيافيللي) في دراسته للسياسة والاجتماع من دراسة التأريخ، فالتأريخ، برأيه، أفضل معلم. وأن أفضل طريقة، أو منهج، يمكن اتباعه في التعلم من التأريخ واستخلاص الدروس والعبر منه هو: منهج الاستقراء – Induction. وعلى الرغم من أنه من المتعارف عليه، والمشهور، أن يعزى تأسيس منهج (الاستقراء) هذا إلى الفيلسوف الانكليزي فرانسيس بيكون F.Bacon إلا أن المبتكر الأول والفعلي لهذا المنهج، وباعتراف (بيكون) نفسه هو (ماكيافيللي).

والواقع، إن (ماكيافيللي) كان مدركاً، أنه يستخدم في دراسة السياسة طريقة، أو منهجاً جديداً، فهو يقول في كتابه (المطارحات): "إنني عازم على أن أشق طريقاً جديداً لا يخلو من صعوبات". وهذا الطريق الجديد إنما يتمثل في محاولته استخدام منهج يقوم على استمداد أو أخذ ما يفعله العاملون في واحد من العلوم الأخرى وتطبيقه على مجال السياسة. فالأطباء، مثلاً، يستفيدون من وصفات أسلافهم في دعم وتبرير قراراتهم. فالطب،

والقانون، (علمان) يستمدان ذخيرتهما العلمية أو المعرفية، من خلال تراكم الخبرات والملاحظات.

واعتقد (ماكيافيللي) إننا عندما ننقل ما هو متبع في هذين (العلمين) - أي عندما ننقل المنهج المستخدم في هذين (العلمين) ونحسن استخدامه في مجال السياسة، يمكن أن نصل إلى نتائج ممتازة. وليس تقليد ما سبق فعله في حياة البشر عودة عبثية إلى الماضي، وإنما هو، كما أكّد (ماكيافيللي)، طريقة عقلية – علمية للمعالجة تستند إلى فعل أو إجراء أثبت جدواه وفاعليته. ومن خلال ذلك ساهم (ماكيافيللي) في استحداث (علم السياسة).

غير أن استعمال تأريخ البشر كمختبر لصياغة حلول سياسية لمشاكل البشر ليس أمراً سهلاً مثل استعمال مختبرات العلوم الطبيعية.

ففي العلوم الطبيعية يتيسر استخدام (منهج الاستقراء) على أساس الافتراض بأن الظواهر الطبيعية، سواء ما يحدث منها على سطح الأرض أو السماء, لا تتعرض في حدوثها للتغيّر، وإنما تتصف بكونها تحدث وتتكرر بانتظام وعلى نحو مطرد. فعلى هذا الأساس يمكننا أن نتوصل إلى (تفسيرات) أو تشخيصات في الماضي، ثم لا نلبث أن نسعى للاستفادة منها من خلال نقلها إلى الحاضر وتطبيقها فيه. والسؤال الذي يفرض نفسه هنا هو: ترى هل يمكن أن نجد في الحياة الاجتماعية للبشر وسلوك أفراده، حالة مماثلة، أي بتعبير أدق: هل يمكن نفترض في الطبيعة البشرية، والسلوك البشلاي (ثباتا) مماثلاً؟

لقد اعتقد (ماكيافيللي) أن الكون، وكل ما فيه، بما في ذلك أحوال البشر وضرورة حياتهم، يتصف بالثبات، فهو يقول في كتابه (المطارحات): "عندما أفكر بسياق القضايا الإنسانية أرى أن العالم ما يزال حيث كان منذ الأزل، وإن نفس الكمية من الخير ومن الشر تتقاسمانه، وكل ما يقوم به هذا الخير وهذا الشر هو التطواف في شتى الأمكنة وشتى البلدان". إذن، فكل التغيرات، في حياة البشر تتم، برأيه، في داخل دائرة حركتها (ثابتة) ثبات النجوم، والواقع أن (ماكيافيللي) يرى ان هناك ثمة مقارنة يمكن إجراؤها مع النظام الطبيعي، حيث يبدو حال الحياة الاجتماعية والسياسية مشابهاً لحال الظواهر والأشياء الطبيعية، ففي كلا

الحالتين، علينا أن نعرف نقطة انطلاقنا، لكي نتوقع ظهور الحدث ونقوم بالتشخيص الـذي يجب علينا تطبيقه. يقول (ماكيافيللي) في كتابه (المطارحات)، في هـذا الصـدد: "أن مـا نعرفه عـن الإمبراطوريات القديمة يدل على أن سبب سقوطها المتتالي يكمن في فساد أخلاقها، ولكن العالم بقـي على ما هو عليه. كان التغير الوحيد هـو انتقال مركز الأخلاق والفضائل مـن بـلاد آشـور حيـث ازدهرت، إلى (ميديا)، ومن هناك انتقلت إلى بلاد فارس، لتستقر بالتالي في روما". وعبر كل هـذه الإمبراطوريات المتتالية، يمكننا أن نلاحظ – كما يعتقد ماكيافيللي- عـلى جميـع الشـعوب والبلـدان، رغبات وأهواء مشتركة، وميـول متماثلـة. والواقـع، أن اعتقـاد (ماكيافيللي) بقيام أو بوجود هـذا (الثبات) في الطبيعة البشرية، وفي السلوك البشري على مـرّ العهـود والعصور، جعلـه يـؤمن بإمكانيـة التوقع والتنبّؤ، استناداً إلى وقائع المـاضي. إلا أنـه – (أي: ماكيافيلي) لا يملـك إلا أن ينبـه إلى أن (الحكام) لم يكونوا – لسوء حظهم – يعرفون ذلك، فهو يقول، في كتابه (المطارحات) في هذا الصدد: "ولهذا نجد نفس الأمراض والثورات تتكرر في جميع الأزمنة، فلو عرف الفلورنسيون كيف يشخصون مصائبهم عام 1494 بمقارنتهم إياها بحوادث شبيهة جرت في روما، لمـا أضاعوا وقتهم في إصلاحات عبثية".

ومـن خـلال استخدامه (منهج الاستقراء) – استقراء تـأريخ الجـنس البشـري، في مسيرته وتطوره، استخلص (ماكيافيللي) جملة من التصورات عن الاجتماع البشري، وكيفية تكونـه، ومراحـل تطوره، و(القانون) الذي يتحكم بصيرورته. فلنحاول التعرف على مجمل تصوراته عن ذلك.

يحدثنا (ماكيافيلي) في كتابه (المطارحات) عن تصوره لكيفية نشأة الاجتماع البشري، فيشير إلى أن البشر قد عاشوا أولاً فرادى منعزلين عن بعضهم، شأنهم شـأن الحيوانـات. غـير أنهـم بسـبب إحساسهم بالخطر ما لبثوا أن تجمعوا ليحموا أنفسهم أكثر، واختاروا الأقوى مـن بيـنهم زعيمـاً، عندئذٍ أخذ يتكون شكل أولي من أشكال (الاخلاق) قائم عـلى شـعورين – ((شعور بالحسد تجاه الجاحد، وشعور بالحب تجاه الإنسان الخيّر. أما الأول فقد ذمّوه، وأما الثاني فكّرموه، خاصة وأن كل فرد كان يشعر أن قد يهان إذا صار كالأول. ولتجنب هذه السيئات، قرر البشر صياغة قوانين تنظيم عقوبات لكل من يخالفها، هكذا بدأت العدالة)).

إذن، هناك شعوران بدائيان يتحكمان، برأي ماكيافيللي، بسلوك أفراد البشر وعلاقاتهم ببعضهم البعض، هما: الحب القائم على الاعتراف بالجميل، والحقد المبني على تجاهل الحسنات، أما الحسنات فالمقصود بها، دون شك الخدمات المتبادلة بين أفراد البشر، في مجتمع برز فيه توزيع العمل وتمايزت واجبات الحكم وواجبات الرعية، أما العدالة، التي بدأ السعي إليها بدافع من الخوف، فإنها تحوّل هذا الرفض الأولي للفوضى وهذا التوزيع الأول للعمل - تحولهما إلى (قوانين).

وتبعاً لذلك، يمكن القول: أن الإنسان، برأي (ماكيافيلي)، يصبح بالضرورة كائناً اجتماعياً - سياسياً، عندما يترك حالة الفطرة، وينظّم إلى غيره من أفراد البشر، متخلصاً بذلك من حالة انعدام الأمان البدائية التي كانت تسود حياته. هكذا ولدت، برأي (ماكيافيلي) المدن الأولى، حيث صار أفراد البشر يعيشون ضمنها في ظل (قوانين) شرّعوها بأنفسهم أو يتفيّؤن ضمنها بسلطة (قائد).

غير أن (ماكيافيللي) لا يبدي، في الواقع، اهتماماً كبيراً بهذه المرحلة البدائية من مراحل تطور الجنس البشري. وفي مقابل ذلك نراه يولي اهتماماً أكبر بواحد من موضوعاته المفضلة: - (دورة الانحطاط والتجديد) الأزلية التي تميّز حياة أفراد البشر حين يخرجون من المرحلة الطبيعية ليدخلوا مرحلة التأريخ. لقد اعتقد (ماكيافيللي) أن سعي أفراد البشر في تطورهم الاجتماعي يتخذ مساراً دائرياً - أو بالأحرى مساراً لولبياً (باعتبار أن اللولب يبدأ مساره من نقطة وينتهي إلى مستوى أعلى من النقطة التي منها)، وقد ذهب (ماكيافيللي) إلى أن كل مرحلة تفضي إلى نقيضها. فبعد الزعيم الأسطوري، الذي اختاره الحكماء، تأتي سلالة مخنثة ورخوة، تكرهها الرعية، الأمر الذي يدفع أفراد هذه السلالة إلى اللجوء للتعسف كي يحموا أنفسهم. عندئذ تثور الرعية وتتمخض ثورتها عن قيام حكم شعبي غير أن هذا الحكم شعبي لا يلبث أن يغرق بعد جيل في الفحش والفجور. وإزاء ذلك، ونتيجة لاشتداد البغض والنقمة، لا يلبث أن يقوم حكم فردي (وبذلك تنتهي الدورة كما بدأت، بالحكم الفردي). وتبعاً لذلك، يرى (ماكيافيللي)، أن هناك ثلاثة أنواع من (الانحطاط) تقابل ثلاثة أنواع من (الحكم الفردي) فمقابل حكم (الولايات) و (الحكومات الشعبية) و (حكم

الأفضلية) نجد: (التعسف) و(التسلط) الذي يمارسه بعض المستأثرين بالحكم) و (الفحش). ومما يلاحظ، في هذا السياق، أن (ماكيافيللي) يرى أن التأريخ مُسيّر بحتمية (داخلية) - أي داخل هذا المسار الدائري - (أو بالأحرى: اللولبي)، حتمية تنطوي على العودة الدائرية، للانحطاط والتقدم، وللخير والشر، فكل نموذج من الحكم لا يلبث أن ينحط بالضرورة، أو - على حد تعبير (ماكيافيلي) في كتابه (المطارحات): ((وما لبث أن تحول حكم الأفضلية إلى تعسّف عدد قليل، وكان أن لاقى هؤلاء المتعسفون نفس ما لاقاه أسلافهم وقرف الشعب من حكمهم، وأصبح مستعداً لإتباع كل من يريد مهاجمتهم. وكان أن أثمرت هذه الميول عن منتقم أحيط بمساعدين ليدمروا هذا الحكم.)). ومن ثم يُضيف (ماكيافيللي) إلى ذلك قائلاً: ((هذه هي الدائرة التي يتحتم على كل الحكومات أن تتبعها)). إذن، ليس التغيير سوى انتقال في داخل (دائرة) الحتمية الثابتة، الدائمة أما المستجدات، أو الأحداث الطارئة الجديدة، فإنها لا تعدو كونها نتيجة لعدم رؤيتنا الناقصة.

تلك هي (دورة) المجتمعات الحتمية، برأي (ماكيافيلي). أو بالأحرى يجدر بنا أن نقول - كما ذكرت سابقاً- المسار (اللولبي) لتطور المجتمعات - لأن المواقف نفسها (لا تتكرر) دائماً بنفس النمط بالضبط. كما أن هناك ثمة احتمالات لأن تظهر على الأحداث مظاهر جديدة، وأن كانت في جوهرها لم تتغير، وأخيراً، فهناك - كما يقول (ماكيافيللي) ثمة ((مشرعون يقظون)) فكروا في مضامين التأريخ، وبحثوا في تجنب سيئات كل الأنظمة. إذن، يمكن القول، أن هناك ثمة شيء من التأريخ ضمن ما يبدو، للوهلة الأولى، حتمية صارمة.

توماس هوبز - Thomas Hobbes (1588- 1679):

فيلسوف انكليزي بارز، اتقد فكره فيما كانت بلاده انكلترا تشهد أحداثاً عاصفة، وحرباً أهلية تهددها بالإنقسام والتجزئة، فألف العديد من الكتب محاولاً فيها طرح ما بدا له الحل والعلاج الناجح لمشكلة وطنه، غير أن أشهر مؤلفاته وأكثرها اشتمالاً لأرائه الفلسفية والسياسية والاجتماعية كان كتابه: (التنين - Leviathan) الذي ألفه عام (1650). ولقد اقتضى بحثه في المأزق السياسي الذي كان وطنه يعاني منه، التطرق إلى مسألة: أصل الاجتماع البشري ومنشؤه، وقد خلص من بحث لهذه المسألة إلى القول بنظرية (العقد الاجتماعي).

ولقد قامت نظريته هذه على تصور خاص عن الإنسان وطبيعته. فهو قد خالف رأي (أرسطو) القائل بأن الإنسان اجتماعي بطبعه، وذهب، في مقابل ذلك إلى أن الدافع الأساسي الذي يتحكم بالإنسان وسلوكه وتصرفاته وعلاقاته بغيره هو: حب الذات، والرغبة في الاستئثار بكل شيء.

وهذا ما جعل أفراد البشر يعيشون، في البداية، في حالة أسماها (هوبز) بـ(حالة الطبيعة). وفي هذه الحالة لم يكن ثمة قانون ولا رادع ولا سلطة تقهر، بل يسلك فرد من أفراد البشر سلوكه بدافع من أنانيته وحبه للبقاء، ساعياً من أجل الاستحواذ على كل شيء يعتقد أنه ينفعه في حياته ويضمن استمرارها. ولما كان سائر أفراد البشر يتحكم بهم الدافع الأناني نفسه، فإن وجودهم معاً يستحيل إلى حالة من التنازع الصراع والحرب - حرب الكل ضد الكل، غير أن استمرار هذه الحالة، بما تنطوي عليه من خطر وتهديد وتوجس تجعل أفراد البشر، يوقنون بأنها يمكن أن تؤدي إلى إبادة الجميع وفنائهم، ولذا فإنهم اضطروا- بحسب اعتقاد هوبز - بدافع من حب البقاء أيضاً، إلى التماس حل يضع حداً لهذه الحالة، فهداهم (عقلهم) إلى التماس وسيلة الاتفاق. اتفاق سائر أفراد الجماعة على أن (يتنازل) كل منهم عن دعواه في أن له (حق طبيعي) في الاستحواذ على كل شيء. وقد اتخذ هذا الاتفاق على التنازل شكل (تعاقد) فيما بينهم، الغرض منه العيش معاً بسلام وفي إطار مجتمع مدني يوفر لهم ضمانات دائمية وحماية مشتركة عامة، مجتمع يدير شؤونه حاكم (أو - ملك) لم يكن طرفاً في (العقد)، وإنما تعاقد سائر أفراد الجماعة - بعد أن تنازلوا له عن حرياتهم وحقوقهم - أن يطالبوه بأي شيء منها، في مقابل أن يوفر لهم الأمن والسلام، وضمان أن يعيش كل فرد بمنأى عن عدوان الآخر عليه، أو ظلمه.

ولعل مما تجدر الإشارة إليه، في هذا السياق، أن نظرية (هوبز) هذه تفسير أصل ونشأة الاجتماع البشري، وقيام المجتمع، على أساس (التعاقد) إنما كان الغرض منها:

1- إيجاد أساس فلسفي - لا ديني لإستحواذ (الملك) على السلطة، كبديل لنظرية (الحق الإلهي للملوك) التي تستند إلى أساس ديني، وكان المعوّل عليها خلال القرون الوسطى.

2- إيجاد تبرير فلسفي، وتاريخي (ولو على أساس افتراضي) لنظام الحكم المطلق.

جون لوك – John Lock (1632 - 1704) :

اختلفت نظرة (لوك) إلى الطبيعة البشرية عن نظرة (هوبز)، كما اختلف رأيه في الظروف التي كان يعيشها البشر في ظل (حالة الطبيعة) عن رأي (هوبز). فالإنسان، برأي (لوك) ليس أنانياً وعدوانياً بشكل عام (وإن وجدت بعض الاستثناءات). كما أن (حالة الطبيعة) التي عاش البشر ـ في ظلها في البداية، لم تكن (حالة حرب)، بل كان الإنسان، برأي لوك، في (حالة الطبيعة) مشبعاً بروح الحرية والعدالة، فحالة الطبيعة لم تكن تخلو من (القوانين)، وإنما على العكس كان فيها (قوانين طبيعية) يراعيها أفراد البشر، ويعتمدون عليها في تنظيم علاقاتهم.

غير أن (حالة الطبيعة) لم تكن ملائمة للبشر ـ واستمرار حياتهم وعلاقاتهم، وذلك لأن (القوانين الطبيعية) التي كانوا يعتمدون عليها في تنظيم علاقاتهم كانت تتسم بالغموض والقابلية للتأويل، وتحمل أكثر من تفسير أو معنى، الأمر الذي كان من شأنه، عند تصادم مصالح أفراد البشر ـ وتداخلها، أن يؤدي إلى اختلافهم ونشوب المنازعات بينهم (سواء بسبب ملكية الأراضي، أو بسبب أسلوب الاستفادة من المياه في ري أراضيهم) ونظراً لأنه ليس هناك في (حالة الطبيعة) ثمة (حكم) يقوم بالتحكيم بينهم والفصل في منازعاتهم، فإن خصوماتهم تظل دون حسم أو حل. ويمكن أن نلخص من ذلك كله إلى أن (حالة الطبيعة) كانت تفتقر إلى:

1. قوانين واضحة.

2. قاضي، أو حكم، عادل يفصل في منازعات أفراد البشر، ويحكم بينهم.

3. جهاز تنفيذي يتولى تنفيذ قرارات القاضي (أو الحاكم).

واعتقد (لوك) أن أفراد البشر عمدوا، في سبيل إيجاد حل لهذا الإشكال، إلى الاتفاق فيما بينهم على أن يختاروا من بينهم من يتولى وظيفة (الحاكم) ويعمل على إقرار (قوانين) واضحة، دقيقة، لا لبس وغموض فيها، لا تقبل التأويل، كما يعمل على إيجاد ما يلزم من ترتيبات لإقامة سلطة تنفيذية، مهمتها الأساسية تطبيق تلك القوانين، للحيلولة دون استمرار

التنازع أو تفاقم الخلافات بين أفراد الجماعة. ويقتضي الاتفاق أن يتم (التعاقد) بين أفراد الجماعة من جهة، وبين من يتم اختياره لكي يتولى وظيفة (الحاكم) أو (الملك). ويقتضي (العقد) أن يتنازل أفراد الجماعة عن (بعض) حقوقهم - وبالأخص حقوقهم في الفصل بين المختلفين المتنازعين لصالح السلطة العامة التي توكل إليها مهمة الفصل والحكم بينهم، أما (الحقوق) الأخرى، فقد ظل أفراد الجماعة محتفظين بها لأنفسهم ويتمتعون بها دون أي تدخل من أية سلطة كانت، وبالتالي لا يجوز لـ(الحاكم) أو (الملك) المساس بها، بل إنه مُطالب بحمايتها، مقابل طاعة أفراد الجماعة له، ومعنى هذا أن (الحاكم) أو (الملك) برأي (لوك) له صلاحيات وسلكات محددة في قانون أساسي، أو (دستور) ويمارسها في ضوء ما جاء في هذا الدستور. وإن (العقد) إنما تم بين (أفراد الجماعة) من جهة، وبين (الحاكم) من جهة أخرى، و(الحاكم) إذن طرف في (التعاقد). وأن أفراد الجماعة قد تنازلوا عن (بعض) حقوقهم وليس كلها. وطالما يؤدي (الحاكم) الواجب الذي لأجله نصّب حاكماً فهو باق، إلا أنه إذا قصّر في واجبه هذا، فمن (حق) أفراد الجماعة (استبداله) بآخر. فالحاكم، إذن، برأي لوك، ليس مطلق السلطة والصلاحيات) فهو يتمتع بحقوق أكثر من أي من مواطنيه أو رعيته ودوره لا يتعدى دور (الحكم) - العادل، الذي يحكم بين أفراد رعيته بالعدل، فإن لم يعدل، أو طغى، جاز للرعية عزله واستبدال آخر به.

ولعل مما تجدر الإشارة إليه في هذا السياق، أن نظرية (لوك) هذه في تفسير أصل ونشأة الاجتماع البشري، وقيام المجتمع، من خلال رده إلى (التعاقد الاجتماعي) إنما كان الغرض منها:

1. التأكيد على أن أفراد البشر يتمتعون بـ(حقوق طبيعية) مقررة بحكم الطبيعة وهم من خلال (التعاقد) إنما يتنازلون عن (البعض) منها، أما بقية الحقوق الطبيعية، فأنهم يظلون يتمتعون بها حتى في ظل قيام المجتمع البشري، على أساس (العقد الاجتماعي)، وفي مقدمة تلك الحقوق الطبيعية - الحرية - حرية التفكير، حرية السلوك، حرية التعبير عن الرأي...الخ، ولقد كان هذا التأكيد أساس قيام ما صار يعرف بـ(المذهب الليبرالي) في السياسة والاجتماع، والذي نجد تمجيداً له في

المجتمعات الأوروبية والمجتمع الأمريكي من خلال تقديس (الحرية الفردية).

2. إيجاد تبرير نظري - فلسفي لنظام الحكم الملكي ــــ الدستوري، فالملك يحكم ويمارس سلطته وصلاحياته وفق ما هو مقرر منها في الدستور، وليس من حقه أن يتجاوزها، إذ عندئذٍ يكون عرضه للمحاسبة بل والخلع.

جيوفاني ياتيستا فيكو – (1667 – 1744):

يمك القول، انه كان للأبحاث والدراسات المعنية بدراسة (التاريخ) وتوجهاته ومساره، وإجمالاً (فلسفته) - كان لها أثر كبير، أيضاً، في تهيئة الظروف والإمكانات لقيام دراسة مستقلة للمجتمع البشري قائمة بذاته، لها موضوعاته المحددة، ومناهجها الخاصة - تلك الدراسة التي صارت تعرف، بعدئذٍ باسم (علم الاجتماع). ولقد كان للدراسات المتعلقة بـ (فلسفة التاريخ) تأثيرها من خلال تأكيدها على ضرورة الكشف عن القوانين العامة التي يخضع لها نمو وتطور المجتمع البشري، إنطلاقاً من دراسة الوقائع التاريخية وتفسيرها.

ومن الرواد الأوائل لهذا النوع من الدراسات - في مجال (فلسفة التاريخ) المفكر (فيكو)، الذي ألف كتاباً بعنوان (العلم الجديد) حاول فيه إبراز (القانون) الذي يسير عليه تطور المجتمع البشري. لقد اعتقد (فيكو) بأن حركة المجتمعات، أو الشعوب، تمثل وحدة متماسكة، وأنه من خلال التطور تمر المجتمعات في ثلاث مراحل هي:

1. المرحلة الدينية: أو الدور الألهي: وفي هذا الدور يشكل (الخوف) من (المجهول) الدافع الأساسي الذي يكمن وراء تصور الإنسان للألهة والإيمان بقدراتها الخارقة، ومن ثم فإن تفكير أفراد المجتمعات التي تمر بهذا الدور، يطغى عليها الإعتقاد بالخرافات والأساطير، وتبعاً لذلك يعمد أولئك الأفراد إلى تفسير كل الوقائع والأحداث التي تشهدها الحياة - سواء على الصعيد الإنساني، أو الطبيعي، من خلال إرجاعها إلى إرادات الآلهة والأرواح، الخيّرة أو الشريرة. ومما يميز النظام السياسي السائد خلال هذا الدور، كونه نظاماً (ثيوقراطي).

2. المرحلة البطولية: أو الدور البطولي: وخلاله يبرز الأفراد الذين يتميزون في نظر

غيرهم من أفراد المجتمع بقدرات إستثنائية أو خارقة، تجعلهم في نظر الآخرين، في مرتبة أنصاف الآلهة، ويتمثل هؤلاء برؤساء الأسر الكبيرة، أو الملوك. وخلال هذا الدور يتحرر أفراد البشر من السيطرة المطلقة للدين، إلا أنهم يغدون خاضعين لسيطرة أبطال خارقين من بني جنسهم، كما أنه في هذا الدور يسود حكم العقل على حكم الإيمان بمسلمات الأديان، وبالتالي يغدو الجو العقلي مناسباً لظهور مبادئ الفلسفة والفنون والآداب، أما النظام السياسي الذي يبرز من خلاله هذا الدور، فإنه النظام (الأرستقراطي).

3. المرحلة الإنسانية، أو الدور الإنسان: وفيه تسود الحقوق المدنية والسياسية في ظل الحرية، وتختفي الفروق والامتيازات التي يتمتع بها البعض الآخر، ولا يكون للدين، خلال هذا الدور، من وظيفة أو غاية في المجتمع سوى العمل على رفع مستوى الأخلاق العامة. كما يسود الرخاء ويزداد الترف، حيث يكون كل فرد مسؤولاً عن عمله وعن إنجازه في ظل المنافسة الحرة، أما من الوجهة السياسية، فإن هذا الدور يتميز ببروز النظام (الديمقراطي).

مونتسكيو – Montesqien (1689 – 1755):

يمكن القول، أن (مونتسكيو) كان من الرواد الأوائل لذلك البحث الذي مالبث أن عُرف بـ (فلسفة القانون)، أو (فلسفة الحقوق)، الذي ساهم بشكل أو بآخر في دفع التفكير الاجتماعي باتجاه التخلص من الطابع المعياري والأخذ بالطابع العلمي - الموضوعي، ولقد جاءت جهوده في هذا السبيل من خلال كتابه الشهير (روح القوانين – L Esprit des Lois) الذي ألفه عام (1738) وعلى الرغم مما يتصف به هذا الكتاب من تحليلات تتسم بالمبالغة، فإن الاهتمام الذي أظهره (مونتسكيو) فيه بالكشف عن (القوانين) التي تتحكم بسيرورة المجتمع، جعلت منه مفكراً ينظر إلى الواقع والأحداث الاجتماعية نظرة أكثر واقعية. ولقد كان لتعريف (القانون) بأنه: "العلاقة الضرورية التي تشق من طبيعة الأشياء" اثر كبير في توجيه الفكر وتوجيه مسارها، على غرار ما تتحكم القوانين الطبيعية، في العالم المادي - الطبيعي بمسار الظواهر الطبيعية.

ولعل هذا ما جعل (اميل دور كايم) يبين فيما بعد - في معرض تعقيبه على أثر (مونتسكيو) في نشأة علم الاجتماع وتأسيسه - أن (مونيسكيو)، عند طرحه لهذا التعريف " كان يدرك إدراكاً تاماً أن هذا التعريف الرائع للقانون الطبيعي يُطّبق على المسائل الاجتماعية، كما على المسائل الأخرى وأن موضوع كتابه (روح القوانين) هو بالتحديد بيان كيف أن النُظم التشريعية تستمد أساساً من طبيعة البشر ومن بيئاتهم).

والواقع أنه، علاوة على اهتمام (مونتسكيو) بموضوعه الرئيسي - (فلسفة القانون) أو (فلسفة الحقوق) - فإنه مما يُلاحظ أنه قد ضمّن كتابه، أيضاً، أفكاراً وآراءً بخصوص العوامل والمؤثرات التي تؤثر في سير المجتمعات وتغيّرها وتطورها، ولا سيما تأثير (العامل الجغرافي)، إذ يُلاحظ أنه قد أبرز، بشكل مبالغ فيه، أثر الطبيعة والمناخ في طبائع الشعوب والأمم، وبالتالي في مسيرة التاريخ البشري.

جان جاك روسو - J.J. rousseau (1712 - 1778):

اعتقد (روسو) - المفكر السويسري المولد، الفرنسي النشأة والثقافة، أن الإنسان كان (خيّراً) بطبعه، وأنه كان يعيش في ظل (حالة طبيعية) في جو من (الحرية المطلقة والمساواة التامة). ولكن عندما اكتشف الإنسان (الزراعة) وأخذ يميل إلى الاستقرار واستثمار الأرض من خلال العمل على زراعتها (أي: غدا مدنياً - مستقراً على نحو ما) يبدأ التفاوت والاختلاف بين أفراد البشر، وبدأت - تبعاً - لتلك - الاختلافات والنزاعات بين أقراد البشر، حول ملكية الأرض المزروعة. ومن جراء ذلك تحولت (حالة الحرية والمساواة) إلى (حالة من الشقاق والتنازع - بل واللامساواة، بسبب عدم توافق أفراد البشر في القدرات والإمكانيات).

ويرى (روسو) أنه لم يكن هناك ثمة سبيل لتجنب حالة الإضطراب والفوضى الناجمة عن ذلك، سوى لجوء أفراد البشر - أو جماعة البشر - إلى إبرام (عقد اجتماعي)، يتفق الجميع بموجبه على أن يتخلى كل فرد من أفراد الجماعة عن (كل) حقوقه وايكالها أو تسليمها إلى (المجموع)، مقابل أن يضمن (المجموع) لكل فرد حقوقه وحرياته المدنية.

ولكن، بما أن (المجموع)، ليس شخصاً حقيقياً مجسداً، ليس بإمكانه أن يُمارس السلطة بشكل مباشر وفعلّي، لذا فقد اقتضى ذلك قيام (شخص حقيقي معّين) بممارسة السلطة، نيابة عن (المجموع) وباسمه، هذا الشخص هو (الحاكم) - أو (الرئيس)، ويُعد الممثل لـ (المجموع)، والمعبّر عن (إرادته)، والمنفّذ لسلطته فالإرادة والسلطة هما للمجموع - (الشعب)، (الحاكم) فليس سوى (المُمثل) الذي اختاره (المجموع) للتعبير عن إرادته وسلطته والمعتمد لتنفيذها.

ومعنى هذا، أن (الحاكم) ليس طرفاً في (العقد) وإنما هو مجرد (ممثل) يُخوله (المجموع) السلطة، ويحق للمجموع (استرجاع) سلطته منه إذا ما تبين له أن هذا الممثل (لا يخدم) مصالح المجموع.

ولعل مما يجدر ذكره، في هذا السياق، أن طروحات (روسو) هذه إنما كان يقصد منها، بالدرجة الأولى، إيجاد أساس فلسفي وتاريخي (وإن كان إفتراضياً) لقيام نظام الحكم النيابي القائم على (التمثيل) الشعبي - الديمقراطي وإجمالاً نظام الحكم الجمهوري الديمقراطي، كما هو حاصل ومتحقق في أنظمة الحكم الديمقراطية الأوروبية - الغربية.

مالثوس - Malthus (1766 - 1834):

لقد كان لهؤلاء المفكرين، إجمالاً، تأثير كبير في توجيه الفكر الاجتماعي نحو التزام جانب الموضوعية والدقة، والسعي إلى قتراب البحث في المسائل الاجتماعية من البحث في المسائل الطبيعية التي تفسرها مبادئ، وتتحكم بها قوانين.

ولعل مما سارع في توجيه الفكر الاجتماعي نحو هذه الوجهة، ما خلفته (الثورة الفرنسية - 1789) من فوضى وحروب وما نجم عن هذه من مآسي اجتماعية، كان لها تأثير كبير في دفع اهتمام المفكرين المعاصرين لها نحو البحث عن حلول للمشكلات الاجتماعية المتفاقمة.

كما كان لما شهده المجتمع الأوربي، عموماً، وعلى وجه التخصيص في انكلترا من قيام (الثورة الصناعية)، وما أحدثته من إنقلاب في البنيات الاجتماعية ما أدت إليه من نشوء

علاقات اجتماعية جديدة، نتيجة إزدهار الصناعة، واكتظاظ أطراف المدن الصناعية بما يمكن أن نسميه (أحزمة الفقر) التي هي عبارة عن مجمعات سكنية وأحياء سكنية تضم مساكن القوى العاملة في المصانع والمعامل، والتي كانت تتصف بالإزدحام الشديد والافتقار إلى أبسط المستلزمات الصحية، الأمر الذي أدى بالمحصلة النهائية إلى تردي الأوضاع الاجتماعية في أوساط ساكني تلك المجتمعات وتفاقم أحوالها الصحية والثقافية والاقتصادية.

فكان من الطبيعي أن يؤدي ذلك كله إلى تنامي البحث الاجتماعي وسعيه لإيجاد حلول وعلاجات لتلك الأوضاع والمشكلات الاجتماعية.

ولقد كان من جملة مظاهر البحث الاجتماعي التي تنامت إثر ذلك - الدراسات السكانية، التي حاولت رصد ظاهرة تزايد السكان أو تناقضهم، والأسباب والنتائج الناجمة عن ذلك. ولعل من أهم الدراسات التي عالجت هذه المواضيع - دراسات (مالثوس).

لقد كانت الظاهرة الأساسية التي استلفتت انتباه (مالثوس) وتصدى لدراستها هي: ظاهرة التزايد الهائل لأفراد البشر خلال فترات محددة، وكان ما لفت انتباهه إليها، ما لاحظه من اكتظاظ المدن الانكليزية الكبرى بالسكان.

وأراد من خلال دراسته لهذه الظاهرة، معرفة (أسباب) ذلك وهل هي أسباب (طبيعية)، وهل يمكن التوصل إلى (قانون) يتحكم بهذه الأسباب الطبيعية. وقد عرض (مالثوس) نتائج دراسته في كتابه الذي نشره عام (1803) بعنوان: (مقالة في مبادئ السكان). وقد خلص فيه إلى (قانون) مهم مفاده: إن إعداد البشر تزداد وفقاً لمتوالية هندسية – أي (4/3/2/1). ومعنى هذا، أن هناك ميلاً طبيعياً في الجنس البشري للتزايد والتكاثر بقدر أسرع وأكبر من مقدار الزيادة والنمو في المواد الغذائية، والنتيجة الضرورية التي تلزم عن ذلك هي قصور الموارد الغذائية، على المدى البعيد، عن ملاحقة الزيادة السريعة في أعداد البشر" الأمر الذي يعني أن البشرية ستواجه، في المستقبل، ظروفاً صعبة وأزمات عصيبة.

وإعتقد (مالثوس) أن هناك ثمة موانع طبيعية يمكن أن تحول دون زيادة أفراد البشر ـ عن الحد الذي يتناسب مع موارد العيش، وهذه الموانع تتمثل في:

أ- تفشي الأمراض الوبائية - التي تحصد أعداداً كبيرة من البشر.

ب- إندلاع الحروب - التي تؤدي إلى مقتل أعداد كبيرة من البشر.

ج- حدوث القحط، الذي من شأنه أن يؤدي إلى انتشار المجاعة، التي يمكن أن تودي بحياة أعداد كبيرة من البشر بسبب حرمانهم من العناصر الأساسية للغذاء.

فهذه ا لموانع الطبيعية، من شأنها - برأي (مالثوس) - أن تعمل على إزالة الاختلال بين أعداد البشر من جهة، وبين موارد الغذاء من جهة أخرى، وإعادة التوازن بين هاتين الكفتين على حالته (الطبيعية)، اي، أنه كلما حدث الإختلال بين تلكما الكفتين فإن تلك الموانع (الطبيعية) تتدخل لكي تزيل الاختلال، وهذا ما يبقى مسيرة البشرية، ووضعها العددي ضمن الحدود (الطبيعية) التي تتناسب مع مقدار ما هو متوفر أو متاح من موارد غذائية كافية.

والواقع، أن (مالثوس) قد واصل، على ما يبدو، التفكير والبحث في هذه الظاهرة - ظاهرة تزايد أعداد البشر، حتى بعد صدور كتابه المذكور. والدليل على ذلك أنه قد أضاف، في الطبعة الثانية من الكتاب، إلى الموانع الطبيعية المذكورة أعلاه، موانع أخرى تابعة من (إرادة) أفراد البشر أنفسهم، ومن اختيارهم وتتمثل هذه الموانع (البشرية - الإرادية) في:

أ- صرف الرجال النظر عن الزواج، بدافع أخلاقي.

ب- عند الإقدام على الزواج، الحرص على عدم الإنجاب.

ج- عند الرغبة في الإنجاب، الحرص على الإقلال من عدد المواليد (تحديد النسل).

إن هذه الموانع - سواء الأولى التي تؤدي إلى تزايد عدد الوفيات، أو الثانية التي تؤدي إلى قلة الولادات - من شأنها مجتمعة، أن تؤدي إلى التخفيف من زيادة أعداد البشر، وبالتالي العمل على إعادة التناسب والتوازن بين كفة إعداد البشر من جهة، وكفة الموارد الغذائية من جهة أخرى.

والواقع، أن مساهمة (مالثوس) في الدراسات الديموغرافية - السكانية، خلال القرن

التاسع عشر، قد تركت أثراً بالغاً في الفكر الاجتماعي وتطوره باتجاه اكتساب الصفة الموضوعية - العلمية. فقد وضح تفسيره أسباب زيادة السكان، وتفاقم مشكلة الفقر في انكلترا، خلال بداية الثورة الصناعية. وساهمت آراؤه في تطوير الاقتراحات التي وضعت لإصلاح الظروف الاجتماعية والاقتصادية، ولعل أبرز دليل على تأثيره - الانتقادات التي وجهها للسياسة الاجتماعية التي كانت الحكومة البريطانية تتبعها في ذلك الوقت - بل يمكن القول، أن جميع الانتقادات التي وجهت لقوانين وتشريعات المصانع ونقابات العمال، قد اعتمدت على أفكار (مالثوس) وقد دلّت المجتمع البشري على السبيل الذي يُمكنّه من ضبط وتقييد زيادة أعداد أفراده، وذلك باستعمال وسائل أخرى - عدا وسيلة عدم الزواج، أو تأخير الزواج - ويتمثل هذا السبيل بفكرة (تحديد النسل)، التي كان لها، بلا شك، تأثير كبير في تمكين المجتمعات من التوصل إلى تحقيق (التوازن) بين أعداد أفرادها ومقادير مواردها الغذائية. ولعل مما يدلل على نجاحة هذا السبيل، أنه ما زال يُطبع، كما نلاحظ، حتى في أيامنا هذه، في أوساط الأسر التي تنشد الحفاظ على مستوياتها المعيشية كما هي، وتحول دون أن تؤدي زيادة أفرادها إلى تخفيضها أو إنحدارها.

الباب الرابع

الفكر الاجتماعي في المرحلة
العلمية – الوضعية

الفصل العاشر

أوغست كونت – August Cont

(1858 – 1798)

كان (كونت) فيلسوفاً اجتماعياً فرنسياً، برز نشاطه الفكري خلال النصف الأول مـن القـرن التاسع عشر، ذلك النشاط الذي جعل منه الأب المؤسس لـ(علم الاجتماع).

لقد إنشغل (كونت) منذ مطلع شبابه بالنتائج السلبية التي أسفرت عنها (الثورة الفرنسية – 1789)، كما روعته الفوضى التي نجمت عن تفويض الكيانـات الاجتماعيـة الوسيطة، بـين (الأسرة) و (الدولة)، بالقوة وهذا ما جعل التفكير في إصلاح المجتمع هو شغله الشاغل، والهدف الذي كرس له حياته.

ويمكن إرجاع بدايات نشاطه الفكري إلى إلتقائه، عندما كان في التاسعة عشرة من عمره، ولا يزال طالباً في مدرسة (البوليتكنيك). بالمفكر الفرنسي المعروف: هـنري دي سـان سـيمون – Simon Saint – (1760 – 1825) وعمل سكرتيراً له يقرأ البحوث ويلخصها له.

والواقع، أن (كونت) و (سان سيمون) قد عملا معاً منـذ عـام 1817 حتـى 1823 وكانـت علاقتهما في عملها وثيقة إلى درجة غدا من الصعب معها التمييز بين مساهمة كـل مـنهما وإضافته إلى التفكير الاجتماعي. ولعل ما يدلل على ذلك، البحث الذي اشتركا في إعداده والمعنـون بـ (خطـة العمليات اللازمـة لإعادة تنظيم المجتمـع – plan of the Scientific Operations Necessary for the Reorganization of Society وقد سمّى (كونت) هذا البحث في ما بعد باسم آخر هو: "اكتشاف عـام 1822 العظيم". وقد أكد كلّ من (كونت) و (سان سيمون) في هذا البحث، على أنـه يجـب ن تصبح السياسة (فيزياء اجتماعية)، وهي برأيهما، فرع من (الفسيولوجيا) لأن كل فرع من فروع

المعرفة ينبغي أن يمر بمراحل (ثلاث)، هي: المرحلة اللاهوتية، والمرحلة الميتافيزيقية، والمرحلة الوضعية" ومن ثم فإن هدف (الفيزياء الاجتماعية) يتمثل في اكتشاف (القوانين الطبيعية) الثابتة للتقدم الاجتماعي، التي تماثل في ضرورتها ضرورة (قانون الجاذبية)، على سبيل المثال.

غير أن (كونت) ما لبث أن أنفصل عن (سان سيمون)، بعد نشر هذا البحث، الأمر الذي أسفر عنه زعزعة أوضاع (كونت) الاقتصادية" إذ لم يحظ (كونت) منذ ذلك الحين بوضع مالي مناسب، أو استقرار، وصار يعتاش على إعطاء دروس خصوصية لبعض اللاميذ الراياضيات،وبعض مصادر الرزق الأخرى.

إلا أن (كونت) مالبث أن لقي دعماً من مجموعة صغيرة من المعجبين بآرائه، دعته لإلقاء سلسلة من (المحاضرات) عن **(الفلسفة الوضعية)** بالتدريج، بين عامي 1830 و 1842، وهذه المحاضرات قد شكلت، في الواقع، مؤلفه الرئيسي الضخم، الذي عنونه بـ (دروس في الفلسفة الوضعية – Course of Positive Philosophy) – الذي نشر في (ستة) مجلدات، وفي سنوات حياته الأخيرة، بين عامي (1851) و (1854) ألفَ (كونت) كتاباً آخر، بعنوان: (مذهب في السياسة الوضعية System of Positive Polities) نُشر في (أربعة) مجلدات، وقد طبق فيه (كونت) مكتشفات (علم الاجتماع) النظري، وقدرته على حل المشكلات الاجتماعية في عصره. وتبعاً لذلك يمكن القول: أن (كونت) قد حقق الهدف الذي كرّس له حياته، والذي يتمثل في إصلاح المجتمع وتحسين أوضاعه.

ويمكن القول، أن مجمل آراء (كونت) وطروحاته السوسيولوجية، تشكل نسقاً تتركز في قطبه قضيتان متلازمتان:

- الأولى، هي: (قانون) المراحل الثلاث.
- والثانية، تتمثل في المبدأ النظري الذي مؤداه أن العلوم تنتظم في نسق تسلسلي يشغل (علم الاجتماع) قمته.

لقد اعتقد (كونت) أن تأخر الإنسان في التوصل إلى المعرفة العلمية – الموضوعية أمر طبيعي، لأن الفكر الإنساني مرّ في عملية تطوره، مجالات (ثلاثة)، هي:

أولاً:الحالة اللاهوتية:

وفيها يميل الإنسان إلى تعليل شامل وغائي للعالم، أي أنه يسعى إلى تفسير التطورات والتغيرات والظواهر التي تحدث في العالم بعزوها إلى قدرة خارقة، غير مرئية، إلاهية.

والواقع، أن هذه الحالة، بحد ذاتها، قد مرت بثلاث مراحل:

ففي المرحلة الأولى كان أفراد البشر يعتقدون أن الآلهة تسكن الأشياء والموجودات الطبيعية، فالأشياء (حية) أو تنطوي على حياة، وهذه الحيوية هي التي توجهها وتسيرها.

وفي المرحلة الثانية تصاعد الوعي لدى أفراد البشر وتنامى إلى حد الاعتقاد بأن (الآلهة) تشكل سلالات ومراتب، وبالتالي تتحكم بالموجودات والأشياء والظواهر الطبيعية، على مستويات. وما لبثت هذه المرحلة إن انتهت إلى الاعتقاد بـ(إله) واحد، هو خالق العالم، والكون برمته، ومدبّر لكل ما يتخلله من ظواهر، ومسيّر لكل ما فيه من أمور.

ثانياً: الحالة الميتافيزيقية:

وفيها إنصرف أفراد البشر عن تعليل وجود الأشياء والموجودات وحدوث الظواهر، من خلال عزوها إلى تأثير قدرات (الآلهة) إلى تعليلها بوجود (قوى) كامنة في الأشياء أو الموجودات، هي التي تؤثر وتؤدي إلى إحداث الظواهر. فالنبات - مثلاً - ينمو لأن فيه (قوة) أو (نفساً) نباتية، والنار تحرق لأن فيها (قوة) الاحتراق. ثم مالبث الوعي الإنساني أن قطع شوطاً آخر، خلال هذه المرحلة، انتهى به إلى استبدال (النفوس) أو (القوى) الجزئية، التي تسكن الموجودات والأشياء، في الطبيعة، بـ (قوة) هائلة، عظمى، منفصلة عن الأشياء والموجودات هي: الطبيعة التي فسرّ بها كل شيء.

ثالثاً:الحالة الوضعية:

وهي الحالة التي توصل فيها الإنسان إلى الاعتماد على (العقل) و (العلم)، واستخدام أساليبه في فهم ما يجري حوله من أحداث وظواهر، صارفاً الحالة التي توصل فيها الإنسان إلى الاعتماد على (العقل) و (العلم)، واستخدام أساليبه في فهم ما يجري حوله من أحداث

وظواهر، صارفاً اهتمامه في البحث عن السعي إلى معرفة الحوادث وأسبابها الأولى، مولياً اهتمامه، مقابل ذلك، إلى البحث عن (القوانين) التي تنظم علاقات الأشياء والموجودات ببعضها البعض.

تلك هي الحالات (الثلاث) التي مّر بها الفكر البشري، خلال تطوره ولم يكن لهُ يدّ من ذلك، فالإنسان نفسه يمّر، برأي (كونت)، في وعيه وتفكيره، بتلك الأحوال: فهو في طفولته يعيش الحالة اللاهوتية، وفي شبابه يمر بالحالة الميتافيزيقية، أما في رجولته ونضجه فإنه يعيش الحالة الوضعية، ولكن ليس معنى هذا، أن البشرية قد مرّت بتلك الحالات على التوالي، ذلك أنه يشهد عصر واحد، إنماطاً من التفكير يطابق كل منها حالة من تلك الحالات، وتبعاً لذلك، فقد يشهد عصر العلم، وجود عقلية لاهوتية وأخرى ميتافيزيقية، وثالثة وضعية، وقد اعتقد (كونت) أن السبب في ما تقاسيه المجتمعات من مشكلات واضطرابات إنما مردّه إلى هذا التباين والتعرض في إنماط التفكير.

ولا سبيل، برأي كونت، إلى إنقاذ الوضع إلا بتوحيد نمط التفكير، وتشبعّ العقول بفلسفة وضعية عامة، تقوم على أساس المنهج الوضعي وحده، والقضاء على ما تبقى من مظاهر التفكير الميتافزيقي ويقتضي ذلك التعامل مع الظواهر الاجتماعية بنفس طريقة التعامل مع الظواهر الطبيعية، إذ بذلك فقط يمكن أن يتوحد المنهج ويغدو عاماً كلياً. وإن التعامل مع الظواهر الاجتماعية وفق هذاا لمنهج، يقتضي اعتبارها خاضعة لقوانين محددة ضرورية، وليس للأهواء أو المصادفات، كما يقتضي أن يوجّه الباحثون جهودهم نحو الكشف عن تلك القوانين ولا يمكن أن يتحقق ذلك إلا بقيام (علم) جديد مهمته ومجاله - دراسة الظواهر الاجتماعية دراسة علمية وضعية تقوم على أساس الوصف والتحليل والمقارنة.

غير أنه، لكي لا يبقى أي مجال للتشويش والإضطراب في مجالات المعرفة والعلوم المختلفة، لابد من تصنيف تلك العلوم تصنيفاً نهائياً يحدد بدقة مجالاتها وفروعها، ووفقاً لـ (قانون الحالات الثلاث)، وبموجب التطور التاريخي والمنطقي للعلوم، فإن تلك العلوم إنما تضم (ستة) علوم متباينة، هي بالترتيب:

1. علم الرياضيات.

2. علم الفلك.

3. علم الفيزياء.

4. علم الكيمياء.

5. علم الأحياء.

6. علم الاجتماع.

فعلم الاجتماع هو برأي كونت، آخر العلوم، ويتربع على قمتها.

وهنا، لنا أن نتساءل، ترى ما هو (علم الاجتماع) هذا، الذي جعله (كونت) آخر العلوم؟

إنه، كما أكد لنا كونت (العلم النظري المجرد المختص بدراسة الظواهر الاجتماعية دراسة تعتمد على منهج شبيه بمنهج علم الفيزياء).

ويتمثل هذا المنهج في اتباع الخطوات والإجراءات التالية:

أولاً : الملاحظة الدقيقة للظواهر الاجتماعية.

ثانياً : التجربة: وذلك بدراسة ما يحدث عقب التغيرات السريعة التي تغيّر من نسق الظواهر الاجتماعية.

ثالثاً : المقارنة بين المجتمعات المختلفة، وأحوالها في الماضي والحاضر، وتتبع التطورات والأحوال المتعاقبة التي مرت بها المجتمعات البشرية، ومقارنة هـذه الأحوال والتطورات، بعضها مع بعض، بغية التوصل إلى معرفة (القوانين) العامة التي تتحكم بحدوثها.

وبما أن المجتمع، حسب اعتقاد (كونت)، أشبه ما يكون بجسم الكائن الحي، وبمـا أن (علـم الأحياء) يميّز في دراسته لجسم الكائن الحي بين ناحيتين رئيسيتين:

– الناحية المورفولوجية (أي – التشريحية)، وموضوعها: تركيب جسم الكائن الحي وتنظيمه.

– الناحية الفسيولوجية، وموضوعها: معرفة وظائف أعضاء الجسم الحي، وكيفية نموه وتطوره.

فإن (علم الاجتماع) عليه، حسب رأي كونت، أن ينظر إلى المجتمع والظواهر الاجتماعية، نظرة مماثلة، بحيث يُميز بين:

– دراسة المجتمع (كما هو قائم) في حالته الساكنة.

– دراسة المجتمع (في حركته ونموه، وتطوره أو تقدمه).

وتبعاً لذلك، فقد إرتأى (كونت) أن الدراسات الاجتماعية ينبغي أن تنقسم إلى قسمين رئيسيين هما:

أولاً : الستاتيكا الاجتماعية.

ثانياً :الداينميكا الاجتماعية.

أما (الستاتيكا الاجتماعية)، أو (علم الاجتماع الستاتيكي – أي: الساكن) فموضوعها دراسة المجتمعات البشرية، دراسة أشبه بالدراسات التشريحية حيث يتم الاهتمام بالمؤسسات الاجتماعية، كما هي، في مرحلة معينة من مراحل تاريخها أي: دراسة العلاقات القائمة بين العناصر المختلفة التي يتكون منها نظام اجتماعي معين: تلك العلاقات التي تتجلى في التأثير المتبادل بين العناصر – الدينية، والأخلاقية، والسياسية، والاقتصادية.

وأما (الداينميكا الاجتماعية)، أو (علم الاجتماع الداينميكي – أي: المتحرك) فموضوعها: دراسة المجتمعات البشرية وهي في حالة تطورها وحركتها، بغية معرفة (قوانين) التقدم التي ستساعد على معرفة حاضر وماضي البشرية، وتحديد أو تشخيص، العوامل التي ساهمت في تكوينها، و (الداينميكا الاجتماعية) هي، على حد تعبير (كونت) – (علم قوانين التقدم) التي تخضع لها البشرية بمجموعها، في تطورها وانتقالها من حال إلى حال.

لقد كتب (كونت) في كتابه المعنون بـ (مذهب في السياسية الوضعية)، الذي نشره في أربعة مجلدات، ما يلي: (لدينا الآن فيزياء فلكية، وفيزياء أرضية، آلية أو فيزياء أخرى وأخيرة - (الفيزياء الاجتماعية)، لكي نستكمل معرفتنا بالطبيعة وإنني أعني بالفيزياء الاجتماعية العلم الذي تكون دراسة الظواهر الاجتماعية فيه موضوعية، على أن ينظر إلى هذه الظواهر بنفس الروح الطبيعية التي ينظر بها إلى الظواهر الفلكية، أو الظواهر الفيزيائية المتعلقة بالطبيعة، أو الظواهر الكيميائية، أو الظواهر الفيسيولوجية، وبتعبير آخر: إنني أعني بالفيزياء الاجتماعية - إخضاع الظواهر الاجتماعية لقوانين ثابتة لا تتغير، يكون اكتشافها هو الموضوع.

والواقع، أن (كونت) كان يعتزم أن يسمي هذا العلم الجديد بـ (الفيزياء - "أي: الطبيعة الاجتماعية" - Social Physic)، إلا أنه سرعان ما صرف النظر عن هذه التسمية بعد أن نشر الباحث البلجيكي (أدولف كيتليه A, Ouetelet) مجموعة دراسات إحصائية عن المجتمع أطلق عليها اسم: (الفيزياء الاجتماعية)، ومن ثم فقد عمد (كونت)، عوضاً عن ذلك، إلى إشتقاق كلمة (سوسيولوجيا - Sociology - أي: علم الاجتماع) عام (1893) وهذه الكلمة تمثل إمتزاج مقطعين: أحدهما يوناني Logy - بمعنى: علم)، والآخر لاتيني Socio - بمعنى: مجتمع).

وقد أراد (كونت) أن يصف من خلالهما معاً، ما يسعى هذا العلم الجديد إلى تحقيقه وإنجازه، وفي حين يشير مقطع Logy إلى العلم، أو الدراسة ذات المستوى العالي من حيث الدقة والتعمق، فإن مقطع (Socio) يشير إلى (المجتمع). وبالتالي، فإن كلمة (Sociology) كاملة، بكلا مقطيعها، تعني - إستشقاقاً: دراسة المجتمع، دراسة علمية، تتمتع بدرجة عالية من التعميم والتجريد والموضوعية.

هذا ما قدمه لنا (أوغست كونت)، في سياق مساهمته في إنشاء أو تأسيس ما صار يسمى (علم الاجتماع) فلنحاول، الآن، التعرف على الجهد الذي بذله، من بعده، مفكر آخر (هو - اميل دور كايم) من أجل النهوض بالبناء والعمل على إنشاء كيان (علم الاجتماع).

الفصل الحادي عشر

اميل دور كايم – Emile Durkheim

(1917 – 1858)

ولد (إميل دور كايم) في مدينة (إيبينال)، جنوب شرق فرنسا، من أسرة يهودية.

وقد أرادت له أسرته أن يتجه في دراسته اتجاها دينياً، لكي ينضم إلى سلك الكهنوت (اليهودي) في حين كانت رغبته، أن يغدو أستاذا ، فكان له ما أراد، وظل كذلك طوال حياته والواقع أن سبب إشارتي إلى أصله اليهودي هو لفت الانتباه إلى احتمال أن يكون ذلك هو الدافع الكامن وراء تشكيل اهتمامه بدراسة تضامن الجماعة، بحكم كونه ينتسب إلى (أقلية دينية).

وبعد أن استكمل (دور كايم) دراسته في (مدرسة المعلمين العليا) في (باريس)، سافر إلى (ألمانيا)، حيث درس (الاقتصاد) و (الفلولكلور) و (الأنثرويولوجيا الثقافية)، وعقب عودته عيّن أستاذاً في جامعة (بوردو) عام 1887. غير أنه مالبث أن أخذ يبدي اهتماماً بالكتابة في المسائل التي تدخل ضمن موضوع الفلسفة الاجتماعية.

ولقد أدت كتاباته تلك إلى ذيوع شهرته، الأمر الذي أدى إلى تكليفه بتدريس موضوع (الاجتماع)، بالإضافة إلى تدريس موضوع (التربية) في كلية الآداب بجامعة (بوردو). ولعل مما زاد في ذيوع شهرته وتألق نجمه، إقدامه عام 1896 على تأسيس (الحولية الاجتماعية Annee Sociologique) والتي ظلت لسنوات عديدة، الدورية الأساسية للفكر والبحث الاجتماعية في فرنسا، وقد أفضى ذلك كله إلى اهتمام جامعة (بوردو) بالدارسات الاجتماعية، بل وإنشاء (كرسي) خاص لها، شغله (دور كايم) بجدارة إلى أن انتقل عام 1906 إلى جامعة السوربون، حيث شغل أيضاً (كرسي) الدراسات الاجتماعية إلى أن توفي (1917).

وقد أثرى (دور كايم) الفكر الاجتماعي بالعديد من المؤلفات القيمة، بعضها نُشر ـ أثناء حياته، وبعضها الآخر نُشر عقب وفاته, من قبل تلامذته، ولعل أهم مؤلفاته التي نشرت أثناء حياته: كتابه (تقسيم العمل الاجتماعي) الذي نشر ـ عام 1893، وكتابه (قواعد المناهج في علم الاجتماع) الذي نشر عام 1895، وكتابه (الأشكال الأولى للحياة الدينية) الذي نشر ـ عام 1912، أما مؤلفاته التي نشرت بعد وفاته، فلعل أهمها: كتاب (التربية وعلم الاجتماع) الذي نشر ـ عام 1922، وكتاب (علم الاجتماع والفلسفة) الذي نشر عام 1924، وكتاب (التربية والأخلاق) الذي نشر ـ عام 1935، وكتاب (الاشتراكية) الذي نشر عام 1938.

وذلك علاوة على إصداره، منذ عام 1896 (الحولية الاجتماعية) التي نشر ـ فيها العديد من البحوث الاجتماعية المهمة، لعل أجدرها بالذكر: بحثة المعنون بـ (طبقات المحارم في الزواج)، وبحثه المعنون بـ (الظواهر الدينية)، وبحثه المعنون بـ (الطوطمية) وبحثه المعنون بـ (نظم الزواج في مجتمعات إستراليا).

وسيتركز حديثنا عن (دور كايم) على الجهود التي قام بها من أجل إنشاء (علم الاجتماع) وإقامة كيانه وهيكله التنظيمي، والواقع أن جهوده في هذا الخصوص قد اشتملت على المساهمات التالية:

أولاً: جهودة من أجل تحديد (موضوع) علم الاجتماع.

ثانياً: جهوده من أجل تحديد خصائص ومواصفات (الظاهرة الاجتماعية).

ثالثاً: جهودة من أجل وضع (المنهج) المناسب لدراسة الظواهر الاجتماعية.

رابعاً: محاولته إبداء آراء جديدة، مبتكرة، حول العديد من المسائل والظواهر الاجتماعية، التي كانت، في أيامه، مثار الاهتمام، وفيما يتعلق بهذه سنقف قليلاً عند البعض المهم منها.

أولاً: تحديد (موضوع) علم الاجتماع:

إذ كان (أوغست كونت) قد وضع أسس علم الاجتماع، فإن الذي حدد

(موضوعه)، و (منهجه)، وواصل إنشاء هذا العلم الجديد هو (دور كايم).

والواقع، أن (دور كايم) على الرغم من اعترافه الصريح بتتلمذه على يد (كونت)، لم يجد بدّاً من إنتقاد أسلوبه في تفسير الظواهر الاجتماعية، وهو أسلوب يعتمد على التفسير العقلي، كما انتقد أولئك الذين جاءوا بعد (كونت) والذين حاولوا تفسير الظواهر الاجتماعية على أساس العلوم الأخرى، كما فعل – مثلاً – الفيلسوف الإنكليزي هربرت سبنسر (1820 – 1903)، الذي حاول تفسير الظواهر الاجتماعية من خلال الاعتماد على (علم الحياة)، الذي انشأه (داروين)، وعلى (علم النفس).

فمزج بين النظرة البيولوجية والنظرة النفسية (السيكولوجية) في تفسير الظاهرة الاجتماعية، في حين أن الظواهر (البيولوجية) و (الظواهر النفسية) وغيرها من الظواهر، وتبعاً لذلك فإنها تستدعي التعامل معها بطريقة مغايرة، ولكن قبل ذلك لابد أولاً من تحديد (ماهيتها) بصورة محددة.

ثانياً : ماهية الظاهرة الاجتماعية:

لقد إرتأى (دور كايم) أن تحديد ماهية الظاهرة الاجتماعية، وتحديد خصائصها النوعية هي من أولويات البحث العلمي – الموضوعي، لما له من صلة أساسية بقيام (علم الاجتماع) بوصفه علماً مستقلاً بذاته.

ولذلك، نجده قد خصص (الفصل الأول) من كتابه (قواعد المنهاج في علم الاجتماع) لمعالجة هذه النقطة، حيث أشار إلى أن هناك في الحياة الاجتماعية ظواهر معينة يتعذر تفسيرها في ضوء التحليلات النفسية أو الطبيعية، وأن هناك أنماطاً من السلوك، وأشكالاً من التفكير والشعور، تتميز بأنها تتم بمعزل عن إرادة الفرد، وتتصف بقوة قهر. ومن الأمثلة العديدة لهذه الظواهر يـذكر (دور كايم) الممارسات الدينية، والقواعد والممارسات المرعية في إطار الأسرة، أو ما يتعلق منها بنشـاطات الأفراد الاقتصادية أو السياسية.

ففيما يتعلق بالممارسات الدينية، نجد الأفراد يتفقون على جملة مـن الأمـور العامـة ذات الصلة بطقوسهم وشعائرهم الدينية، وكائناتهم المقدسة، والواجبات التي يتعين عليهم القيام

بها تجاه تلك الكائنات المقدسة.

وفيما يتعلق بالممارسات المرعية في إطار الأسرة، نجد الأفراد يتفقون على اتباع جملة من الإجراءات ذات الصلة بنظم الزواج والطلاق والمصاهرة والقرابة، وتقرير الحقوق والواجبات لكل فرد من أفراد الأسرة، وبالتالي فهم يتبعون أساليب وقواعر لا يحيدون عنها، ومن يحيد عنها يلقى الاستنكار والاستهجان بل حتى العقاب الصارم.

وكذلك الحال بالنسبة لممارسات الأفراد في نطاق نشاطاتهم الاقتصادية، إذ يلاحظ أنهم يسيرون، في هذا الخصوص، على وتيرة واحدة، سواء في طرق التبادل، أو الإنتاج، أو تقدير قيم الأشياء، أو في صياغة وإبرام العقود، والوفاء بما تنطوي عليه من التزامات.

وما يصدق على ممارسات الأفراد في نطاق نشاطاتهم الاقتصادية، يصدق أيضاً على ممارساتهم في نطاق حياتهم السياسية، فهم يخضعون لنظم ثابتة، وقواعد محددة ترسم لهم إجراءات قيام الحكومات، وتقسيم السلطات، وعلاقة الفرد بالحكومة وغير ذلك.

ومن جملة الظواهر الأخرى، التي استوقفت (دور كايم) - اللغة والنقود والظواهر المتعلقة بالتركيب المورفولوجي - بمعنى أن كل مجتمع، أياً كانت درجة تحضره، يتبع في الناحية المورفولوجية أساليب خاصة وأوضاع معينة، مثل: اختيار مواقع المدن، وتخطيطها، وتوسعها وتطورها، وتوزع سكانها على الأحياء، والتخلخل، والكثافة السكانية، و أسباب ذلك، لاسيما سبب الهجرة من القرى إلى المدن، كل هذه المسائل لاحظ (دور كايم) إنها تجري وتتم وفقاً لاعتبارات محددة، أو (قوانين)، وبالتالي فإنها جديرة بعدّها ضمن (الظواهر الاجتماعية).

ولقد اعتقد (دور كايم) أنه يمكن تمييز الظواهر الاجتماعية، عن غيرها من الظواهر من خلال توافر الخصائص التالية فيها:

1. **الموضوعية:** اعتقد (دور كايم) أن الظواهر الاجتماعية تتصف بكونها (موضوعية) أي أن لها وجوداً خاصاً، مستقلاً، بمعزل عن إرادة الإنسان الفرد وشعوره، لأنها ليست من إنجاز الفرد، بل أن الفرد يتلقاها من المجتمع الذي نشأ فيه، كما لا يمكن

القول أنها وليدة التفكير الذاتي، بل الأولى أن يقال: أنها هي التي تكون هذا التفكير لـدى سائر الأفراد، وتظهرهم، وبالتالي، على نحو متجانس. وتبعاً لـذلك يمكـن القـول، أو الغايـة الأساسية لـ (علم الاجتماع) هي تحقيق (الموضوعية)، بمعنـى: أن (علـم الاجـتماع) حيـنما يدرس المجتمع، إنما يتعين عليه أن يتخـذ موقـف شـبيه بموقـف (العـالم الطبيعـي) الـذي يفترض أنه يرتاد مجالاً غـير مستكشـف وغـير معـروف، ومـا دامـت الظـواهر الاجتماعيـة (موضوعية) على هذا النحو، فإنها تغدو، شأنها شأن (الأشياء)، وتلـك هـي الخاصـية التـي أقام عليها (دور كايم) ما صار يسمى (علم الاجتماع).

2. **الإلزام أو القهر:** مما يترتب عـلى خاصـية (الموضـوعية) - خاصـية (الإلـزام) أو (القهـر) - بمعنى: أنه لما كانت الظواهر الاجتماعية أشكالاً من الشعور أو السلوك الذي يتكون خارج ضمير الفرد، فلا بد من أن تفرض نفسها على شعوره وسلوكه والواقـع، أن الفـرد لا يشـعر، في كثير من الأحيان، بهذا القهر، لأنه يستجيب له بحسب العادة، ولكـن سرعـان مـا ينتبـه إلى تأثير وسلطان الظاهرة الاجتماعية كل من يحاول خرقها أو تغييرها.

وليست جميع الظواهر الاجتماعية سواء من حيث قوة (القهر) غير أن هـذا (القهـر) موجود دائماً، وإن اختلف من حيث الشدة أو الضعف وحتى لو لم يشـعر الفـرد بـه حـين يستسلم له، كما أن خاصيتي (الموضوعية) و (القهـر) لا يقتصر- وجـودهما عـلى الظـواهر الاجتماعية التامـة التكـوين فحسـب - مثـل اللغـة، أو الـدين، أو النشـاط الاقتصـادي، أو السلوك الأخلاقي، أو تطبيقات القانون - بل هما يوجدان، أيضاً، في الظـواهر الاجتماعيـة التي لم تستقر بعد، والتي يُطلق عليها اسم: (التيارات الاجتماعية)، مثل موجات الحماسـة أو الشفقة، التي تجتاح إحدى الجماعات في ظروف عارضة، ومثل (التيارات) ليست وليدة التفكير الذاتي للأفراد كما أنها تنطوي على تـأثر (قهـري) غـير ظـاهر، ويكفـي للتأكـد مـن وجود تأثيرها القهـري، أن يحـاول الفـرد مقاومـة مثـل هـذه (التيـارات) كي يشـعر فعليـاً بوجوده وتأثيره.

3. **التلقائية:** تمتاز الظاهرة الاجتماعية، أيضاً برأي (دور كايم)، بأنها تلقائيـة – بمعنـى: أنهـا ليست من صنع فرد أو أفراد، وإنما هي صنع المجتمع ومن خلقه، فهي ناجمـة عـن تـأثير (العقل الجمعي)، والأمثلة على ذلك كثيرة نذكر منها: النظم الدينية التي يلتمس الإنسـان منها معتقداته، ويستجيب تحت تأثيرها للمثل الأخلاقية، ومعايير الخير والشرـ والفضيلة والرذيلة، التي تنسجم مـع مبـادئ تلـك النـظم وكذلك الحـال بالنسبة للـنظم الأسرية والسياسية والاقتصادية والقضائية، فهذه كلها لا يعمـل الفـرد عـلى إقامتهـا، بـل إنه نشـأ فوجدها ورتب أفكاره وسلوكه وفقاً لها، متأثراً في ذلك بمـا يتلقـاه مـن تربيـة أو توجيه، سواء في إطار البيت، أو المدرسة، أو البيئة التي يعيش فيها.

4. **العمومية:** اعتقد (دور كايم) أن الظواهر الاجتماعيـة ظـواهر عامـة، غـير أنـه أوضح أن المقصود بالعمومية، هنا، هو أنها من جملة نتائج القهر أو القسرـ الاجتماعـي، فالظاهرة إنما تغدو (عامة) من خلال كونها تفرض نفسها على الأفراد في سائر قطاعـات المجتمع، أو في أوساط بعض شرائحة الخاصة، ذلك أن الظواهر الاجتماعية تستمد أصولها من المظاهر للمعتقدات والممارسات المستمرة.

5. **الترابط:** تمتاز الظواهر الاجتماعية، برأي دور كايم، بالترابط، وهذا الترابط قد يكون:

أ- ترابطاً تاريخياً (زمانياً) في المكان الواحد، أي: ترابط بين الماضي والحاضر. ويتمثل في ظهـور (موجات اجتماعية) تنطوي على تكرار ظاهرات، أو نزعات جمعيـة، كانت موجودة في المجتمع، في مرحلة تاريخية سابقة، مثل: عودة النظام الملكي في فرنسا، بعد قيـام الجمهورية، بكل ما رافق ذلك مـن عـادات وتقاليد وطقوس وشعائر، سياسية أو اجتماعية، وكذلك الحال بالنسبة إلى ظاهرة عودة (موضة) الملابس التي كانت سائدة في الماضي.

ب- ترابطاً مكانياً في الزمان الواحد، مثل التأثير المتبادل بين الأمم المتجاورة أو

المتعاصرة، واقتباس بعضها من البعض الآخر (فهناك، مثلاً: في اللغة العربية مفردات من أصل فارسي أو سرياني، دخلت إليها من جراء تجاور هذه الأمم والتأثير المتبادل بينها، كما أن هناك، في أيامنا هذه، تأثيرات أوروبية غربية على المجتمعات الشرقية والإسلامية، تتجلى في العادات، أو الأزياء أو بعض القيم الاجتماعية).

وقد خلص (دور كايم) من تحديده لأهم خصائص الظاهرة الاجتماعية، إلى تعريف الظاهرة الاجتماعية بأنها: (كل ضرب من السلوك يمارس نوعاً من القهر الخارجي على الأفراد، أو هي كل سلوك يعم المجتمع بأسره، وكان ذا وجود خاص مستقل عن الأشكال التي يتشكل بها في الحالات الفردية).

وبعد أن حدد (دور كايم) الظواهر التي يتكفل (علم الاجتماع) بدراستها، عمد إلى حصر ميدان هذا العلم، وتصنيف موضوعاته الجزئية بصورة تجعل من كل مجموعة من الموضوعات الجزئية فرعاً لعلم الاجتماع العام. وتبعاً لذلك، فقد قسّم علم الاجتماع إلى:

أ- علم الاجتماع العام: وهو يهتم بالبحث في:

أولاً : موضوع علم الاجتماع.

ثانياً : طرق أو مناهج البحث التي ينبغي اتباعها في دراسته.

ثالثاً : تاريخ علم الاجتماع.

ب- المورفولوجيا الاجتماعية: ويقصد بها تلك الفروع من علم الاجتماع التي تتناول بالبحث التركيب الاجتماعي أو بنية المجتمع، وهي تتشعب إلى:

أولاً : جغرافية البيئة، وسكانها، وعلاقة ذلك بالتنظيم الاجتماعي.

ثانياً : دراسة السكان من حيث كثافتهم وتخلخلهم.

والواقع، أنه من أولى المسائل التي لفتت انتباه (دور كايم)، أن البيئة المحيطة بالإنسان، أي العناصر المادية، بما تشتمل عليه من بشر وماء، وجماد، وهواء، ونوعية التربة، وما

شابه، تؤثر في حياة الإنسان وسلوكه وعلاقاته بغيره على نحو ما، وتبعاً لذلك، فإنه من الضروري أن يكون هناك علم، من بين فروع علم الاجتماع يعنى بدراسة هذه الموضوعات. ولذا فقد اقترح (دور كايم) علم (المورفولوجيا الاجتماعية) لكي يتولى دراسة مادة التركيب الجمعي وبنيته، من أجل التوصل إلى الأسباب العميقة الكامنة في طبيعة الحياة الاجتماعية، ولاسيما أسباب كثافة السكان وتخلخلهم في المناطق المختلفة، وكذلك أسباب الهجرة، وعوامل التحضر، ونشأة المدن وتخطيطها، ونموها.

الفسيولوجيا الاجتماعية: ويقصد من ورائه معرفة (وظائف) البنى أن التراكيب، أو الإنسان الاجتماعية، ومدى مساهمتها في ديمومة الكيان الاجتماعي واستمراره، وهو يتشعب إلى الشعب، أو الفروع التالية:

أولاً : علم الاجتماع الديني.

ثانياً : علم الاجتماع الأخلاقي.

ثالثاً : علم الاجتماع القضائي.

رابعاً : علم الاجتماع الاقتصادي.

خامساً : علم الاجتماع اللغوي.

سادساً : علم الاجتماع الجمالي.

لقد خصص (دور كايم) - الفسيولوجيا الاجتماعية، أو علم الوظائف الاجتماعية، لدراسة مظاهر الحياة الاجتماعية وأنواع النشاط التي يقوم بها الأفراد حين يكونون في حالة الاجتماع.

ثالثاً :جهود (دور كايم) من أجل وضع (المنهج) المناسب لدراسة الظواهر الاجتماعية:

لقد حاول (دور كايم) أن يقرر، بصورة دقيقة، منهجاً وضعياً لعلم الاجتماع، يقوم على أساس دراسة الظواهر الاجتماعية، باعتبارها (أشياء) شأنه شأن الأشياء الطبيعية، ويمكن إجمال قواعد المنهج الذي قرره فيما يلي:

أ- ضرورة تحرر الباحث الاجتماعي، على الدوام، من كل فكرة سابقة يعرفها عن الظاهرة - موضوع الدراسة (وهذه القاعدة تعد تجسيداً لقاعدة (الشك) التي أكد عليها (ديكارت)، وفكرة التحرر من الأصنام، التي أكد عليها (بيكون).

ب- ضرورة تركيز الدراسة على مجموعة من الظواهر التي سبق تعريفها ببعض الخصائص الخارجية المشتركة بينها، أو تتوافر فيها الشروط المحددة (وهذه القاعدة خاصة بتصنيف الظواهر الاجتماعية في فئات متجانسة - كظاهرة الجريمة، أو الظواهر المتعلقة بالأسرة، أو الظواهر المتعلقه بالعشيرة، أو الظواهر المتلعقة بالعائلة الأبوية... وغير ذلك).

ج- ضرورة قيام الباحث الاجتماعي، عند شروعه بدراسة مجموعة من الظواهر الاجتماعية، ببذل أقصى الجهود في ملاحظة تلك الظواهر، لاسيما من حيث استقلاليتها وموضوعيتها، حتى يتسنى له التوصل إلى الصفات الثابتة في تلك الظواهر - الأمر الذي يسهّل عليه الكشف عن (القانون) الذي تخضع له.

وإذا كان (دور كايم) قد جعل هذه القواعد (الثلاث) أساساً لمنهجه، فإنه حرص، من ناحية أخرى، على تحويل هذا المنهج إلى خطوات عملية لابد لكل باحث من اتباعها، ويمكن اجمال تلك الخطوات فيما يلي:

أولاً : دراسة مكونات الظاهرة، وتحديد عناصرها لتيسير فهمها.

ثانياً : دراسة أشكال الظاهرة في كل مرحلة من مراحل تطورها، من أجل ربط ماضي الظاهرة بحاضرها.

ثالثاً : الاستفادة من (منطق) المقارنة بين الظاهرة وغيرها من الظواهر.

رابعاً : التعرف على (الوظيفة) التي تؤديها الظاهرة الاجتماعية.

خامساً: تحديد (القوانين) التي يتم استخلاصها من الدراسة بصورة دقيقة، باعتبارها

ذلك الهدف الرئيسي للعلم.

وقد تصاغ هذه (القوانين) في صيغ (كمية) تعّبر عن الظاهرة بلغة الأرقام، أو في صيغ (كيفية)، تحدد الخصائص والصفات العامة، والسمات التي تلازم الظاهرة، وهذا كله من شأنه أن يؤدي إلى تدعيم شخصية (العلم) بين العلوم الأخرى.

رابعاً: ابرز آراء (دور كايم) السوسيولوجية:

تتميز أبحاث (دور كايم) الاجتماعية بالثراء، حيث نجد في كتاباته ومؤلفاته، محاولات لإبداء آراء وتشخصيات للكثير من المسائل والموضوعات الاجتماعية، ولا يتسع المقام هنا للوقوف عند كل تلك المسائل والموضوعات لذا فإنني سأسلط الضوء على البعض المهم من آراء (دور كايم).

أ-رأي دور كايم في طبيعة المجتمع وشكله:

رفض (دور كايم) – إنطلاقاً من تعريفه للظاهرة الاجتماعية الأخذ بآراء سابقية من المفكرين، في نشأة المجتمع البشري – سواء الرأي القائل بنشأة المجتمع البشري على أساس (التعاقد)، أو الرأي القائل بنشأة المجتمع على أساس قوانين التطور البيولوجي، أو الرأي القائل بنشأة المجتمع على أساس التقليد (كما تقول المدرسة النفسية). وأكد في مقابل ذلك، على أن المجتمع البشري، إنما ينشأ تلقائياً، بمعنى: أن الحياة الاجتماعية تنشأ بصورة طبيعية، وهي تنطوي على طبيعة جديدة مغيرة لطبائع الأفراد.

واعتقد (دور كايم) أن المجتمعات يمكن تقسيمها أو تصنيفها إلى أنواع، وذلك تبعاً لمستوى تعقيدها أو لدرجة تركيبها، متخذاً من أبسط المجتمعات تركيباً، أو المجتمع المكون من وحدة واحدة، أساساً لهذا التصنيف، مع مراعاة التمييز بين مختلف الأنواع، التي يشتمل عليها كل نموذج من هذه النماذج وبناءً على ذلك، اعتقد (دور كايم) أنه يمكن تقسيم المجتمعات البشرية إلى:

أولاً : مجتمعات محدودة النطاق، أو المجتمعات البدائية – المختلفة: وهي مجتمعات تخلو من التراكيب الاجتماعية المتداخلة، كما تخلو من تقسيم العمل - بمعنى:

عدم وجود تخصصات واضحة محددة، للأفراد، وإنما المجتمع كله، بمجموع أفراده، يتحرك ككتلة واحدة، من خلال أدائه لنشاطاته، وذهب (دور كايم) إلى أن أول، وأبسط، شكل يمكن تصوره أو افتراضه لنشأة الحياة الاجتماعية هو: (الترابط - أو - المعشر)، ثم (الاتحاد)، وأخيراً (القبيلة).

وقد تتعدد (لوظائف)، بصورة محدودة وعلى نطاق ضيق، في أكثر هذه الأشكال، التي ذكرناها، تطوراً وتعقيداً، أي: القبيلة، إلا أنها، على الرغم من ذلك، تظل بمثابة هيئة، أو وحدة، واحدةلا تقبل التجزئة، وذلك بسبب عدم ظهور مبدأ تقسيم العمل، بصورة واضحة فيها، وكل هذه الأشكال يصفها دور كايم بـ (المجتمعات البدائية أو المتخلفة).

ثانياً: مجتمعات واسعة النطاق: وهي مجتمعات تتميز بالتركيب المعقد، وبسريان مبدأ تقسيم العمل فيها. ويورد (دور كايم)، كمثال على هذا النوع من المجتمعات - ما يُطلق عليه اسم: (المجتمعات التاريخية) التي تتميز، علاوة على تعقد تركيبها، بسيادة العُرف والتقاليد والعادات الاجتماعية فيها، كما أنها خلفت بعد زوالها واندثارها، تأثيرات كبيرة في المسيرة الحضارية للإنسانية، على كافة الأصعدة - الفكرية، والسياسية، والاجتماعية والقانونية، بل أن (دور كايم) اعتقد أن هذه المواصفات تتجلى بشكل خاص، في المدن اليونانية والرومانية، وفي الامبراطورية الرومانية.

ب-رأي دور كايم في الأسرة:

تناول (دور كايم) الأسرة بوصفها أول وحدة من وحدات المجتمع، من حيث طبيعتها ووظائفها وأشكالها. وقرر أن الاجتماع الأسري، أو اجتماع عدد من أفراد البشر وتشكيلهم (أسرة)، لا يقوم على الغريزة، أو دوافع الطبيعة والقرابة الدموية، وإنما على اعتبارات أو أساليب يرتضيها (العقل الجمعي)، وتدعو إليها الحياة الاجتماعية ذاتها.

أما بالنسبة إلى (نطاق) الأسرة، فقد اعتقد (دور كايم) أنه تطور من الاتساع إلى

الضيق، أي من الطوطمي إلى الشكل الأبوي الكبير - (لدى اليونان)، ثم إلى الشكل الأبوي الصغير (في الامبراطورية الرومانية) ثم إلى شكل الأسرة الزوجية (الثنائية) الذي نشهده في أيامنا هذه.

وأما بالنسبة إلى (وظائف) الأسرة، فقد اعتقد (دور كايم) أنها قد تطورت، أيضاً، من الأوسع إلى الواسع، ثم إلى الضيق فالأضيق.

بمعنى أن الأسرة كانت في البداية تقوم بـ (وظائف متعددة) ثم سلبها (التحضر الاجتماعي) بالتدريج، معظم (وظائفها) إن لم يكن كلها، ما عدا (الوظيفة الأخلاقية) - التي تتمثل في تلقين النشء آداب الأسرة وأعرافها وتقاليديها وعقيدتها الدينية، وتعليمها كيفية الحرص على أملاكها والدفاع عن مصالحها، والثأر لشرفها وسمعتها، وإشاعة المشاركات الوجدانية والاحترام المتبادل بين أعضائها.

التفسير الاجتماعي للدين:

يمثل كتاب دور كايم (الأشكال الأولية للحياة الدينية - The Elementary Forms of Religious Life) الذي نشر عام (1912)، آخر أعماله الهامة.

وقد حاول فيه أن يطبق تحليله للقوى الجمعية، أو الجماعية، في دراسته للدين، في أكثر مظاهره أولية، وهو يقرر، منذ البداية أنه سوف يحاول في هذا الكتاب (أن يدرس أكثر الديانات المعروفة لنا بدائية وبساطة وهي تلك التي نجدها في مجتمع لا يتعداه أي مجتمع آخر في بساطة تنظيمه). وقد اتخذ من إحدى القبائل التي يتشكل منها سكان (أستراليا) الأصليين وتسمى بقبيلة (أرونتا - Arunta) موضوعاً لدراسته في هذا الكتاب.

وقد اعتبر (دور كايم) - (الطوطمية - Totemism*)، على النحو الذي تسود فيه

* الطوطمية: تشير إلى اعتقاد داخلي يساور البشر في قوة غيبية (أو - مقدسة)، وفي مبدأ يحدد مجموعة من العقوبات، ينبغي فرضها على كل من يحاول انتهاك (المحرمات taboos)، ويعمل في الوقت ذاته، على تكريس المسؤوليات الأخلاقية لدى الجماعة، ويعد (الطوطم)، سواء كان شيئياً طبيعياً، أو نباتياً، أو حيواناً بمثابة تجسيد لهذا المبدأ الطوطمي.

قبيلة (أورنتا) بمثابة أكثر أشكال الدين، التي عرفها أفراد البشر بساطة.

وسعياً منه إلى استخلاص مجمل أحوال المجتمع انطلاقاً من دراسته لحالة الدين فيها، فقد درس (دور كايم) النشاطات الاجتماعية لدى قبيلة (اورنتا) فلاحظ أن حياة أفرادها تنقسم بين نوعين من النشاطات: (الأول) - علماني أو دنيوي، يتمثل في انقسام أفراد العشيرة إلى مجموعات صغيرة، أما (الثاني) - فيتمثل في الدورية المقدسة التي يعمل أفراد العشيرة على تحقيقها، سعياً وراء تنظيم كيان العشيرة وتحقيق سيادة الجماعة، وقد خلص (دور كايم) إلى أن أمثال هذه التجمعات قد تشهد انتهاكات لبعض (المحرمات)، الأمر الذي أفضى بدور كايم إلى الاعتقاد بأن فكرة (الدين)، والعاطفة الدينية، إنما تحققان من خلال هذه النشاطات الجماعية وبالتالي، فقد انتهى (دور كايم) إلى الاستناد بأن الجماعة، هي المصدر الأساسي، أو السبب الرئيسي لظهور (الدين) أو العقيدة الدينية.

وجملة القول، أن (دور كايم) اعتقد، أن كل شيء يخص تفكير الإنسان وسلوكه، هو نتاج المجتمع، إن المجتمع، عنده هو كل شيء هو أصل (الدين)، ومن الدين نشأت (الفلسفة)، ونشأ (العلم)، والواقع، أننا يمكن أن نستخلص من ما كتبه دور كايم في هذا المجال أنه قد أولى (الدين) أهمية كبيرة، فهو يقول، في كتابه (الأشكال الأولى للحياة الدينية)، المشار إليه آنفاً "لم يكتف الدين بإغناء فكر الإنسان المكون سابقاً له، بعدد من الأفكار بل عمل على تشكيل هذا الفكر، إن قسماً مهماً من معارف الإنسان وحتى الشكل الذي تبلورت فيه هذه المعارف يعود فضله إلى الدين، وتجدر الإشارة إلى أن عدداً من المفاهيم الأساسية التي تهيمن على فكرنا تنغرس جذورها عميقاً في الدين، وهي: مفاهيم الزمان، والمكان والجنس، والنوع، والعلة (السبب) ... وغيرها وهذه هي في الواقع، الأطر السياسية للفكر".

ويُستفاد من هذا النص، أن (دور كايم) يحرص على أن يُدعم أهمية (الدين) في حياة المجتمعات من خلال ركيزتين (الأولى) - كمية و (الثانية) كيفية، أو نوعية، فـ (الدين) قدم، برأي دور كايم، للفكر الإنساني، عدداً من الأفكار التي كان لها تأثير كبير في تكوين الذاكرة الجماعية للبشر، فالتصورات الدينية هي في الأصل، تصورات جماعية عمل الفكر الديني على ضبطها في إطار تصور واحد لكون والغيب، فكمية المفاهيم التي أغنى الدين بها الفكر

الإنساني ينبغي ألا يستهان بها. غير أن ما هو أهم، في هـذا السيـاق، هـو أن (دور كايم) يذهب أبعد من المفاهيم، من حيث أهميتها ومن حيث كمّها أو عـددها، لافتـاً الانتبـاه إلى التـأثير الذي مارسته هـذه المفاهيم، التي نشـأت في ظل الفكر الـديني، في (قوليه)، أو تشكيل الـذهن الإنساني فالأفكار التي أغنى بها (الدين) الفكر الإنساني هـي مفـاهيم مميـزة المفهـوم أنه خلاصة تصورات جماعية، وتجارب، وأحكام فالمفهوم يتصف بالطابع الشمولي، ولذا فهو قادر عـلى الإيحاء بشيء مباشر محدد. كما أنه قادر على الإيحاء بأشكال أشيـاء مماثلـة للشيء الأول، ولكـن في مجـال آخر غير مباشر، لذا فالمفهوم خلاصة تعليمية معينة، وبالتالي فهو يـؤثر في الشـكل وفي المضمون في الكمية وفي الكيفية (أو - النوعية).

وتبعاً لذلك، فإن (الدين)، حسب رأي (دور كايم)، قد عـلّم البشر عدداً من المعارف، ونمى في عقولهم، أو أذهانهم، استعدادات للانفتاح الذهني.

فالعمليات الذهنية، التي تعود عليها الفكر الإنساني، في ظل الممارسة الدينية، قد أستُعملت هي نفسها من قبل الإنسان، في فهم وضبط ظواهر الطبيعية، من خلال استحداث (العلـوم). وتبعـاً لذلك، فقد انتهى (دور كايم) إلى (الفلسفة)، ومن بعدها (العلوم)، قد انبثقت مـن (الـدين)، لأن هذا الأخير أعطى الشرارة الأولى لتبلور التفكير المنطقي، مـن خـلال ضبط مجموعـة مـن المفاهيم الأساسية - (الزمان، المكان .. إلخ) التي على أساسها أقيم بنيان العلم برمته.

وبعد التأكيد عـلى أن التفكير الـديني قـد أغنـى الفكر الإنسـاني بمضامين معرفيـة مميـزة وبأشكال ذهنية متطورة, وبعد التأكيد عـلى انبثـاق (الفلسفة) و (العلوم الحديثة) مـن التفكير الديني، وإن (الفلسفة) و (العلم) هما وريثا (الدين) - يخلص (دور كايم) إلى الاستنتاج التـالي: "أن الخلاصة العامة لهذا الكتاب (يقصد كتاب: الأشكال الأولية للحيـاة الدينيـة) هـي: أن الـدين قضية اجتماعية تماماً، فالتصورات الدينية هي تصورات جماعية تعبر عن وقائع جماعية".

الفصل الثاني عشر
نشأة علم الاجتماع – الظروف والأسباب؟

يمكن القول، أن الأحداث والتغيرات المتلاحقة التي شهدتها المجتمعات الأوروبية – وعلى وجه الخصوص المجتمع الفرنسي، مع أواخر القرن الثامن عشر، قد هيأت الظروف الموضوعية المناسبة لانصراف الفلاسفة والمفكرين ودعاة الإصلاح الاجتماعي الاهتمام بالشؤون المتعلقة بالحياة الاجتماعية للبشر وعلاقاتهم ببعضهم، وما تفرزه تلك العلاقات من ظواهر اجتماعية، فالثورة الفرنسية وما أدت إليه من تغيرات – سياسية وما ترتب على هذه من تحولات اجتماعية جذرية شهدها المجتمع الفرنسي على وجه الخصوص، ثم ما أعقب صعود (نابليون بونابرت) إلى قمة السلطة من حروب ومعارك عسكرية شهدتها ألمانيا وإيطاليا وإسبانيا وروسيا، وما سببته تلك الحروب من ويلات وكوارث لم تقتصر آثارها ونتائجها على الناحية السياسية، وإنما شملت النواحي الاقتصادية والاجتماعية أيضاً، كما أن تلك الآثار والنتائج الكارثية لم تقتصر- على المجتمع الفرنسي- وإنما امتدت إلى المجتمعات الأخرى (المجتمع الألماني، والإيطالي، والإسباني، والروسي).

أقول: أن كل هـذه التغيرات والتحولات، أدت إلى تفاقم الأزمات التي تعاني منها تلك المجتمعات، وتنامي حماسة الجماعي، إلى وضع حدٍ لها ومعالجتها، وفي خضم هذه الظروف، تهيأت الأسباب الموضوعية لنشأة ذلك العلم الجديد، الذي صار يُسمى بـ (علم الاجتماع).

لقد تصاعدت، في أوساط الفلاسفة والمفكرين ودعاة الإصلاح، الـدعوة إلى إعادة ترتيب الحياة الاجتماعية، من خلال إعادة النظر في أسس التنظيم الكلي للمجتمع، وفي مقدمتها: قوى العمل، وأساليب الإنتاج، ودعائم السلطة.

ولكن ما أن استقرت الأوضاع في صالح الطبقة البورجوازية، التي أخذ تأثيرها بتزايد في أعقاب الثورة الفرنسية، وتبلور ما صار يُسمى بـ (عصر التنوير، أو عصر الإستنارة) – أي

عصر العقلانية، والسعي إلى وضع تنظيم مستقبلي مخطط للمجتمع، حتى ظهـر، إزاء ذلـك موقفان فكريان هما:

- موقف ثوري راديكالي.

- موقف محافظ - إصلاحي.

وقد ظهر الموقف الثوري من خلال الدعوة التي بشّرت بها الحركات الاشتراكية التـي راجـت في المجتمعات الأوروبية، وبالأخص تلك الحركة التـي تزعمهـا كـارل مـاركس (1818 – 1883) ورفيقـه فريدرك انغلز (1820 – 1895)، حيث دعا هذان المفكران إلى ضرورة المضي بحركة التاريخ إلى نهايتها المتصورة، وفقاً لرؤية فلسفية معينة للمراحل التاريخية التي يمـر بهـا المجتمـع البشري، وعبرا عـن قناعتهما العميقة بأن المسيرة الديالكتيكية للتاريخ تحتم التحول إلى المجتمع اللاطبقـي، مـن خـلال تفعيل الوعي بالقوانين الموضوعية التي تتحكم بالمسيرة التطورية للإنسان والمجتمع والتاريخ.

أما الموقف المحافظ، أو الإصلاحي، فقد تمثل في الموقف الذي اتخذه عدد من المفكرين، وفـي مقدمتهم أولئك الذي اعتبروا روّاداً ومؤسسين (علم الاجتماع) - وأعني: (أوغست كونـت) و (أميـل دوركايم) الذي نظرا إلى النظام الاجتماعي القائم في المجتمـع الفرنسي ـ علـى أنـه نهايـة المراحـل التاريخية السابقة، وخاتمة للماضي، وبالتالي يجب التعامل معه كما هو، كحقيقة قائمـة بـذاتها، مـما يعني أنهما كانا مقتنعين بوجوب تجميد حركة التاريخ والمجتمع.

ووفقاً لهذه الرؤية، وضمن حدودها، يتعين علينا أن ننظر إلى نشـأة (علم الاجتماع)، ففـي حين حاولت الفلسفة الماركسية أن تطرح تصوراً مُعيناً لواقع المجتمع الأوروبي، خلال القرن التاسـع عشر، يتضمن تشخيصاً لمعضلاته، و(وصفه) لمعالجتها، فإن الطروحات الفكرية التي قدمها كلاً مـن (أوغست كونت) و (اميل دوركايم) إنما جاءت رداً، أو محاولة لـدحض الرؤيـة الماركسية، وفـي هـذا السياق جاءت مساهمتها في (تأسيس علم الاجتماع).

ففيما يتعلق بـ (أوغست كونت)، يمكن القول، أن (علم الاجتماع) قد ارتبط عنـده بعـدة طروحات، تأتي في مقدمتها: الرغبة في الإصلاح الاجتماعي، وعلاج الفوضى التي

سادت المجتمع الفرنسي بعد (الثورة) غير أن (كونت) كان يرى أن هـذا الإصلاح ينبغـي أن يتم في إطار النظام الاقتصادي والسياسي الناجم عن تلك الثورة. ولهذا تقول أن (علم الاجـتماع) قد اتسم منذ بداية نشأته، ووفق منظور (مؤسسة) - أوغست كونت، بطابع محافظ وإصلاحي واضح.

وجاء التعبير عن هذا الطابع المحافظ في طروحات (كونت)، مـن خـلال تأكيـده عـلى فكـرة (التوافق) أو (التوازن) أو (الانسجام)، فالمجتمع، عنده هو: (نسق) اجتماعي متوافق أو متـوازن، أو هو: (كل) منسجم متناغم، تتساند أجزاؤه وتتفاعل مع بعضـها الـبعض، بـل لابـد أن يكـون هنـاك، أيضاً (انسجام) بـين (الكـل) و (الأجـزاء) التـي تشـكل منهـا (النسـق) الاجتماعـي، واعتقـد أن هـذا الانسجام لا يتحقق إلا من خلال (الوحدة) الفكرية والأخلاقية وتبعاً لذلك يغدو (الكائن العضوي - الاجتماعي) متماسكاً وصحيحاً، أما الطابع الإصلاحي، الذي اتسم بـه (علهـم الاجـتماع)، منـذ بدايـة نشأته، فيتجلى في التبرم والانزعاج الذي كان (أوغست كونت) يُبديه من جراء تأكيد بعض المفكرين فيتجلى في التبرم والانزعاج الذي كـان (أوغسـت كونـت) يبديـه مـن جـراء تأكيـد بعـض المفكـرين المعاصرين له على أهمية الاعتبارات المادية والاقتصادية في مجال تنظيم المجتمـع، حيـث اعتقـد أن هذا التأكيد يساهم في إعاقة تحقيق التقدم الاجتماعي لما ينطوي عليه من أفكار (ثورية) من شأنها أن (تحرض) أبناء الطبقات الدنيا على التمرد، هذا في الوقت الـذي كـان (كونـت) حريصـاً فيـه كـل الحرص على الحفاظ على الأوضاع الاقتصادية والطبقية القائمة في المجتمع الفرنسي- في أيامـه، وهـذا ما جعله يعتقد أنه من العبث البحث عن مصدر (الشرور) الاجتماعية، في ثنايـا النظـام الاقتصـادي والسياسي، ويرى - في مقابل ذلك - أن مـن الواجـب التماسـها في مجـال القـيم والأخـلاق والأفكـار والسلوك، وأن عدم إدراك هذه (الحقيقة) يمكن أن يـؤدي بمحـاولات (الإصلاح) إلى السير في طـرق خاطئة بل ومدمرة.

وفي الوقت الذي اعترف فيه (أوغست كونت) بأن هناك بعض (الشرور) التي تلازم (الملكيـة الفردية الخاصة) وتنجم عنها، فإن كان يرى أن مواجهة تلك الشـرور ومعالجتهـا لا يـتم مـن خـلال (إلغاء) الملكية الخاصة، كما دعت الماركسية، وإنما يتم من خلال إعادة تنظيم

الأفكار والقيم والأخلاق والسلوك. أما التشريعات الاقتصادية والسياسية فلن يكون لها أثر إيجابي مفيد.

ويفهم من هذا، أن (كونت) يؤكد هنا على فكرة أساسية، مفادها: أنه من العبث محاولة (تغيير) النظم القائمة، وإنما ينبغي، بدلاً من ذلك، العمل إعادة تنظيم الأخلاق، بحيث تستطيع كل الطبقات (التوافق) مع ظروفها الاجتماعية.

لأن (كونت) ارتأى أن العلاج الأمثل لكافة المشكلات الاجتماعية سيتحقق مع حلول (المرحلة الوضعية) وسيادة الطابع الوضعي على سائر أركان المجتمع وفعالياته، إذ عندها يتحقق الخضوع التام للعقل وتطبيق القوانين العلمية، وعندما تحل تلك (المرحلة) ستغدو (الصفوة العلمية) هي السلطة النهائية القادرة على توضيح وتفسير طبيعة تلك القوانين، كما أن هذه (الصورة) هي التي ستتولى رسم الطريق الصحيح لتحسين حالة أبناء الطبقات الدنيا.

وهكذا، تغذو (الفلسفة الوضعية) هي (البديل) البَنّاء لذلك (العلاج العقيم) الذي يقدمه الاتجاه الثوري – الراديكالي، المتمثل في (الفلسفة الماركسية)، ذلك أن (البناء الطبقي) الذي ينادي (ماركس) وأنصاره بإلغائه هو، برأي كونت، (حقيقة تاريخية) مستمرة على مر العصور، وينبغي أن يبقى على حاله كما هو. أما ما يزعمه (ماركس) واتباعه، من وجود (صراع طبقي)، فأنه يمكن إنهاؤه من خلال إجراء (مصالحة أخلاقية) بين كافة الطبقات المكونة للمجتمع.

من ناحية أخرى، فإن مما يلاحظ أن (كونت) – على العكس ما دعت إليه الماركسية – قد حاول لإقصاء (الجماهير) تماماً عن المشاركة في إدارة المجتمع وتنظيمه، وعن رسم السياسة العليا له. وذلك على أساس أن هذه الوظيفة هي وظيفة علماء الاجتماع، وخبراء التنظيم وذهب إلى أنه ليس من حق الجماهير التساؤل عن أشياء أو أمور تفوق مستوى قدراتهم ومؤهلاتهم.

بل، أن (كونت) قد ذهب، علاوة على ذلك إلى أن فكرة (المساواة) ما هي إلا فكرة (دوغماتية) أفرزتها بعض المبادئ الفوضوية المخالفة لفكرة (النظام)، شأنها في ذلك شأن

فكرة (سيادة الشعب) التي رغم (السادة) على الاعتماد على (الجماهير) والخضوع لإرادتهم، إذ يرى (كونت) أن تنظيم المجتمع ينبغي ألا يعتمد على القرارات التي تصدر عن عامة الناس أو الجمهور غير المؤهل.

وإذا ما انتقلنا إلى (الزائد) الآخر من رواد (علم الاجتماع)، وأعنى اميل دور كايم، فيمكن القول: أننا لا نستطيع فهم طروحاته السوسيولوجية فهماً سليماً من دون التعرف على موقفه المناهض للفكر الاشتراكي عموماً، والفكر الماركسي على وجه التخصيص.

والواقع أننا نستطيع أن نستشف من كتابات (دور كايم) أن أكثر ما أثار اعتراضه من طروحات الكفر الماركسي هو: تركيزه على التحليل الطبقي للمجتمع، وما يروج له من عنف ثوري، وما يسعى إلى تحقيقه من أهداف سياسية.

وعلى الرغم من أن (دور كايم) لم يتسن له إكمال دراسته التي شرع في إعدادها حول موضوع (الاشتراكية)، والتي تضمنت تحليلاً نقدياً للفكر الماركسي، إلا أنه يمكن اعتبار ما أنجزه منها، بالإضافة إلى بقية تفاصيل نظريته السوسولوجية، على أنها تمثل محاولة جادة ومخططة لتقديم رؤية أيديولوجية للمجتمع والتغير الاجتماعي، تعارض الرؤية التي قدمها (ماركس) للمجتمع والتغير الاجتماعي والتحول التاريخي.

ويمكن القول، في هذا السياق، أن تركيز (دور كايم) على فكرة (التضامن) الاجتماعي، إنما جاءت كرد فعل إزاء ما يعتمل في دواخله من خشية وخوف من الصراعات الاجتماعية والسياسية التي كانت محتدمة في زمانه، فإزاء ما أظهرته الحركة الاشتراكية في المجتمع الأوروبي من قوة ونفوذ سياسي، وما قدمته - على الصعيد الفكري - من تحليلات سوسيولوجية، وما اقترحته من حلول لمشكلات المجتمع، أراد (دور كايم) أن يقدم صيغة بديلة، قادرة على التصدي لهذا التوجه الصراعي الذي تبنته الحركة الاشتراكية عموماً، والفكر الماركسي على وجه التخصيص.

والواقع، أننا يمكن أن نرصد الطروحات الأيديولوجية، المعارضة للماركسية، بارزةً حتى في أوائل مؤلفات (دور كايم) الكبيرة مثل كتابه عن (تقسيم العمل الجماعي) - الذي

كان بالأصل إطروحته التي تقدم بها لنيل درجة الدكتوراه، ففي هذا الكتاب حاول أن يثبت أن (ظاهرة تقسيم العمل) ظاهرة نامية وحتمية في المجتمع الحديث، ومن شأنها أن تؤدي إلى تحقيق شكل أعلى من أشكال التضامن الاجتماعي، وهو: التكامل العضوي للمجتمع.

وهنا، يمكننا القول أن دور كايم يقدم تصوراً (جديداً) لما يمكن أن يفضي إليه تقسيم العمل من (تضامن) اجتماعي، ففي حين أن (أوغست كونت) كان مدركاً بأن النمو الصناعي وتناقض المصالح، عوامل تسهم في (تهديد) التضامن الاجتماعي، أو وحدة المجتمع، وأشار إلى أن العلاج لا يتمثل - كما تزعم الماركسية - في إعادة صياغة علاقات الإنتاج، أو التنظيم الطبقي للمجتمع، أو إعادة توزيع الثروة بين الطبقات، بقدر ما يمكن في إعادة صياغة البنية الفكرية، وتحقيق الوحدة الفكرية، والأخلاقية في المجتمع، بل وفرضها بقوة السلطة التنفيذية، نجد أن دور كايم الفكرية والأخلاقية في المجتمع، بل وفرضها بقوة السلطة التنفيذية، نجد أن دور كايم الفكرية والأخلاقية في المجتمع، بل وفرضها بقوة السلطة التنفيذية، نجد أن دور كايم حاول، في مقابل ذلك، أن يقدم تصوراً (جديداً) يقف في مواجهة كلاً من التصورين - (الكونتي) و (الماركسي). فهو في الوقت الذي يتفق فيه مع (أوغست كونت) في أن تحقيق الوحدة الفكرية والأخلاقية يعد أحد الشروط الأساسية لتحقيق النظام والتضامن الاجتماعي، فإنه في الوقت نفسه، يخالف (كونت) في رأيه القائل بأن اتساع نطاق تقسيم العمل من شأنه أن يؤدي إلى (زيادة) الصراع حول المصالح، أو الصراع الاجتماعي والاقتصادي والسياسي، وعلاوة على ذلك، فإن دور كايم يؤكد على وجود مجموعة تسهم في تحقيق (التضامن) الاجتماعي، مع اتساع ظاهرة تقسيم العمل. فنمو العلم والتكنولوجيا، سوف يُسهم في اتساع نطاق الاعتماد المتبادل بين أعضاء المجتمع وشرائحه المختلفة.

ومن ناحية أخرى، يمكن القول، أن هذا التصور (الجديد) الذي يقدمه دور كايم، يقف في مواجهة التصور الماركسي للتطور الاجتماعي، إذ وفقاً لتصور دور كايم هذا لا يعود المجتمع بحاجة إلى ثورة، أو إلى إعادة صياغة العلاقات البنائية في المجتمع، وذلك لأن التوازن والتكامل هي حالات سوف تحقق تلقائياً من خلال نمو المجتمع وتقدمه، أو بالأحرى مع تنامي ظاهرة التخصص وتقسيم العمل.

وإذا كان دور كايم قد أشار إلى حاجة المجتمع إلى بعض (الإصلاحات)، حتى تسوده العدالة الاجتماعية، ويستقر النوع الجديد من التضامن، فإن دعوته للإصلاح هذه لم تصدر من منطلقات أيديولوجية ثورية أو راديكالية، وإنما من منطلقات أيديولوجية محافظة إصلاحية، ذلك أن دور كايم كان يرى، خلافاً لماركس، أن السبيل إلى تحقيق التغير الاجتماعي لا يتمثل في الصراع الطبقي ونمو التناقضات الاجتماعية وتزايدها حدة، وحدوث الثورة الاجتماعية البروليتارية، وإنما يتمثل أساساً في التطور التدريجي والطبيعي للضمير الأخلاقي الجمعي.

وعلاوة على ذلك،إذا كان ماركس يرى في (الفكر الديني) نوعاً من (الوعي الزائف) يستهدف استبقاء الأوضاع القائمة على الاستغلال الطبقي الاقتصادي، وأنه يمكن لأعضاء المجتمع أن يحرروا أنفسهم من ذلك التنزيف أو التخدير الديني، من خلال إدراك حقيقة واقعهم الاجتماعي والاقتصادي والطبقي، وعلاقتهم بالطبقة البورجوازية المستغلة، ومحاولة التخطيط لتغيير هذا الواقع من خلال العمل الثوري، فإن (دور كايم) قد ذهب - في مقابل ذلك - إلى أن (الدين) يمثل الحقيقة الاجتماعية الكبرى بل أنه خلص، في نهاية تحليلاته، إلى أن (المجتمع) هو (الأصل) الذي منه نشأ الفكر الديني، ومن (الدين) نشأت (الفلسفة)، ومن ثم نشأ (العلم). ذلك أن الدين، حسب رأي دور كايم، قد علّم أفراد البشر عدداً من المعارف، ونمى في عقولهم استعدادات للانفتاح الذهني، فالعمليات الذهنية التي تعّود عليها الإنسان في ظل الممارسة الدينية، هي نفسها العمليات التي عمد الإنسان إلى استعمالها في فهم الظواهر الطبيعية والتحكم بها، من خلال (العلوم) التي استحدثها، التي استحدثها، وتبعاً لذلك، فقد خلص دور كايم إلى أن (الفلسفة)، ومن بعدها (العلوم) قد انبثقت من (الدين)، لأن هذا الأخير هو الذي بدأ الشرارة الأولى التي أفضت إلى تبلور التفكير المنطقي، من خلال مجموعة من المفاهيم الأساسية - (الزمان، المكان... إلخ)، التي على أساسها أقيم بنيان العلم برمته.

وإجمالاً يمكن القول، أن المجتمعات الأوروبية عموماً والمجتمع الفرنسي- على وجه الخصوص، قدّر له أن يشهد خلال القرن التاسع عشر ظروفاً صعبة وأوضاعاً مزرية،

وأزمات متفاقمة، استثارت - كرد فعل - عقول الفلاسفة والمفكرين ودعاة الإصلاح، وحفزتهم على التفكير في إيجاد علاج للعلل السياسية والاقتصادية والاجتماعية وحلول للمعضلات التي تهدد بالتصدع والانهيار.

وفي الوقت الذي طرحت الفلسفة الماركسية ما بدا لها انه (التشخيص) الصائب لمعضلات المجتمع الأوروبي عموماً - بما في ذلك المجتمع الفرنسي واقترحت وفقاً لذلك (العلاج) الناجح الكفيل باستئصال كافة الأدواء والعلل التي يشكو منها ذلك المجتمع، انبرى من كانوا يرون أن المصلحة تقتضي عدم السماح لتنفيذ (الثورة) التي تبشر بها الماركسية وتروج لها، والركون، بدلاً من ذلك، إلى معالجة العلل، وتدارك التصدعات التي يعاني منها المجتمع وإصلاحها في إطار الحفاظ على الكيان الاجتماعي القائم، ومن هذا الباب ولج بعض المفكرين، وخاضوا في غمار الشؤون الاجتماعية مقدّمين حلولهم ومعالجتهم ومقترحاتهم، التي شكلت في نهاية المطاف ما صار يُسمى (علم الاجتماع)، ذلك العلم الجديد، الذي ينهج في بحثه للمشكلات والمعضلات الاجتماعية نهج العلم الطبيعي - (الفيزياء) بما يلتزم به من موضوعية، ودقة وسعي إلى التقنيين والتكميم، وبذلك صار متبعو هذا النهج، المؤسسين للعلم الجديد، وهم تحديداً: أوغست كونت وأميل دور كايم، ومن سار من بعدهما على خطاهما.

الخاتمة

الخاتمة

فهذه هي قصة نشأة (علم الاجتماع) وتكونه، قد بدأ (بذرة) في (رحم) الفلسفة وكبر في (أحشائها) وتنامى مع تناميها، وواجه في تطوره ما واجهته الفلسفة في تطورها من عقبات وتحديات، وحالما غدا (أعني ـــ الفكر الاجتماعي ـــ المفضي إلى ما صار يسمى: علم الاجتماع) قادراً على الوقوف على قدميه والاعتماد على نفسه، أطلقت (أمه) الحانية - (الفلسفة) العنان له كي (يحدد) لنفسه - الدائرة التي يتحرك في إطارها، والموضوع الذي ينشغل بدراسته، والهدف الذي يسعى إلى الوصول إليه، وذلك، بكل حرية، ودون أية محاولة من (الأم)، مع ذلك إلى أن يظل هذا (الابن) باراً، وفياً، معترفاً بفضل (الأم - الفلسفة) على نشأته، وتكونه، وتناميه، وتطوره، وبالتالي نضجه، واستحالته إلى (علم) قائم بذاته، له كيانه الخاص ومجال نشاطه المرسوم، وهدفه المحدد - المقرر.

والواقع، أن موقف هذا الوليد (أعني: علم الاجتماع) الذي أنجبته الفلسفة. (تلك الأم الرؤوم الخصبة) من أمه (أي: الفلسفة) لم يكن أقل وفاءً وعرفاناً بالفضل. والدليل على ذلك هو أن النظريات الاجتماعية (الحديثة - والمعاصرة) على اختلافها وتنوعها، ما زالت - والمعتقد أنها ستظل - تدين، في نشأتها وتطورها، إلى فضل تلك (الأم الرؤوم - أي: الفلسفة) إذ ما من مذهب اجتماعي، أو نظرية اجتماعية، أو اتجاه اجتماعي حديث، أو معاصر، إلا وتمتد جذوره إلى (رحم) تلك (الأم - أي الفلسفة) بل إن الكثير من المذاهب، أو الاتجاهات، أو النظريات الاجتماعية الحديثة والمعاصرة، باتت لا تنكر (حاجتها) إلى (الاسترشاد) و (الاستهداء) بتوجيهات (الفلسفة) بغية بلوغ الغايات والأهداف التي تروم التوصل إليها - الأمر الذي يثبت مقولة: إن تفكير أفراد البشر في شؤونهم الاجتماعية، مثلما بدأ في رحم الفلسفة فإنه انتهى به المطاف إلى الحلول في أحضان الفلسفة من جديد، وهذا ما يدلل على اكتمال دائرة التفكير الاجتماعي.

المصادر والمراجع

المراجع

1. أحمد أمين وزكي نجيب محمود، قصة الفلسفة اليونانية.
2. أحمد أمين وزكي نجيب محمود، قصة الفلسفة الحديثة.
3. د. أحمد الخشاب، التفكير الاجتماعي.
4. ابن خلدون، المقدمة.
5. ابن سينا، الشفاء.
6. ابن سينا، رسالة سلامان، وابسال.
7. ابن سينا الإشارات والتنبيهات.
8. ابن سينا النجاة.
9. ابن طفيل، قصة حي بن يقظان.
10. إخوان الصفا، رسائل إخوان الصفا (ثلاثة مجلدات).
11. أرسطو، كتاب السياسة.
12. افلاطون، محاورة الجمهورية.
13. أرنست باركر، النظرية السياسية عند اليونان، ترجمة محمد سليم سالم.
14. أيان كريب، النظرية الاجتماعية من بارسونز إلى هابرماس، ترجمة: د. محمد سليم غلوم، مراجعة د. محمد عصفور.
15. برتراند رسل، تاريخ الفلسفة الغربية، الكتاب الأول - الفلسفة اليونانية، ترجمة: أحمد أمين وزكي نجيب محمود.
16. برتراند رسل، تاريخ الفلسفة الغربية، الكتاب الثاني - الفلسفة

الوسيطة، ترجمة: أحمد أمين وزكي نجيب محمود.

17. برتراند رسل، حكمة الغربي ترجمة د. فؤاد زكريا.

18. توماس هوبز، ليفاياثان (التنين) – بالإنكليزية / مترجم للفارسية.

19. حسن علي خفاجي، تاريخ الفكر الاجتماعي.

20. د. حسن الساعاتي، علم الاجتماع الخلدوني.

21. جاستون بوتول، تاريخ علم الاجتماع، ترجمة: محمد عاطف غيث.

22. جورج سباين، تطور الفكر السياسي، (مترجم) – خمسة أجزاء.

23. جون لوك، رسالتان في الحكومة (بالإنكليزية).

24. جان جاك روسو، العقد الاجتماعي، ترجمة: ذوقان فرقوط.

25. دي بور، تاريخ الفلسفة في الإسلام ترجمة د. محمد عبد الهادي أبو ريدة.

26. زيدان عبد الباقي، التفكير الاجتماعي، نشأته وتطوره.

27. سليم بركات، تطور الفكر الاجتماعي العربي.

28. سنيتينو موكساني، الحضارات السامية القديمة، ترجمة: السيد يعقوب بكر.

29. شحاته سمعان، تاريخ الفكر الاجتماعي.

30. د. عبد الرحمن بدوي، ربيع الفكر اليوناني.

31. د. عبد الرحمن بدوي، أفلاطون.

32. د. عبد الرحمن بدوي، أرسطو.

33. د. عبد الرحمن بدوي، خريف الفكر اليوناني.

34. د. عبد الرحمن بدوي، فلسفة العصور الوسطى.

35. د. عبد الرضا الطعان، الفكر السياسي في العراق القديم.

36. عبد الكريم الباقي، التفكير العربي على أيام ابن خلدون.

37. عمر فروخ، تاريخ الفكر العربي إلى أيام ابن خلدون.

38. د. فؤاد زكريا، دراسة لجمهورية أفلاطون.

39. د. كريم متي، الفلسفة اليونانية.

40. كمال يازجي، معالم الفكر العربي في العصر الوسيط.

41. ليو اوبنهايم، بلاد ما بين النهرين: ترجمة سعدي فيضي.

42. الفارابي (محمد أبو نصر) آراء أهل المدينة الفاضلة.

43. الفارابي (محمد أبو نصر) السياسات المدنية.

44. محمد عاطف غيث، دراسات في تاريخ التفكير واتجاهاته النظرية في علم الاجتماع.

45. محمد عاطف غيث، علم الاجتماع – الجزء الأول: والمنهج والموضوع.

46. محمد السقا، فلسفة تاريخ النظم الاجتماعية القانونية.

47. د. محمد علي محمد، تاريخ علم الاجتماع – الرواد والاتجاهات المعاصرة.

48. د. معن خليل عمر، تاريخ الفكر الاجتماعي.

49. محمود عبد الحكيم، فلسفة ابن طفيل – رسالة حي بن يقظان.

50. مونتسكيو، روح القوانين، ترجمة: عادل العوا (مترجم أيضاً للفارسية) (وترجم مؤخراً إلى اللغة الكردية).

51. د. نجوى قصاب حسين، التفكير الاجتماعي العربي.

52. نيكولو ماكيافيللي، الأمير، ترجمة: خيري حماد.

53. نيكولو ماكينافيللي، المطارحات ترجمة: خيري حماد.

54. د. نبيل محمد توفيق السلموطي، الأيديولوجيا وقضايا علم الاجتماع.

55. هنري فرانكفورت، فجر الحضارة في الشرق الأدنى، ترجمة: ميخائيل خوري.

56. هنري فرانكفورت (وآخرون)، ما قبل الفلسفة ترجمة جبرا إبراهيم جبرا.

57. ول ديوارنت، قصة الفلسفة ترجمة: محمد فتح الـلـه المشعشع.

58. ول ديورانت، قصة الحضارة.

59. يوسف حوراني، البنية الذهينة الحضارية في الشرق المتوسط الآسيوي القديم.

60. يوسف كروم، تاريخ الفلسفة الأوروبية في العصر الوسيط.

61.